O Fim do Silêncio na Violência Familiar

Teoria e Prática

Dados Internacionais de Catalogação na Publicação (CIP)
(Câmara Brasileira do Livro, SP, Brasil)

O fim do silêncio na violência familiar : teoria e prática / Dalka C. A. Ferrari, Tereza C. C. Vecina (orgs.) – São Paulo : Ágora, 2002.

ISBN 978-85-7183-807-9

1. Criança e violência 2. Juventude e violência 3. Violência – Aspectos sociais 4. Violência familiar 5. Vítimas de violência familiar I. Ferrari, Dalka C. A., II. Vecina, Tereza C. C.

02-0332 CDD-362.8292

Índice para catálogo sistemático:

1. Violência familiar : Intervenção : Bem-estar social 362.8292

O Fim do Silêncio na Violência Familiar

Teoria e Prática

DALKA C. A. FERRARI
TEREZA C. C. VECINA
Organizadoras

EDITORA
ÁGORA

O FIM DO SILÊNCIO NA VIOLÊNCIA FAMILIAR
Teoria e prática

Capa: **BVDA – Brasil Verde**
Editoração e fotolitos: **Join Bureau**
Apoio:

SEDES
SAPIENTIAE

Editora Ágora
Departamento editorial:
Rua Itapicuru, 613 – 7º andar
05006-000 – São Paulo – SP
Fone: (11) 3872-3322
Fax: (11) 3872-7476
http://www.editoraagora.com.br
e-mail: agora@editoraagora.com.br

Atendimento ao consumidor:
Summus Editorial
Fone: (11) 3865-9890

Vendas por atacado:
Fone: (11) 3873-8638
Fax: (11) 3872-7476
e-mail: vendas@summus.com.br

Impresso no Brasil

Agradecemos

Aos nossos familiares que, de modo incansável, nos incentivaram e nos estimularam para a realização deste trabalho.

Ao Instituto Sedes Sapientiae, grande defensor dos direitos humanos, o apoio para a realização do Projeto do CNRVV, representado pelos profissionais que integram todos os seus setores – direção, núcleos, centros, cursos, departamentos e clínica.

Aos parceiros que acreditaram e endossaram nossas propostas de trabalho, em especial àqueles que batalharam conosco desde nossa fundação: ao Fundo das Nações Unidas para Infância – UNICEF e à Secretaria Estadual de Assistência e Desenvolvimento Social – SEADS.

À rede de profissionais e instituições que, ao longo desses anos, foi conjuntamente construída em benefício da criança e do adolescente.

À população atendida, com quem crescemos juntos.

Sumário

Prefácio

Sinto-me honrado em fazer o prefácio deste trabalho coletivo, do Centro de Referência da Violência Familiar.

Tive a oportunidade de assistir ao lançamento do projeto, há alguns anos, a convite de Dalka C. A. Ferrari, com quem mantenho vínculo profissional desde o começo do meu trabalho em São Paulo, que vem se consolidando ao longo dos anos.

Não há nenhuma dúvida de que o tema da violência é extremamente atual.

Não porque seja maior do que em outras épocas, como é mencionado no capítulo sobre a violência nas escolas, senão pela assiduidade de sua presença.

Basta dirigir um automóvel pela cidade para sentir sua presença permanente.

Nesse caso, trata-se de uma forma particular de violência, provavelmente a menos esperada e a mais desmedida, a violência dentro da família . O abuso contra crianças e adolescentes.

O livro traça uma trajetória abrangente e bem fundamentada de suas diferentes manifestações. Começa com um registro histórico da visão dessa etapa da vida, como algo selvagem que precisava ser domesticado, o que justificaria a repressão e a violência.

Do meu ponto de vista, o maior dano psicológico da violência é confundi-la com a agressão. A violência destrói a possibilidade de se lidar bem com a agressão.

A agressão faz parte da natureza humana, é energia, força, o motor que impulsiona as realizações e a criatividade. A violência é um produto bastardo da agressão, quase seu oposto. A violência mais ou menos sistemática na infância paralisa na criança a possibilidade de aprender o uso criativo da agressão, a tal ponto que a vive como geradora da violência.

A conseqüência é mais violência ou submissão, nunca auto-afirmação e capacidade de luta.

Esse é o drama psicológico que gera a violência e que deixa suas vítimas tão desprotegidas e incapazes de defender-se para o resto da vida.

Em minha primeira experiência como psicoterapeuta, e por muitos anos como psicoterapeuta de crianças, acredito que trabalhar com a violência e com o abuso sexual é uma das tarefas mais difíceis e angustiantes para um terapeuta. Talvez apenas comparável ao trabalho de vítimas de tortura política, em virtude de sua exigência emocional. É uma tarefa que só pode ser executada em equipe pela mobilização e angústia que desperta, e pelo risco de sobrecarregar um ou outro sentido.

Minha admiração sincera pelo grupo de referência, por se arriscar nessa tarefa.

Carlos Calvente
La Plata, Argentina

Apresentação

Em boa hora chega até nós um livro escrito por profissionais que têm muito a nos dizer. É preciso ir além do que se constata no dia-a-dia para entender as implicações do fenômeno multicausal da violência, e ninguém melhor que a equipe do Centro de Referência às Vítimas de Violência (CNRVV) para nos informar.

Conheço de longa data Tereza Vecina, uma das organizadoras deste livro, e acompanhei sua trajetória no CNRVV. Tereza é o tipo de profissional que atua na frente de batalha muito próxima ao sofrimento dos que se enredam nos jogos da violência.

A autora transmite-nos em seus escritos o conhecimento e a experiência obtidos no contato com os pacientes, percorrendo com eles os meandros da alma ferida dos que agridem e dos que padecem nesse círculo vicioso que é a violência.

Compartilha com Tereza esta tarefa Dalka Ferrari, psicóloga que vem trazendo grande contribuição ao campo da psicoterapia infantil e psicodrama e que desde a formação do CNRVV está voltada com sucesso para o estudo e a divulgação do tema violência.

O livro é constituído de três partes. Na Introdução, temos uma explanação do trabalho desenvolvido pelo CNRVV, e uma relação dos trabalhos elaborados pela equipe é apresentada, dando uma dimensão da amplitude do trabalho desenvolvido pelo Centro.

Na Parte I é feita uma retrospectiva histórica da questão da violência. Na Parte II entendemos o modo de funcionamento da nossa sociedade, da família da atualidade e de como a infância e a adolescência têm recebido tão poucos cuidados necessários à boa formação.

Dados revelados desse panorama são encontrados no texto de Maria Amélia de Sousa e Silva, "Violência contra crianças – Quebrando o pacto do silêncio", e de Arlete S. Scodelario, "A família abusiva" – dados que chegam a chocar o leitor não acostumado com essa realidade como, por exemplo, saber que "a mãe biológica tem sido apontada nas pesquisas feitas pelo CNRVV como a principal agressora física" e "o pai biológico é o responsável pela grande maioria dos casos de abuso sexual seguido dos padrastos, parentes e, por último, desconhecidos". Em outro momento, somos levados a nos defrontar com a constatação da freqüente alternância que se dá com os papéis de agressor e vítima: duas faces da mesma moeda no texto de Cecília N. M. F. de Camargo. Nele percorremos os possíveis caminhos deste fenômeno à luz dos conceitos da psicanálise.

Estudos também mostram que a escola, por sua vez, não vem cumprindo satisfatoriamente seu papel, contribuindo, assim, para o agravamento da situação.

A violência doméstica, cujas características são discutidas em profundidade pelos autores ao longo dos capítulos, será um fator preponderante no surgimento da violência social. Fica assim estabelecido o cruel ciclo da violência.

Para rompê-lo e dar outro rumo à questão social, dependemos de ações integradas das várias instituições e das diferentes esferas da sociedade: educação, justiça, saúde. Todas coordenadas em espaço de cooperação e buscando cumprir metas de intervenção profilática.

O mal (agressão, destruição sob todas as formas) é um fato que até certo ponto podemos explicar socialmente. Todavia, expulsar todo o mal para o social pode ser uma armadilha, pois isenta o homem do que, para muitos autores, é algo inato à sua natureza. O mais sábio é, como psicoterapeutas e estudiosos, permanecer no "entre", na fronteira, mantendo duplo olhar em relação ao fenômeno da violência: no social e no individual.

É sobre as intervenções psicoterapêuticas no fenômeno da violência que trata a Parte III do livro.

Da experiência com situações-limites surgem as propostas inovadoras, como a da intervenção lúdica na sala de espera, texto de Rosemary P. Miyahara.

É chegado o momento de adentrarmos a sala de atendimento e compartilhar as questões que se colocam aos terapeutas: atendimentos a casos de violência doméstica descritos por Dalka Ferrari, das crianças pequenas por Gisela Mattos e das pessoas que vitimizam adolescentes e crianças por Tereza Vecina. É irrefutável o impacto causado pelo texto desta autora sobre o atendimento às pessoas que vitimizam crianças e adolescentes. Tereza nos convida a vencer o preconceito ligado a esta visão: deixar de ver essas pessoas sempre e apenas como agressores. Verdadeiro exercício de desprendimento é exigido do terapeuta para conseguir enxergar esses pacientes como seres humanos capazes de outros papéis que não o de agressores, fugindo a estigmatizações e criando clima terapêutico capaz de tocar aspectos psicológicos dessas pessoas. Enxergar por trás desse infrator uma pessoa, que também foi vítima de violência num passado igualmente sofrido, é tarefa para poucos. Isso tudo sem falar das dificuldades no emprego das ferramentas usuais do trabalho psicoterápico (como transferência/contratransferência, *setting* terapêutico, livre-arbítrio na adesão ao tratamento) nesse tipo de atendimento.

A visão do atendimento de casos de violência, sob o enfoque do serviço social, é apresentada por Márcia R. C. Garcia, como não poderia faltar num trabalho multidisciplinar. Irene P. Antônio leva-nos a refletir sobre o papel do psicólogo no atendimento a casos de violência doméstica, considerando o código de ética: até onde ir, quais os limites e obrigações, as responsabilidades... questões que nos instigam e provocam.

Outros tópicos abordados no livro: a prevenção à violência (oficinas descritas por Beatriz D. B. Lorencini, Dalka Chaves de Almeida Ferrari e Rosemary P. Miyahara), a importância da pesquisa como forma de sustentação da prática (Tereza Vecina e Maria Amélia de Sousa e Silva) e o combate à violência doméstica nas creches por Ronaldo Pereira de Santana. Lígia Fromer discorre no texto "O abrigo: uma interface no atendimento à criança e ao adolescente vítimas de violência intrafamiliar" sobre a complexidade que envolve a intervenção nas famílias. Segundo ela, muitas vezes a retirada da criança da família é a única chance de sobrevivência física e psicológica. Do mesmo modo é também complexa a decisão a respeito do retorno da criança à família ou a decisão de encaminhá-la para adoção.

Finalmente gostaria de refletir sobre o que foi tão bem assinalado no livro como "pacto do silêncio". Fechar os olhos para o fenômeno da violência ou mesmo não lhe dar a devida importância é perpetuar este estado de coisas. Quando todos se calam (ou se omitem), as chances de superação do problema se vão. O medo é o grande fator presente no complô do silêncio, e sabemos que em sua presença é impossível desenvolver a capacidade de amar. Medo de denunciar o que se vê à volta ou de se envolver no trabalho com as personagens deste drama, quer sejam as vítimas, quer os agressores.

Como bem li no livro, o perfil encontrado nas crianças vitimizadas aponta para um fraco conceito de si e nelas há uma forte marca de passividade e submissão. É possível também apreender o perfil do agressor: narcisista, sedutor e manipulador.

Deste jogo ninguém está isento. Todos nós, inclusive psicoterapeutas, trazemos conosco traços psicológicos dessas duas personagens. É exatamente por isso que podemos acolher, sentir empatia e ecoar os dois perfis extremos deste triste drama. Estamos todos vinculados a esse jogo. É preciso que cada um assuma sua parcela de responsabilidade. O CNRVV já está fazendo sua parte.

Fátima Rodrigues
Psicóloga, psicoterapeuta,
psicodramatista, exercendo
atividade em entidade do
terceiro setor na área social.

Introdução

Concluir a tarefa proposta... que bom poder constatar isso!

Ao longo de todos esses anos da existência do Centro de Referência às Vítimas da Violência a idéia de fazer um livro veio surgindo *pari passu* com a prática. Traduzir em palavras tantas experiências acumuladas do atendimento psicoterápico e profilático de casos de violência intrafamiliar contra crianças e adolescentes tem sido um dos nossos objetivos enquanto equipe transdisciplinar de trabalho. Sabemos que estamos construindo e acrescentando descobertas a um terreno que é muito fértil, mutável e em constante ebulição.

Nossa proposta de trabalho foi sendo reformulada sempre que sentimos necessidade. E esta é sempre determinada pela pessoa – a criança, o adolescente e suas famílias – que vive o drama da violência intrafamiliar.

Após sete anos da criação do CNRVV, constatamos e transmitimos aqui o resultado dessa experiência acumulada, traduzida em livro, e sentimos de imediato a necessidade de agradecer a todos os integrantes da equipe, em especial à nossa secretária, que por mais de um ano nos tolerou no papel de "cobradoras de tarefas".

Falas freqüentes entre os membros da equipe do CNRVV: *"Que pena! Vocês já estão fechando o livro? Agora que a gente poderia aproveitar para discutir um pouco mais esses textos?..." "Agora é que começamos* a escrever... *vocês têm mesmo de entregar? Mas qual é mesmo a data?"*

É,... mas tem uma hora em que precisamos interromper a tarefa, dá-la por terminada. Encarar que mais uma etapa foi vencida. E é esta etapa que nos dará força para a realização de várias outras, num constante reformular de idéias e ações.

Por mais paradoxal que possa parecer, gostaríamos de dizer: "*Como é difícil terminar! Quanto temos ainda a percorrer! Ainda bem que terminamos e ainda bem que sabemos que nossa tarefa não está concluída!.*"

Este livro pode ser considerado uma coletânea de textos ou mesmo um texto único. Apresenta-se como um objeto povoado de idéias que, como não poderia deixar de ser, ora se complementam, ora parecem repetir-se (porém de forma diferente), ora (e por que não?) revelam as diferentes contribuições de uma equipe transdisciplinar que se soma, que diverge e se complementa, parecendo esbarrar em contradições.

Porém, é possível vê-lo como um texto único, uma vez que se trata de um trabalho de equipe, que retrata todo o seu dinamismo. É dentro dessa equipe que tais idéias vêm surgindo e sendo discutidas por todos. E, a cada espaço de tempo, um de seus membros abraça uma delas para melhor explorá-la – como acontece com os temas apresentados neste livro. Assim, devemos sempre ter em mente que as idéias tiveram seu *locus nascendi* no seio do grupo, no exercício do trabalho, na busca e na consecução de ideais.

Mas quem forma esta equipe de trabalho?

Para respondermos a essa pergunta temos de considerar vários lados, como se estivéssemos diante de um prisma:

- por um lado temos os profissionais – psicólogos, psiquiatras e assistentes sociais – que trabalham nas diferentes áreas de atuação do CNRVV (de tratamento, prevenção, formação, pesquisa, parceria e área executiva);
- temos ainda o Instituto Sedes Sapientiae, que abriga o trabalho desta equipe e, por intermédio de sua filosofia, ideal, colaboração, parceria e exigências, possibilitou a realização de um sonho: a constituição do Centro de Referência às Vítimas da Violência;

- de outro lado encontramos a população atendida por esses profissionais. É com as pessoas que atendemos que pudemos aprender o quanto é difícil suportar a dor da violência e, também, a possibilidade de não só superar essa dor reconstruindo um novo modo de viver, tomando para si a própria história;
- e, finalmente, temos de considerar os nossos parceiros. São profissionais e instituições, governamentais ou não, de diferentes áreas de atuação, que compartilham de nosso trabalho e dos mesmos ideais – a quebra do ciclo da violência. É ao lado destes que se torna possível a realização de um sonho de uma sociedade menos violenta e a construção de uma consciência cidadã.

Um pouco da história do CNRVV

A história do CNRVV começou em 1988, quando a Clínica Psicológica do Instituto Sedes Sapientiae desenvolveu, pelo convênio com a então Secretaria do Menor do Estado de São Paulo, um trabalho na área da violência contra crianças e adolescentes. Nesse momento, os Departamentos de Psicodrama e Psicanálise do Instituto integraram-se ao convênio, por meio do Projeto Rede Criança Não à Violência, prestando serviços de atendimento psicoterápico a crianças e adolescentes vitimizados[1] física e sexualmente.

Montaram-se sete equipes de atendimento psicoterápico que abrangia o atendimento de crianças, adolescentes, pais e famílias. Essas equipes participaram também de seminários de implantação da Rede Criança na área da saúde, de grupos de discussão do material bibliográfico organizado e apresentado pela então Secretaria do Menor e de Programas de Capacitação junto da Pontifícia Universidade Católica de São Paulo (PUC/SP).

---

1. De acordo com estudos já realizados na área da infância e da juventude, convenciona-se que o termo vitimizar refere-se exclusivamente a situações de violência física, sexual, psicológica, abandono e negligência presente em todas as classes sociais, em contraposição ao verbo vitimar, que alude à precariedade das condições objetivas de vida e está associado à pobreza.

A participação nesses eventos colocou-nos em contato com os temas relativos ao compromisso social e ético com a criança e o adolescente, com a importância da criação de serviços e modelos de intervenção no fenômeno da vitimização.

Em 1993, compreendendo-se a complexidade dos fatores envolvidos na violência contra a criança e o adolescente, principalmente a intrafamiliar, formou-se uma equipe multidisciplinar composta por psicólogos, assistentes sociais e psiquiatras, com diferentes abordagens teóricas, para a realização do curso de pós-graduação *lato sensu* de Especialização em Violência Doméstica contra Crianças e Adolescentes no Laboratório de Estudos da Criança do Instituto de Psicologia da Universidade de São Paulo (LACRI/IPUSP).

Em novembro de 1994 esta equipe formalizou sua constituição como um Núcleo de Referência às Vítimas da Violência (NRVV), setor da Clínica Psicológica do Instituto, sendo o principal foco de trabalho relacionado ao atendimento/tratamento psicossocial de crianças e adolescentes vitimizados e suas famílias, incluindo os que vitimizaram.

Logo a seguir, em 1995, novo grupo de profissionais, também especializados pelo LACRI/IPUSP, integra-se ao NRVV e começa a ampliar as propostas de atuação da equipe.

A partir de então torna-se possível pensar novas formas de intervenção no fenômeno da violência intrafamiliar contra a criança e o adolescente: atividades de prevenção, de assessoria, treinamento e consultoria a diferentes instituições para difundir conhecimentos e práticas adquiridos; formação de profissionais especializados mediante a criação do Curso de Aperfeiçoamento Profissional em Psicoterapia e Profilaxia da Violência dentro do próprio Instituto Sedes Sapientiae; pesquisas para melhor conhecer o fenômeno da violência contra a criança e o adolescente, a população atendida pelo NRVV e as metodologias de intervenção[2].

---

2. Para realização deste trabalho contamos inicialmente com o apoio do UNICEF, que financiou parte das atividades de pesquisa, e da Secretaria do Desenvolvimento Social do Estado de São Paulo (SEADS), que firmou convênio para atendimento psicossocial e criação de pólos de prevenção à violência contra criança e adolescentes no município de São Paulo.

Para isso, novos membros foram se integrando à equipe, todos especializados no trato com o fenômeno da violência contra a criança e o adolescente, em sua maioria, nos cursos que o próprio NRVV vem promovendo.

Dentro dessa perspectiva multidisciplinar, a interlocução e/ou parceria com outras áreas do conhecimento e outras instituições fizeram-se necessárias. Como forma de fortalecimento da Rede Criança Construindo a Cidadania são criados fóruns de debate, quando instituições parceiras também envolvidas com a temática da violência contra a infância e a adolescência (educação, saúde, justiça, social etc.) são convidadas para discutir temas e estratégias de intervenção na quebra do ciclo da violência.

Nesse momento este núcleo coloca para si, para o Instituto e para a sociedade, propostas como:

- funcionar em rede, constituindo a Rede Criança Conquistando a Cidadania, com o objetivo de resgatar da cidadania da criança e do adolescente em situação de risco pessoal;
- compor um espaço de pesquisa, construção de conhecimentos e prevenção de situações de violência contra a criança e o adolescente, e formação de profissionais para atuação na área, comprometidos com a realidade social, com vistas à sua transformação;
- defender os direitos da criança e do adolescente no que se refere à violência de toda natureza (física, sexual e psicológica), na defesa intransigente dos direitos humanos e da cidadania, respeitando proposições do Estatuto da Criança e do Adolescente (ECA);
- reconhecer que o trabalho com essa problemática implica a existência de uma equipe multiprofissional especializada, contemplando múltiplas abordagens.

Assim, como reconhecimento pelos serviços prestados em 2000, a Diretoria e o Conselho do Instituto Sedes Sapientiae referendam a inserção desta equipe na instância de Centros, constituindo o atual *Centro de Referência às Vítimas da Violência* (*CNRVV*).

Dessa forma, o CNRVV encontra-se articulado e sintonizado com os princípios do Instituto. Visa, assim, realizar um trabalho de combate à violência intrafamiliar, por meio de programas e políticas de intervenção. Intervém no social e na saúde mental com ações nas áreas de tratamento, prevenção, formação de profissionais, pesquisa, parcerias e comunicação.

Dalka C. A. Ferrari e Tereza C. C. Vecina

PARTE I

Visão Histórica da Infância e da Adolescência

CAPÍTULO 1

Visão histórica da infância e a questão da violência

Dalka Chaves de Almeida Ferrari

Infância e adolescência... Falar sobre ambas significa falar em inocência..., alegria..., sorriso..., curiosidades..., questionamentos..., crises de autoridade..., sonhos..., transformações..., esperança de um mundo melhor...

A infância representa para todo ser humano descoberta, período em que cada momento é singular, único e importante por si mesmo. Transcorre do nascimento até os doze anos (segundo o Estatuto da Criança e do Adolescente, no Brasil) quando, por volta dessa idade, começam a surgir mudanças hormonais e físicas, características da fase seguinte, a adolescência.

Ao nascer, a criança depende do ambiente à sua volta para sua sobrevivência. A relação de dependência que se estabelece com base nisso será decisiva para sua formação e seu desenvolvimento. Tudo o que irá acontecer em sua vida, desde então, passará por essa condição, pela qualidade dessa primeira acolhida. Daí a importância do estabelecimento e da consistência dos primeiros vínculos, pois a criança depende do outro para crescer, para ganhar sua individualidade.

Concordo com J. L. Moreno quando afirma que a criança, ao nascer, é um gênio em potencial, um exemplo concreto de realização e expressão humanas. O nascimento, segundo ele, seria uma situação natural (não traumática) pela qual o indivíduo deve passar durante seu desenvolvimento. Estabelece uma comparação com o processo fisiológico natural, no qual, no início, o embrião, depois o feto, implanta-se na placenta e dela se nutre e depende. Analogamente, o recém-nascido implanta-se no grupo social do qual depende para suas necessidades fisiológicas, psicológicas e sociais que será a sua Matriz de Identidade, ou seja, é a placenta social da criança, o *locus* onde ela se prende[1].

Quando nasce, a criança entra num mundo de relações totalmente estranhas a ela, não tem nenhum modelo anterior para dar forma a seus atos e nunca vai defrontar-se com uma situação tão nova como essa. A representação que se dá ante situações novas é o que Moreno chama de "espontaneidade".

Todo ser recém-nascido precisa desse fator para sobreviver. A primeira manifestação de espontaneidade é o aquecimento da criança diante do novo ambiente, e isto se dá por meio dos iniciadores físicos. Estes entram em aquecimento (choro, respiração etc.), e o sucesso disso dependerá dos iniciadores psíquicos da mãe, da capacidade que ela terá de perceber as necessidades da criança e complementá-las.

Esse grupo social - habitualmente a família - não se vê perante essa realidade abruptamente; pelo contrário, preparou-se por meses para esse acontecimento. Os clássicos preparativos (desde o ambiente físico - o quarto do bebê, o berço - ao preparativo mais pessoal ou psicológico dos pais - especificamente os cursos para gestantes, os presentes, as conversas sobre temas relacionados ao nascimento) são manifestações externas das modificações internas que estão acontecendo no grupo. Como se sabe, também ocorrem mudanças no nível das relações interpessoais e mesmo da personalidade de seus membros, de seus integrantes. Isto é, a iminência da implantação de um novo membro em determinado grupo social desencadeia uma série de reações grupais e individuais específicas, características e preparatórias.

Esse conjunto de modificações facilita a inclusão do novo integrante ao grupo, sua assimilação e, além disso, algo de fundamental importância: a manutenção da unidade e do equilíbrio grupais.

Nesse ambiente particular - a Matriz de Identidade - o recém-nascido desenvolve-se num contato vivencial que lhe permite incor-

---

1. Moreno, J. L. *Psicodrama.* Buenos Aires, Paidós, 1961, pp. 93-5.

porar, num nível primário, as características grupais e assimilar assim as pautas de seu meio.

No seu início, a Matriz de Identidade está ligada basicamente aos processos fisiológicos, que correspondem à fase de cuidados ligados ao desenvolvimento psicossomático. Ou seja, há todo um equipamento fisiológico, orgânico, que é próprio da criança e desenvolve-se, dependendo para isso dos cuidados do meio, mas independendo deste, em certo sentido, para ocorrer. Assim, na própria criança existe um aparato fisiológico geneticamente prefixado para se desenvolver, e o meio serve como facilitador desse desenvolvimento fisiológico.

Num segundo momento, que coincide com a evolução da criança, a Matriz de Identidade vincula-se aos processos psicológicos e sociais. A Matriz de Identidade provê, pois, a criança de alimento físico, psíquico e social. A ela cabe a tarefa essencial de transmitir a herança cultural do grupo a que pertence o indivíduo e prepará-lo para sua posterior incorporação na sociedade.

A transmissão da herança cultural ocorre por meio dos papéis existentes em cada Matriz de Identidade, isto é, em cada Matriz de Identidade certa quantidade de papéis é oferecida à criança. Estes são unidades culturais de conduta, segundo Moreno, e portanto possuem características e particularidades próprias da cultura em que se estruturaram. Um papel é uma experiência interpessoal e necessita de dois ou mais indivíduos para ser posto em ação. Todo papel é uma representação para o outro. Não existe papel sem contrapapel.

O desempenho de papéis na criança é anterior ao surgimento do Eu e da linguagem. O desenvolvimento dos papéis na criança é o precursor do futuro Eu.

O recém-nascido vive num mundo indiferenciado – a Matriz de Identidade. Os papéis psicossomáticos (que delimitam o corpo) ligados às funções fisiológicas (comer, dormir, respirar etc.) determinam as primeiras ligações com o ambiente. São estruturas sobre as quais vão repousar os papéis psicológicos ou psicodramáticos e os papéis sociais (relacionam-se com a delimitação do contexto social).

Papéis psicológicos são os que delimitam a psique. São aqueles jogados espontaneamente pelas crianças em uma fase de seu desenvolvimento. Seriam os papéis fantásticos, criativos, que constituem o treino natural da criança no ir e vir entre realidade (papéis sociais) e fantasia (papéis psicológicos).

No início, os elementos reais e fantásticos estão fundidos nos papéis psicossomáticos. Todavia, quando, aos poucos, no desenvolvimento da criança surge a diferenciação entre realidade e fantasia, aparecem concomitantemente os papéis sociais relativos ao mundo real (social) e os papéis psicológicos relativos ao mundo imaginário (fantasia). Essa modificação dos papéis, antes só psicossomáticos e agora psicológicos e sociais, encerra a passagem do primeiro para o segundo universo.

A integridade do Eu dependerá dos vínculos e da organização entre os agrupamentos de papéis sociais, psicológicos (ou psicodramáticos) e sociais. As variações e os desequilíbrios no acoplamento das estruturas desses papéis em seu desenvolvimento originam características e/ou distúrbios do Eu.

Assim, desempenhar um papel não é algo aprendido subitamente e de forma acabada. Existe todo um processo de etapas de desenvolvimento que se superpõem e freqüentemente operam em conjunto. As primeiras vivências da criança quanto a formação, percepção e aprendizado emocional relacionam-se estreitamente com o desenvolvimento da Matriz de Identidade. Assim, esta constitui o primeiro processo de aprendizagem emocional da criança.

Para Moreno, numa etapa inicial, ocorre a identidade do Eu com o Tu. É a etapa da unidade – a criança não distingue entre o seu Eu e as pessoas e objetos que a rodeiam, tudo é ela própria. Na segunda, ocorre o reconhecimento do Eu, de suas peculiaridades como pessoa; aos poucos vai percebendo que existe algo que não é ela. Progressivamente vai tendo a consciência do Eu e do Tu, até que possa fazer a troca, isto é, até que coloque o Eu no lugar do Tu, fazer a inversão de identidade. Numa terceira etapa, ocorre a separação entre realidade e fantasia; surgem os papéis sociais (relativos ao mundo real) e os psicológicos (relativos ao mundo da fantasia).

Korczak descreve de forma poética essa fase de reconhecimento do Eu e do Tu pela criança:

> O seio: uma nuvem clara, um gosto, um perfume, o calor, isto é bom. A criança lambe o peito e fixa os olhos nesta coisa estranha que aparece sempre acima do seio, esta coisa que envia um sopro quente e emite sons. Não sabe que este seio, este rosto e estas mãos familiares

> constituem um conjunto, uma coisa só: sua mãe [...] Chega o dia em que o rosto de sua mãe não é mais uma sombra, porque foi longa e sistematicamente explorado. Mil vezes a criança a pegou pelo nariz, tocou seus cabelos e seus olhos, tão engraçados porque às vezes são brilhantes, às vezes embaçados, escondidos pelas pálpebras. Quantas vezes abriu a boca da sua mãe para olhar lá dentro, inspecionar os dentes, circunspecto, sério, a testa franzida. Muitas vezes, querendo "divertir" a criança, nós atrapalhamos a exploração com conversas inúteis e beijos inoportunos. Pensávamos que ela estava brincando, quando, na verdade, estudava. Agora tem em seu ativo algumas certezas e suposições que pedem para ser verificadas[2].

Inúmeros profissionais, teóricos, pesquisadores do desenvolvimento humano comprovam, após extensa observação, que esse interesse exclusivo do bebê por sua mãe ou responsável ocorre desde o nascimento até mais ou menos o terceiro ou quarto mês de vida. Destacam-se aqui as contribuições de Aberastury e Salas:

> Entre o terceiro e o quarto mês produzem-se mudanças fundamentais em sua mente e em seu corpo; já conhece sua mãe, ama-a e rejeita-a (morde, arranha, bate o pé, chora ao vê-la), sente-se amado e rejeitado por ela; toca-a e começa a brincar com seu corpo e pouco a pouco vai se preparando para seu definitivo encontro com o pai. Ama e odeia os dois alternadamente. A perda do vínculo exclusivo com a mãe e a necessidade de um terceiro (que é a figura do pai, não importa se real ou substituto) determina uma nova primazia de necessidades na vida do menino. Mas não é suficiente a presença do pai: é necessário que ele também encontre uma forma de comunicação adequada às necessidades de paternidade do filho que, se bem que parecidas com as da maternidade, têm matizes diferentes. Um pai que possa banhar o filho, alimentá-lo, brincar com ele, sair com ele, é importante. O é mais ainda se reforça sua união com a mãe e oferece ao filho "o casal como

2. Korczak, J. *Como amar uma criança.* Rio de Janeiro, Paz e Terra, 1983, p. 57.

fonte de identificação e como primeira imagem social, de comunidade, que tem o indivíduo"[3].

Nota-se, assim, que a criança necessita de uma figura afetiva estável para ir, por intermédio dela, construindo sua identidade. Seu processo de identificação será conturbado se esse ambiente, esse contexto que a recebe não for continente e protetor. Em geral, esse ambiente à sua volta é conhecido e denominado como *família*.

Pode-se definir *família* como a constituição de vários indivíduos que compartilham circunstâncias históricas, culturais, sociais, econômicas e afetivas. Família é uma unidade social emissora e receptora de influências culturais e de acontecimentos históricos. Possui comunicação própria e determinada dinâmica.

Em uma dinâmica familiar temos elementos comunicacionais manifestos e latentes, racionais e irracionais, mitos, obediências automáticas, processos homeostáticos, duplos vínculos cumpridores das funções de defesa grupal familiar.

Família é uma unidade básica de desenvolvimento de experiências, de realização ou de fracasso, de saúde ou de doença.

Qual é a função dos pais? A função dos pais é a de ensinar, e a dos filhos aprender (quando se pensa em uma função primordial da família). Aprender, dentro dessa perspectiva, significa aceitar o modelo proposto pelos pais e criar em cima dele.

A função de ensinar é delimitada tanto por fatores intra e extrafamiliares. Entretanto, para os pais ensinarem é necessário que eles tenham o conhecimento, a vivência daquela situação (ou até já a tenham vivenciado, em outra etapa da vida como filhos, vivenciando o contrapapel de pais, o papel complementar, como filhos).

O conhecimento será transmitido pelo uso da autoridade, de forma natural. Pais que não sabem usar sua autoridade, sua função educativa, modeladora, não conseguem passar aos filhos o que sabem ou julgam importante ensinar.

Uma condição básica para que o processo de aprendizagem ocorra dentro da família, ou que a Matriz de Identidade realmente

3. Aberastury e Salas. *A paternidade*. Porto Alegre, Artes Médicas, 1984, p. 79.

seja o primeiro processo de aprendizagem emocional da criança, diz respeito à colocação de limites por parte dos pais. É ele que dará à criança a noção de realidade, que a defrontará com o primeiro "não", com as primeiras frustrações, propiciando a discriminação entre fantasia e realidade.

É importante que, durante o processo de aprendizagem emotiva da criança (ou seja, das primeiras fases de seu desenvolvimento, da Matriz de Identidade), a função de educar e ensinar seja compartilhada por dois ou mais adultos, já que a criança sempre precisa confirmar os conceitos que lhe estão sendo ensinados. A confirmação é valiosa porque ajuda a criança a internalizar a noção que está sendo ensinada[4].

Segundo Soifer, o processo evolutivo dos filhos reativa nos pais as ansiedades que eles experimentaram no mesmo período[5]. Assim, o fator primordial da enfermidade, do problema da criança advém da *aprendizagem falida dos pais.*

Se os pais não conseguiram lidar com determinada fase de seu próprio desenvolvimento, dificilmente vão ter condições de apoiar seus filhos em sua aquisição. Conseqüentemente, a aprendizagem emocional não será completa, pois, se os pais não aprenderam a enfrentar certa situação de vida, não poderão ensinar a seus filhos a fazê-lo. O conhecimento do papel social de pais é sempre adquirido de modelos, retirado da própria experiência de vida. Assim, o problema da criança, hoje, representa quase sempre uma aprendizagem emotiva que seus pais não conseguiram completar no momento evolutivo correspondente.

Sabe-se, pois, que um bom vínculo entre pais e filhos, uma relação com confiança, espontaneidade e transparência, só é possível se cada um dos componentes dessa dupla, nesses papéis complementares, puder realizar uma aprendizagem emocional satisfatória. Ou seja, Moreno, em sua obra, ressalta a importância dos primeiros vínculos, dentro da Matriz de Identidade, procurando, dentro da família, preservar o contato imediato entre o Eu e o Tu – o encontro.

---

4. Ferrari, D. C. A. *Formação da identidade e o processo de vitimização física e sexual na família.* Trabalho apresentado em tema livre no 6º Congresso Brasileiro de Psicodrama, Salvador, Bahia, 1988, mimeo.

5. Soifer, R. *Psicodinamismos da família com crianças.* Rio de Janeiro, Vozes, 1983, p. 21.

Indivíduo, família e sociedade, para ele, formam um contínuo. Para compreender um indivíduo não podemos vê-lo isoladamente, pois a sua identidade é ao mesmo tempo individual e social.

Quando Moreno iniciou seus estudos sobre os grupos sociais, sua preocupação era a melhoria das relações interpessoais. Ele buscava atingir, entre os indivíduos, um nível de diálogo e comunicação que enobrecesse a condição humana. Sua intenção era tornar mensuráveis os sentimentos positivos e negativos, de atração e rejeição, que mobilizavam as pessoas de determinado grupo.

Assim falando de infância e adolescência, como compreender essas fases de seu desenvolvimento considerando que sua identidade é ao mesmo tempo individual e social?

Crianças/adolescentes[6], nesse período de suas vidas, participaram e participam, pertenceram e pertencem a vários grupos sociais, cada um com características e regras de funcionamento próprios. Necessitaram dessa convivência social, dessa troca socioafetiva com grupos significativos para sobreviver, socializar-se e conhecer os valores de sua cultura.

Como ocorrem as relações entre os diferentes membros de um grupo social? Seja um grupo familiar, um grupo de alunos, um grupo de pais, de crianças, de adolescentes. Como se dão as relações entre essas pessoas? Como ocorrem os problemas de interação entre elas, a complementaridade e o desencontro de suas relações?

Novamente Moreno é a fonte inspiradora para suprir esses questionamentos.

Na década de 1930, quando Moreno desenvolveu a Sociometria, ofereceu-nos não só uma investigação metódica sobre a evolução e a organização dos grupos, como também nos permitiu conhecer a posição dos indivíduos nos grupos.

Sabe-se que, ao estudar os grupos, Moreno teve tanto um interesse sociológico quanto terapêutico. Sua obra mostra o estudo do surgimento dos grupos, das relações indivíduo/grupo e grupo/indivíduo, de suas características, de suas divisões, das leis de interação, porém sem perder de vista nem o indivíduo nem o grupo. Valendo-

6. Ferrari, Dalka, C. A. A sociometria e a criança. In: *Revista Brasileira de Psicodrama*, ano I, número 1, 1º semestre de 1990, pp. 24-36.

se de experiências com diferentes tipos de grupos (bebês, crianças, adolescentes, prostitutas, refugiados, presos etc.), criou o teste sociométrico. Para ele, "o teste sociométrico permite determinar as pessoas com quem um sujeito deseja associar-se e quantas pessoas desejam associar-se a ele, a partir de determinado critério; desse modo pode-se determinar o contorno externo de um átomo social[7]".

"O átomo social é o núcleo de todos os indivíduos com quem uma pessoa está relacionada sentimentalmente, ou que lhe estão vinculadas ao mesmo tempo"[8].

"Enquanto certas partes desses átomos sociais parecem limitar-se aos indivíduos que participam deles, outras se relacionam com partes de outros átomos sociais e estes últimos, por sua vez, com outros; formam assim cadeias complexas de inter-relações que, em sociometria descritiva, são chamadas de redes sociométricas[9]." Ou seja, o indivíduo escolhe as pessoas com quem quer interagir, assim como também é escolhido; desde as composições atomizadas, individualizadas às composições interacionais, em rede.

À medida, então, que determinado sujeito expressa um desejo de estar com outro, para compartilhar de algo em comum, estamos conhecendo também a sua tele.

Segundo Moreno, o termo tele vem do vocábulo grego que significa longe ou a distância. Todavia define tele, em seu conceito mais genérico, como "a menor unidade de sentimento transmitida de um a outro"[10]. Moreno acrescenta: "tele é a percepção interna e mútua dos indivíduos, é o cimento que mantém os grupos unidos. Tele é uma estrutura primária"[11].

Realizando análises sociométricas, Moreno identificou três forças básicas de relação: atração (tele positiva), rejeição (tele negativa) e, quando não existe comunicação nem positiva nem negativa, indiferença. Identificou também que há uma influência recíproca entre o

---

7. Moreno, J. L. *Psicodrama.* Buenos Aires, Paidós, 1972, p. 254.

8. Moreno, J. L. *Fundamentos de la sociometria.* Buenos Aires, Paidós, 1976, p. 62.

9. Idem, ibidem, p. 211.

10. Moreno, J. L. *Psicodrama.* Buenos Aires, Paidós, 1972, XIV.

11. Idem ibidem, p. 128.

indivíduo e a organização social, entre o indivíduo e a sociedade, que começa desde o nascimento e transcorre ao longo da vida.

Para ele, o indivíduo, "a pessoa humana é o resultado de forças hereditárias (g), forças espontâneas (e), forças sociais (t) e forças ambientais (a)"[12]. Nota-se, portanto, a presença das forças sociais na constituição do próprio ser, do indivíduo ao lado das forças espontâneas, que o levam a dar uma resposta adequada a uma situação nova. Esta visão antropológica do homem membro de um grupo surgiu, na obra moreniana, após sua participação em trabalhos oficiais nos Estados Unidos (Sing-Sing e Hudson), contrapondo-se à sua primeira visão de homem gênio, desenvolvida pela espontaneidade. Pode-se perguntar se essas duas concepções de homem são antagônicas entre si.

Concordo com Garrido Martín quando diz que Moreno adota uma postura equilibrada: nem o indivíduo, nem o grupo. Em virtude disso, classifica a postura de Moreno como a do psicólogo social que procura salvar o indivíduo no grupo. Segundo ele, "essa proposta conciliadora e psicossocial se cumpre por intermédio da interação terapêutica"[13] e do conceito de papel[14].

Moreno diz: "Chamei de princípio da interação terapêutica a esta interação em que a autonomia dos indivíduos participantes não se perde na massa, e em que se aproveitam suas capacidades terapêuticas"[15]. Nesse aspecto ele ressalta que num grupo cada indivíduo torna-se agente terapêutico do outro graças ao princípio da interação terapêutica.

No que diz respeito ao conceito de papel, já explanado, ele favorece a união dessas duas concepções de homem, de indivíduo, "em que o papel, conceito social, conecta com a espontaneidade, de conteúdo individual. (Em suas origens, o papel e a espontaneidade

---

12. Garrido Martín, E. *Psicologia do encontro: J. L. Moreno.* São Paulo, Ágora, 1996, p. 174.

13. Idem ibidem, p. 210.

14. Moreno, J. L. *Psicoterapia de grupo y psicodrama.* Buenos Aires, Paidós, 1972, p. 27.

15. Garrido Martín, E. *Psicologia do encontro: J. L. Moreno.* São Paulo, Ágora, 1996, p. 213.

eram realidades convergentes, pois Moreno trouxe o termo *role*, o papel que o ator psicodramático desempenhava no cenário.)"[16].

Se existe uma influência contínua e recíproca entre indivíduo e sociedade, como ela ocorre entre a criança e os grupos aos quais pertence?

Para levar adiante essa reflexão, faz-se necessário utilizar alguns critérios para classificar os grupos existentes. No entanto, cabe aqui uma ressalva sobre esse tema. Segundo Garrido Martín, "Moreno não pretendeu fazer uma teoria geral nem sobre grupos, nem sobre a sociedade. O que ele nos relata sobre o tema é o resultado das aplicações do teste sociométrico e, principalmente, de sua intenção terapêutica. Assim, não vemos na obra moreniana uma preocupação com a divisão dos grupos, nem notamos que ele tenha feito uma classificação prévia dos grupos em sociométricos e terapêuticos, pois a sociometria está em função da terapia"[17].

Escolheu-se para fins didáticos e em função da prática clínica diferenciar os grupos do ponto de vista sociométrico, que os classifica, com base em sua estrutura, em formais, sociométricos e sociais.

Grupos formais são os visíveis e ancorados na lei (como família, escola, trabalho etc.). Grupos sociométricos são os que surgem das relações afetivas de atração, rejeição ou indiferença, entre seus membros. Já os sociais representam, para Moreno, a síntese da estrutura oficial do grupo original (grupo formal) e de sua estrutura sociométrica (grupo sociométrico ou informal).

Caracterização dos grupos

De seus experimentos com grupos, Moreno acrescenta uma série de características importantes, tanto para compreensão do indivíduo no grupo, quanto para caracterizar o funcionamento do grupo em si. São elas:

---

16. Garrido Martín, E. *Psicologia do encontro: J. L. Moreno.* São Paulo, Ágora, 1996, p. 210.

17. Moreno, J. L. *Fundamentos de la sociometria.* Buenos Aires, Paidós, 1976, pp. 73-4.

a) Grupo tem dupla dimensão: horizontal e vertical

Moreno afirma que, no grupo, primeiro se manifesta a horizontalidade, depois a verticalidade, numa seqüência genética e de desenvolvimento. Essa constatação decorre da aplicação do teste sociométrico ao grupo de bebês e significa que num grupo existem, a princípio, contatos horizontais entre seus membros, numa situação que tende à igualdade, para depois se chegar a contatos verticais, com distribuição de papéis, podendo daí surgir líderes e subordinados.

b) Homogeneidade *versus* heterogeneidade

Moreno constatou que os grupos tendem a se nutrir de elementos com as mesmas características e a se opor a grupos heterogêneos. A homogeneidade permite que os membros de um grupo se sintam mais seguros e expansivos afetivamente, com maiores chances de auto-afirmação.

c) Tendência ao conservadorismo

Um grupo que convive por muito tempo e atinge uma organização na direção vertical, com escala de valores, distribuição de funções, normas de conduta, tende a se manter, a se conservar, a evitar mudanças.

d) Grupos introvertidos e extrovertidos

Grupo introvertido é aquele no qual a maioria de seus integrantes está satisfeita com a vida em comum que leva. Já extrovertido é o grupo em que a maioria de seus membros deseja viver com indivíduos exteriores ao grupo.

e) Grupos normais e patológicos

Os grupos normais têm um grande número de pares, de escolhas mútuas, enquanto os patológicos têm grande freqüência de ambivalências (sobre o mesmo indivíduo, por exemplo, projetam-se simultaneamente inúmeras escolhas ambivalentes, como amor e ódio, atração e rejeição) e presença da transferência em detrimento da tele.

f) Grupos naturais e sintéticos

Grupos naturais são os que estão previamente formados, no início da terapia (como a família). Sintéticos são os que se formam explicitamente em função da terapia (como a clínica).

g) Grupos fechados e abertos

Grupos fechados são os que não permitem a admissão de novos membros durante o período da terapia, por exemplo, e são apropriados à terapia intensiva. Abertos são os grupos que, de tempos em tempos, dão acesso a novos membros, quando a coesão o permite ou quando velhos membros se retiram[18].

Evolução dos grupos

Moreno faz um estudo longitudinal ou evolutivo dos diferentes estádios do agrupamento entre os seres humanos (ou seja, do grupo enquanto regido por leis sociogenéticas):

- "estádio anterior à socialização (até sete ou nove anos);
- estádio da 1ª socialização (7-9 a 13-14 anos);
- estádio da 2ª socialização (a partir de 13-14 anos)"[19].

Observa-se que os estudos morenianos sobre os agrupamentos levam em conta a socialização, considerando os fatores espontaneidade e tele como básicos para que os indivíduos façam suas escolhas e se encaixem nos grupos. Como já foi citado, Moreno utilizou-se para seus estudos do teste sociométrico ou do método de observação (como no caso dos bebês).

A visão da infância e da adolescência aqui apresentada pressupõe, para a realidade brasileira, um processo de socialização já bastante diversificado do proposto por Moreno. Quando ele cita que a etapa anterior à socialização vai até os sete anos, duas observações precisam ser colocadas:

1ª) até os sete anos, na Europa de 1920 a 1930 mais ou menos, o processo de socialização era mais restrito, ficando a criança sob os encargos da família até por volta dessa idade, quando então ingressava na escola;

---

18. Moreno, J. L. *Fundamentos de la sociometria.* Buenos Aires, Paidós, 1976, p. 146.

19. Garrido Martín, E. *Psicologia do encontro: J. L. Moreno.* São Paulo, Ágora, 1996, p. 182.

2ª) por mais restrito que fosse esse processo, ele representava uma etapa de socialização na vida da criança; por mais elementar que fosse, significava a primeira introdução da criança ao mundo da comunidade, da cultura, daí se discordar da etapa proposta como "estádio anterior à socialização".

Na realidade brasileira atual, a família assume os encargos educativos sozinha até por volta dos três anos mais ou menos. A partir dessa data a criança já está ingressando nas escolas maternais ou pré-escolas, sendo a tarefa educativa daí para a frente partilhada pela família e pela escola. Às vezes, as famílias optam pelo sistema de berçários, quando então os bebês já os freqüentam. Nessa situação, a criança convive com os grupos familiar e institucional (berçários particulares ou creches do governo).

A realidade aqui descrita retrata a estrutura de grupos sociais existentes nas grandes cidades brasileiras. Em cidades menores, observa-se um período de socialização familiar mais longo, ou seja, nota-se uma convivência maior entre criança e família nos primeiros anos de vida.

Assim, a proposta de divisão apresentada tem que ver com dois grandes momentos da vida da criança:

- a criança e o grupo familiar (zero a três anos);
- a criança e o grupo social (três anos em diante).

A criança e o grupo familiar

Moreno dizia que nesse estágio "os grupos formados por crianças nas diferentes fases desse estágio são menos constantes e menos diferenciadas posteriormente. É evidente que nessa idade a criança apresenta um fraco desenvolvimento da capacidade para eleger espontaneamente um companheiro que por sua vez a escolhe"[20].

---

20. Garrido Martín, E. *Psicologia do encontro: J. L. Moreno*. São Paulo, Ágora, 1996, p. 182.

Quando a criança nasce, automaticamente está inserta em determinado grupo social. Para muitas crianças esse grupo social já formado chama-se família; para outras tantas denomina-se instituição como abrigos, orfanatos.

Como já foi citado, Moreno enfatiza a importância da Matriz de Identidade no processo de socialização da criança. Ela é necessária até que a criança consiga separar-se da mãe, ganhando sua independência e individualidade. Após o desenvolvimento dos papéis psicossomáticos, a criança desenvolve os papéis sociais e psicodramáticos, definindo o seu "Eu".

Pode-se dizer que nessa fase de interação criança-grupo familiar a criança tem intensa reação com esse grupo, dependendo dele de forma total para sua sobrevivência. Estabelece-se, então, uma relação desigual entre os participantes desse primeiro vínculo socializante, pois não é possível generalizar que do lado familiar exista sempre uma reação complementar tão intensa. Quando há uma complementaridade satisfatória, pode-se dizer que a evolução dessa primeira etapa da socialização transcorre de forma adequada, pois permite à criança satisfazer suas necessidades básicas. Isso a deixa mais segura para investir em novas relações sociais que lhe possam ser oferecidas. Com as características observadas por Moreno (tanto em seus estudos com bebês quanto com crianças pequenas, de até sete anos) a criança procura fazer ligações, mas suas relações são frágeis, sem muita continuidade, e sempre motivadas por interesses utilitários, que atendam a necessidades mais imediatas.

Caso a complementaridade do grupo familiar não ocorra ou aconteça de forma insatisfatória, tem-se aí a instauração de processos psicopatológicos.

A criança está desde seu nascimento vivendo um processo transferencial intenso, transferindo para figuras significativas, que desempenham papéis familiares, fantasias inconscientes e esperando dessas uma complementaridade satisfatória. Na medida em que essa complementaridade de papéis ocorre, a capacidade perceptual da criança desenvolve-se gradativamente, permitindo-lhe perceber, começar a ver essas figuras significativas de forma cada vez mais real, sem tantas projeções de fantasias inconscientes. Pode-se dizer, segundo Moreno, que se está iniciando o desenvolvimento do processo télico. A capacidade télica, ou seja, a capacidade de ver o outro como ele é, sem projeções de fantasias inconscientes, vai iniciar um desenvolvimento que seguirá pela vida toda, baseado nessas primeiras vivências.

São essas vivências télicas positivas ou negativas que dotarão a criança de vínculos afetivos mais próximos ou distantes, permitindo que ela seja o centro de átomos sociais mais ricos ou não (em termos de escolhas pessoais), com vínculos intensos ou não, profundos ou superficiais (em síntese, positivos ou negativos).

Outra vivência social importante nessa fase diz respeito à interação social que se estabelece entre a criança e esse primeiro grupo socializante, em relação à sociodinâmica do grupo.

Como são as leis, as regras de funcionamento desse grupo? Como acontece a complementaridade de papéis?

Pode-se dizer que essa complementaridade de papéis muda conforme as leis e as regras que comandam o funcionamento desse primeiro agrupamento social. Esse grupo, por exemplo, pode ter um funcionamento autoritário e o desempenho de papéis sociais pode variar conforme o sistema, patriarcal ou matriarcal. Se o grupo apresentar um funcionamento democrático ou chegar a uma situação de *laissez-faire*, o desempenho de papéis sociais mudará por completo.

Espera-se que esse primeiro grupo socializante permita o desenvolvimento da espontaneidade e da criatividade de seus membros, especialmente das crianças.

A criança e o grupo social (três anos em diante)

De acordo com Moreno, "o ponto crucial do processo de socialização parece ser alcançado por volta dos sete a nove anos, não significando que ele esteja concluído aí". Para ele, a etapa seguinte do processo de socialização situa-se na idade de treze a quinze anos, quando a maturação da sexualidade começa a refletir-se no processo. Segundo Moreno, a terceira etapa "ocorre por volta dos dezesseis ou dezessete anos, quando o adolescente chega aos limites do seu desenvolvimento mental"[21].

---

21. Moreno, J. L. *Psicodrama.* São Paulo, Cultrix, SOP, 1987, p. 114.

Como já foi dito, na realidade brasileira o processo socializante da criança está acontecendo cada vez mais cedo. Amplia-se sua participação em grupos sociais distintos da família. Todavia, a característica das relações grupais que consegue estabelecer vai seguir o critério do desenvolvimento das relações que passam de ocasionais e aleatórias a contínuas e freqüentes.

Inserindo-se em grupos sociais de escolares, de amigos, de esporte etc., a criança e o adolescente vão nos retratando a riqueza ou não de seus átomos sociais. A ampliação e o crescimento em suas relações sociais dependerão tanto da amostra social em estão insertos quanto do desenvolvimento de suas capacidades télicas em relação a seus membros.

Outro fator importante dessa fase é o aparecimento do interesse sexual como uma das grandes forças motivadoras para a busca de situações grupais.

As leis sociodinâmicas do grupo, nessa etapa, variam conforme a idade de seus membros. Assim, os grupos de crianças menores, que ainda dependem da autoridade de um adulto, seguem as características dos grupos dependentes, que necessitam ser dirigidos. Já os grupos de crianças maiores/adolescentes assumem as características de funcionamento dos grupos que se autodirigem, com características dos grupos não-dependentes.

Se essa progressão social acontece, pode-se observar que o processo de socialização está ocorrendo – ele permite a afloração do processo télico, em substituição ao processo transferencial, possibilitando que tais crianças/adolescentes desenvolvam também a espontaneidade e a criatividade de cada um.

Ressalta-se, assim, a importância tanto dos fatores individuais quanto dos fatores sociais na formação da personalidade da criança e do adolescente.

Vitimização

Conforme a visão moreniana, a família deve ser vista em seu contexto social como uma parte da rede sociométrica. É dentro dela que ocorre a vinculação entre a criança e adultos significativos – ela é o *locus*, o *status nascendi*, a "matriz" desses primeiros vínculos sociais da criança.

Quando a família não cumpre seu papel social de protetora de sua prole, de transmissora de valores culturais, considerando como critério seu aspecto funcional, pode-se dizer que ela fracassou no cumprimento de suas funções. Observa-se entre os membros dessas famílias a falta de relações verdadeiras (relações télicas, para Moreno), incoerência entre seus membros, substituídas por relações de pseudo-mutualidades, de duplo vínculo etc.

Quando ocorrem situações de vitimização física e sexual de crianças e adolescentes na família, pode-se dizer que se está diante de um grave problema de relações entre pais e filhos, de uma relação hierárquica que se deteriorou.

A vinculação patológica mãe/filho(a) ou pai/filho(a) levantam questionamentos da sociedade e, principalmente, dos profissionais que os atendem.

Para responder a tais questionamentos, num primeiro momento, considera-se vital a ebulição interna que tal situação desencadeia nesses profissionais, em seus valores.

A sociedade propaga a defesa à infância, o cuidado com a saúde; organiza campanhas publicitárias que falam de vacinação em massa, de amamentação natural – procurando com isso reduzir o alto índice de mortalidade infantil, os surtos, as epidemias, bem como conscientizar as mães que apenas o leite materno cria, desenvolve na criança um sistema seguro de autodefesa, de anticorpos necessários à sua sobrevivência. Há, portanto, dentro da sociedade, toda uma campanha de sensibilização para que a criança seja bem tratada, cuidada e amparada desde seu nascimento. Espera-se, de forma ampla, universalmente em todas as culturas e, por que não dizer, em todas as espécies, que pais e mães cuidem bem de seus filhos, gostem deles.

Acostumados a esses valores universais e diante da situação social da vitimização de crianças/adolescentes dentro de suas famílias, a primeira reação da maioria das pessoas, ao se depararem com essa situação de violência, é de choque, susto e indignação.

Assim, ao lado da expectativa social do papel tem-se a realidade de um papel social que é vivenciado, contrariando sua própria expectativa.

Pais agressores existem. Existem e cometem desde pequenas ações agressivas até ações extremamente agressivas contra seus filhos (como queimar um bebê com pontas de cigarro ou incinerá-lo em forno de microondas, como mostram dados publicados em recentes pesquisas norte-americanas).

Nas relações pais/filhos permeadas pela violência, muitos aspectos do problema focalizam-se no assumir o papel de pais. Para desempenhar um papel social, o indivíduo necessita ter vivenciado, ter tido um bom desenvolvimento dos papéis psicossomáticos e psicológicos. Um bom desenvolvimento dos papéis psicossomáticos garante ao indivíduo uma boa relação com o seu *corpo.*

Como fica o desenvolvimento dos papéis psicossomáticos de uma criança que é vitimizada? Castello de Almeida considera que

> o corpo é a referência física do sujeito: nele está a história genética, a marca da hereditariedade; está também a expressão da inteligência, o registro das vivências e a possibilidade das ações/opções. Nele estão as coisas particulares ao indivíduo e também as próprias da espécie. Ontogenia e filogenia aí se encontram. Ele contém a sexualidade e a agressividade. No corpo está o fisiológico e o instintivo, o não-consciente, o espontâneo, os papéis psicossomáticos. Nele se imprime o condicionado, o cultural, o educado, o robotizado, a conserva, os papéis psicodramáticos e sociais.
>
> É pelo corpo que o Eu, expressão psicológica do ser global, integra-se em seus vários níveis (emocional, intelectual, vivencial). Nele o ser habita e com a morte biológica desaparece ou transcende. A vivência do corpo é a vivência de impulsos, sentimentos, pensamentos, movimentos; é a consciência do Ser. Consciência muitas vezes silenciosa e muda.
>
> O corpo é sujeito e objeto do desejo. É a casa do simbólico.
>
> O corpo intermedia a percepção, a emoção e o ato conativo"[22].

Se o corpo é um instrumento, um aspecto importante do ser humano, podemos imaginar que, quanto mais cedo e precoce ocor-

---

22. Castello de Almeida, W. *Formas de encontro.* São Paulo, Ágora, 1988, p. 58.

rerem situações de vitimização física e/ou sexual com uma criança, mais comprometida fica a assimilação de sua corporalidade.

Segundo ainda Castello de Almeida, nas psicoses existe um grave comprometimento dessa corporalidade – "a visão do corpo é fragmentada, o corpo é perfurado, permeável a invasões de fora e a vazões para fora. O movimento torna-se impossível, o corpo petrifica-se, defende-se, catatoniza-se"[23].

Assim, caso *a incidência da vitimização ocorra muito precocemente na vida da criança*, pode-se dizer que todo o desenvolvimento do Eu (por meio do desenvolvimento dos papéis psicossomáticos, psicodramáticos e sociais) fica abalado. Nessas situações o Eu pode permanecer desestruturado, sem se integrar totalmente, ou apresentar traços que se aproximam do quadro de sintomas próprios das psicoses.

Quando a vitimização ocorre em fases posteriores, quando o Eu da criança já se estruturou (após o terceiro ou quarto ano de vida, mais ou menos), as conseqüências assumem características próprias dos quadros traumáticos (Distúrbio de Estresse Pós-Traumático) – sintomas físicos (como problemas alimentares graves, tais como anorexia, obesidade; distúrbios de sono; problemas de seqüelas, traumatismos físicos, doenças sexualmente transmissíveis, gravidez indesejada); sintomas psicológicos (como dificuldade de concentração, de sono, problemas de atenção, motivação, depressão, ansiedade, quadro histérico grave, fugas de casa, tentativas de suicídio); problemas sociais (desadaptação escolar, transgressões, delinqüência) etc.

Tanto a negligência emocional, a vitimização psicológica por parte dos pais, quanto o incesto ou abuso incestuoso deixam sérias marcas na formação da personalidade da criança e do adolescente. Constata-se nesses casos que a situação não é imposta pela força, a criança é abusada sem o uso direto da força do adulto. Mas ela é negligenciada, suas necessidades básicas são sempre postergadas, esquecidas. Ela é constantemente humilhada, aviltada com palavras.

Todavia, a situação do incesto – em que a criança e o adolescente são utilizados para satisfação dos desejos e das necessidades sexuais de adultos próximos, de membros de sua família – muitas vezes ocorre sem o uso da força, mas mediante o jogo sedutor, a

---

23. Ibid., p. 59.

manipulação que pode durar anos sem se descobrir, sem que a criança possa falar ou pedir ajuda. Nesses casos, a criança e o adolescente alimentam a dificuldade, a patologia, do vínculo pai-mãe. De acordo com Satir[24], "embora um filho possa parecer mais ligado à mãe e seu aliado (da mesma forma que uma filha possa parecer mais ligada ao pai e sua aliada), esta aliança é ilusória. Um filho nessa família carrega muito mais que desejos incestuosos e medo de castração. Carrega o peso de acreditar que ele realmente mantém os pais unidos. Aprende que pode mantê-los unidos de alguma forma".

As contribuições de Satir sobre o tabu do incesto vêm elucidar uma questão muito controvertida nos casos de vitimização sexual contra crianças/adolescentes: a postura sedutora da criança seria um fator desencadeante, propulsor para que uma relação incestuosa aconteça na família?

Pelo que se constatou, a criança é envolvida, nesses casos, a serviço da patologia do vínculo do casal. Ela por si própria não tem capacidade para engendrar, planejar toda a trama familiar da vitimização.

Assim, a posição do adulto na família é decisiva. Para detectar por que a vitimização física/sexual/psicológica contra crianças e adolescentes acontece numa família, deve-se *observar o fenômeno do ponto de vista dos pais.*

Quando o desempenho do papel de pais se desvia do esperado?

O referencial psicodramático que mais se aproxima, que pode explicar, responder a essa indagação, a meu ver, diz respeito às contribuições teóricas de Fonseca Filho quando trata do desenvolvimento do papel sexual.

Acredita-se que o desenvolvimento desse papel sexual pode interferir diretamente no desempenho do papel de pais.

Para ele, o papel sexual define-se quanto ao gênero (masculino e feminino) na fase do Reconhecimento do Eu, quando a criança define, estabelece sua identidade sexual. Assim, por volta dos quatro

---

24. Satir, V. *Terapia do grupo familiar.* Rio de Janeiro, Livraria Francisco Alves, 1980.

ou cinco anos, a criança já deveria ter sua identidade sexual definida: "Eu sou Joana, menina"; "Eu sou João, menino".

Fonseca desenvolve um trabalho de correlação entre o desenvolvimento da sexualidade e as diferentes etapas da Matriz de Identidade, discutindo como é a característica de cada indivíduo fixado, atrelado em determinada etapa de sua sexualidade. Segundo ele, "a evolução da fase de vinculação-separação (ou simbiose) dá origem às "Relações em Corredor". Assim como todas as outras fases do desenvolvimento, essa também é ultrapassada, porém deixando registros ou marcas. Os sulcos da personalidade que lhe dão identidade e unicidade são esculpidos pelas vivências das fases do desenvolvimento. Nessa fase de "Relações em Corredor", a criança faz relacionamentos que se caracterizam pela exclusividade e possessividade. Ela já tem identidade, já distingue o outro, mas sente que existe só para si. Seriam reflexos de seu passado em que se sentia una (simbiose) com a mãe. Sente-se única e central nos relacionamentos. Nesse período, a criança só tem olhos para a mãe e deseja seus olhos só para si.

Pode-se dizer que as marcas dessa fase ressurgem, de algum modo, nas relações amorosas. Caracterizam-se pelo desejo de exclusividade e, de forma distorcida, pela posse e obsessão pelo outro (Tu). O sonho de ter um companheiro único e suficiente para toda a vida tem origem nessa fase. Saio da relação com minha mãe (ou Matriz de Identidade), cresço e encontro outra relação igual ou parecida, para todo o sempre. Outra possibilidade é encontrar um parceiro que supra o que não vivi antes, o que me faltou. Tais fantasias e desejos escondem a ansiedade da solidão e o medo da frustração.

A busca do parceiro-mãe (matriz), independentemente do sexo que se tenha, consolida, em princípio, o fracasso de algo que já não se pode mais ser obtido.

Se na criança a fase é evolutiva e normal, no adulto significa a obsessão pelo amante. Necessito do outro como oxigênio para respirar. "Sem ele(ela) morro. Se ele(ela) me abandona me mato, e/ou mato-a(o)." Os crimes passionais demonstram isso. Freqüentemente esses crimes são cometidos na alcova. O sexo simboliza a distorção comunicacional do momento.

"Crimes passionais como o estupro, por exemplo, revelam a angústia em ser aceito. A submissão violenta da vítima aparece como o desespero de possuir, dominar a aceitação que não existe"[25].

Correlacionando estas contribuições teóricas às atitudes dos pais vitimizadores, autores da violência, que adotam perante o(a) filho(a) uma atitude de posse, de dominação, de poder, pode-se pensar em sua sexualidade não resolvida, em sua necessidade de posse do outro, de exacerbar a relação hierárquica que há entre pais e filhos, no sentido rígido do "pai-senhor" que domina o "filho-escravo".

Pais que estão vivendo uma vinculação subjetiva, transferencial com seus filhos, que não conseguiram desenvolver um processo mais verdadeiro, mais télico em suas relações, que não respeitam a vontade do outro, só consideram a sua escolha, enxergando o filho como objeto de seus desejos. Assim, essa visão vem evidenciar mais uma vez que a presença de elementos transferenciais na inter-relação de papéis pode estar ligada ao desenvolvimento da sexualidade desses pais, provavelmente ancorada, atrelada a uma etapa anterior, levando-os a agir transferencialmente, como se seu(sua) filho(a) fosse seu escravo, sua posse total.

Retrospectiva histórica

Assim, o período de infância/adolescência é diretamente marcado por influências vivenciadas pela criança no ambiente familiar (ou institucional, quando a instituição substitui a família). Todavia, sabe-se que a infância transcorre sem que se cuide ou observe essa grande influência. E, o que é mais grave ainda, o sentimento de infância como uma etapa da vida diferenciada e merecedora de atenção, proteção, cuidados, é um sentimento recente. Entre nós, no Brasil, esse sentimento foi trazido, incentivado e desenvolvido pelos jesuítas.

Ao longo da história da humanidade o abuso na infância e na adolescência sempre existiu. Embasados em historiadores e pesqui-

---

25. Fonseca F°, J. S. *Psicoterapia da relação.* São Paulo, Ágora, 2000, p. 227 e em mimeo. Apostila sobre Desenvolvimento da Sexualidade.

sadores sobre o tema, procurar-se-á reconstituir o olhar da sociedade sobre a infância e adolescência. Encontrou-se em Marin (1964) essa reconstituição histórica geral e em Del Priore (1966) a reconstituição histórica nacional.

Assim, pode-se observar uma diversidade de tratamentos oferecidos às crianças, segundo as épocas, civilizações e povos[26].

Na época dos fenícios, em Tiro e Sidon, moravitas e amonitas sacrificavam crianças para acalmar os deuses. Esses povos adoravam o deus Moloch, que tinha corpo de homem e cabeça de carneiro, com uma grande grelha em sua mão direita. Construído em bronze, ele possuía um espaço vazio no qual colocava-se combustível. Quando já estava aquecido, no ponto, colocavam-se aí as crianças vivas para pedir clemência.

Todo ano, no Egito, afogava-se no Nilo uma jovem para que o rio transbordasse e fertilizasse as terras.

Na Grécia, mandava-se matar as crianças que não poderiam ser cidadãos robustos. Em Atenas, o pai era dono absoluto do filho recém-nascido. Em Esparta, cada recém-nascido era submetido ao juízo da Assembléia de Anciãos; se o julgavam útil, respeitavam sua vida; do contrário, era enviado ao monte Taijeto, lançado em seus abismos para servir de alimento às feras.

A matança das crianças na China chegou quase a nossos dias. Destaca-se, em especial, que as meninas, ao anoitecer, eram levadas às portas da cidade para saciar os lobos famintos.

Havia também a crença, na Palestina, de que a fumaça da combustão das crianças devia acalmar a ira dos deuses – quando os reis de Judá sacrificavam seus filhos.

Em Roma, havia o costume *Tollere infantum* de se invocar a deusa Levana para decidir sobre a vida ou morte do recém-nascido.

Em alguns povos pagãos iniciou-se um movimento de piedade pelas crianças, porém a verdadeira obra de redenção se deve ao Cristianismo:

---

26. In: Kempe, R. S. e Kempe, C. H. *Niños maltratados*. Madri, Morata, 1985, p. 13.

- A condenação do infanticídio e do aborto por Santo Barnabé.
- Século II – São Félix, Clemente de Alexandria e São Cipriano – Inspiraram aos imperadores pagãos, começando com Nerva e terminando com o espanhol Trajano a proteção a milhares de crianças abandonadas, dando origem à primeira obra *Tabullae Alimentarie.*
- Século IV – Constantino – Obrigou os pais a criá-los atendendo de imediato às necessidades dos recém-nascidos.
- São Basílio e São João Crisóstomo – Fundam os primeiros hospitais e asilos para crianças em Sabasto (355) e em Cesárea (372). O Código Teodosiano (438), e mais tarde as leis visigodas, proíbem aos pais de vender seus filhos e oferecê-los como prenda.
- Trevisia – Instala-se na porta de uma igreja uma cuba, um berço de mármore em que as crianças fossem depositadas e pudessem ser prontamente socorridas.
- Justiniano – Em 530, deu liberdade aos enjeitados e ordenou que fossem educados com fundos públicos.
- Dateus – Em 815, fundou em Milão o hospício para crianças.
- Século XII – Em Roma, os pescadores, em uma manhã, lançaram ao rio Tiber suas redes e, ao tirá-las da água, não acharam peixes nelas, apenas cadáveres de crianças recém-nascidas. Ao saber disso, o papa Inocêncio III determinou que no Hospital do Espírito Santo se assistisse às crianças enjeitadas.
- 1136 – Em Florença criou-se o Hospital dos Inocentes.
- Século XIV – Cria-se na Espanha o primeiro centro de proteção à criança. Funciona em Valença, de 1337 a 1794, a instituição O Pai dos Órfãos. Apoiada por Pedro IV de Aragón, estende-se por Navarra, Aragón e Castilla e recolhe crianças órfãs e abandonadas.
- 1362 – Fundou-se em Paris o Hospital do Espírito Santo; em 1536 o de Crianças de Deus para acolher os filhos dos que morriam no Hotel Deus (abrigo para necessitados).
- Séculos XV e XVI – A Junta de Nossa Senhora de Paris (a Câmara Municipal) prestava assistência às crianças enjeitadas na casa do porto de Saint Landry.

- 1537 – Em Valença, Santo Tomás de Villanueva converte parte do Palácio Episcopal em hospício para crianças abandonadas, sendo por isso chamado de o Pai dos Pobres.
- 1567 – Em Madri, fundou-se a Inclusa ou Casa dos Enjeitados.
- Em 1600, o médico Jerônimo Soriano fundou em Teruel o primeiro hospital de crianças e escreveu um tratado sobre a infância.
- Mr. Vincent, mais tarde São Vincente de Paula, cria a casa Couche e a Comunidade das Irmãs de Caridade, inspirado em Luís XIII (1642) e em Luís XIV (1670), em favor das crianças.
- Espanha – Tanto Carlos II, em 1780, quanto Carlos IV, em 1794, incentivaram a educação de crianças abandonadas e mandam que os povos façam justiça, castigando por injúrias e ofensas aos que chamassem essas crianças de marginais, ilegítimas, bastardas ou espúrias. Em Sevilha o irmão Toribio de Velasco fundou os "Toribios de Sevilha", longínquo antecedente do que seria a justiça do menor.
- Brasil – Desde os primeiros momentos da colonização, na então colônia de Santa Cruz, observa-se a tentativa de adestramento físico e mental a que foram submetidas as crianças indígenas pelos jesuítas. Nas Minas setecentistas, destacam-se aspectos da sexualidade infantil, como a pederastia, e uma grande carga de violentos preconceitos já existentes, bem como a discriminação racial na adoção de "enjeitadinhos mulatos".
- Século XIX – Na Espanha ocorreu um grande avanço com a criação nas universidades das Cadeiras de Pediatria. No Brasil, o sofrimento da criança tornava-se especialmente palpável. Nesta época, dá-se o grande momento do "enjeitamento" – que teve entre as crianças negras do Rio de Janeiro as suas maiores vítimas. Na Bahia, no mesmo período, a Lei do Ventre Livre modificava as relações parentais e o destino das crianças filhas de escravos. Já nos finais do século XIX, a Roda dos Expostos, instituída pela Santa Casa de Misericórdia, promovia uma espécie de infanticídio maquiado com as crianças abandonadas à sua porta.

- 1825 – Fundou-se a Sociedade Nova-Iorquina para a Recuperação dos Delinqüentes Juvenis, inicialmente voltada mais para crianças "vagabundas" e, mais tarde, para abandonados.
- 1868 – Ambroise Tardieu, catedrático de Medicina Legal em Paris descreve, pela primeira vez, a síndrome da criança maltratada por meio de autópsias de 32 crianças espancadas ou queimadas até a morte. No mesmo ano Athol Jonhson, em Londres, chamou a atenção para a freqüência de fraturas múltiplas nas crianças.
- Século XX – A legislação espanhola neste século evoluiu muito com a Lei de 1904 de Proteção à Infância. No Brasil, nota-se a presença de crianças no trabalho fabril, sofrendo acidentes e distantes de qualquer proteção da lei. A Primeira República marca a entrada em cena do conceito de menoridade e estreitam-se as relações entre Estado e sociedade para disciplinar o menor até que a FUNABEM e a FEBEM, encarnando o Estado-preceptor, passam a ditar regras sobre a marginalização do menor abandonado.

Assim, pode-se constatar que o olhar da sociedade sobre a infância e a adolescência foi, a princípio, de caráter caritativo. O abuso a crianças e adolescentes não recebeu atenção como tal, mas dentro dos esforços destinados a corrigir o problema dos "menores" abandonados/indigentes/delinqüentes. E é dentro dessa perspectiva que, na primeira metade do século XIX, surgem os reformatórios sociais – muitos deles de orientação religiosa. Preocuparam-se com o desenvolvimento moral, com o caráter filantrópico e criaram reformatórios juvenis e orfanatos.

Até finais da década de 1950 tanto a definição como a intervenção no abuso/abandono infantil permaneceram restritas ao campo legal e dos serviços sociais. Apesar de centenas de famílias e de crianças/adolescentes terem passado por esses serviços, não havia uma autêntica consciência pública do problema dos abusos contra crianças/adolescentes.

Em 1924 e em 1952, aconteceram duas reuniões internacionais em Genebra e em Viena, respectivamente, visando à garantia do bem-estar da criança. A partir daí define-se o dia 1º de junho como Dia Internacional da Criança.

Em 20 de dezembro de 1959, a Assembléia Geral da ONU aprovou e proclamou a Declaração dos Direitos da Criança. Ela é composta por dez princípios que condensam os principais cuidados e garantem a indispensável proteção de que as crianças necessitam e merecem.

Foi na década de 1960 que essa conscientização se despertou.

Diante do número cada vez maior de crianças que começaram a chegar aos serviços pediátricos dos Estados Unidos com lesões não acidentais é que Kempe e seus colaboradores (1962) organizaram um Simpósio sobre o Abuso Infantil e apresentaram a "síndrome da criança maltratada", depois transformada em livro.

"A síndrome da criança maltratada" recordava os trabalhos de Wooley e Evams sobre o "significado das lesões esqueléticas dos lactantes" similares às de origem traumática, já descobertas um século antes por A. Tardieu (1868) em seu estudo médico-legal sobre o infanticídio.

Os trabalhos de Kempe e seus colaboradores deram origem a uma campanha que obrigava aos médicos a denunciar os casos de abuso infantil, despertando a consciência da população norte-americana sobre o tema. A campanha teve enorme sucesso, e em pouco tempo já se legislava a respeito. Também foi criado um novo organismo federal – o Centro Nacional sobre o Abuso e o Abandono Infantil (National Center on Child Abuse and Neglect).

Como já foi falado, a humanidade, em sua totalidade, não vem tratando bem suas crianças. Pode-se dizer que a criança e o adolescente vêm sendo vítimas de vários tipos de exploração – inclusive e principalmente a de natureza sexual. Nestas situações, tem-se observado uma falta de mobilização social em defesa da criança, uma falta de denúncia e até uma conivência da sociedade, revestida pelo "pacto do silêncio", que permeiam essas discussões, mesmo entre profissionais.

"Em comemoração aos vinte anos da Declaração dos Direitos da Criança, o ano de 1979 foi considerado o Ano Internacional da Criança."

Embora tenham ocorrido essas ações, entre nós, no Brasil, a criança e o adolescente continuavam sem proteção, tendo seus direitos usurpados. E, somente nas "últimas décadas do século XX, é que surge entre nós o Estado do Bem-Estar Social, ou o Estado-Protetor, que pretende assumir a assistência social da criança desvalida e desviante"[27].

Os progressos da psicologia evolutiva, os trabalhos de Spitz (hospitalismo), de Bolwby (carências maternas), e modernamente Piaget, Ajuriaguerra, trazem novos focos, diferentes luzes sobre a compreensão da criança e do adolescente – seu desenvolvimento, as conseqüências do abandono e as carências maternas.

Paralelamente, a evidência de maus-tratos, de abuso/exploração sexual contra crianças/adolescentes começa a incomodar a sociedade brasileira, segundo levantamentos feitos pelo Instituto Brasileiro de Geografia e Estatística (IBGE), que vem analisando os indicadores sociais como mortalidade infantil, expectativa de vida, índice de analfabetismo, renda *per capita*, e pelo Fundo das Nações Unidas para Infância (UNICEF), que, lentamente, dá início ao enfrentamento desse problema, procurando uma compreensão sobre esse fenômeno.

Assim, na década de 1970, as primeiras denúncias médicas começam a surgir. Especificamente em 1978 o dr. Hélio de Oliveira Santos, em Campinas, após denunciar na imprensa o caso de uma criança vítima de violência física (que fora internada em estado grave na UTI), inicia reuniões semanais com estagiários para discussão do problema e ação perante os órgãos formais jurídicos. Na literatura nacional, começam a aparecer as primeiras publicações sobre o tema, destacando-se as produções pioneiras de Maria Amélia Azevedo e Viviane Azevedo Guerra, no LACRI/IPUSP, de Hélio de Oliveira Santos no CRAMI, em Campinas e outros[28].

---

27. Marcílio, Maria Luíza. *História social da criança abandonada.* São Paulo, Hucitec, 1998, Parte II, p. 132.

28. 1982 – Goldberg, Maria Amélia Azevedo. *Educação sexual: uma proposta, um desafio.* São Paulo, Edições Aruanda.

1985 – Azevedo, Maria Amélia. *Mulheres espancadas: a violência denunciada.* São Paulo, Cortez.

A partir da década de 1980, o fenômeno do abuso da infância e da adolescência passa, no Brasil, a ser definitivamente estudado, questionado. Assim, dessa data até hoje, a literatura nacional sobre esse fenômeno se desenvolveu muito. "Por sua vez, a idéia de exploração sexual da infância é conquista recente, na medida em que se assenta sobre um duplo reconhecimento – o da existência de um padrão assimétrico de relações sociais entre gerações – o padrão adultocêntrico e o da concepção da criança como cidadão, sujeito de direitos e não como menor de idade, passível de ser objeto do prazer adulto[29]."

Como assinala Gionannonni (1989), as primeiras definições legais da criança maltratada faziam referência aos pais que punham em perigo a moral de seus filhos, apresentavam comportamento moralmente repreensível ou expunham a vida e a saúde deles. A preocupação não parecia estar tanto no sofrimento da criança abusada, mas com o impacto negativo que a longo prazo essa situação poderia ter em sua moral, podendo levá-los a não respeitar as leis quando adultos. Assim é que, uma vez institucionalizados, tais crianças/adolescentes não recebiam um tratamento especial pelos abusos ou pelo abandono que haviam sofrido, mas eram tratados como a

---

1985 – Guerra, Viviane Nogueira de Azevedo. *Violência de pais contra filhos; procuram-se vítimas.* São Paulo, Cortez.

1985 – Saffiotti, H. Violência contra a mulher: dimensão necessária da dominação. In: Azevedo, M. A. *Mulheres espancadas: a violência denunciada.* São Paulo, Cortez.

1987 – Krynski, S. Guerra, Celina et al. *A criança maltratada.* São Paulo, Almed.

1987 – Santos, Hélio de Oliveira. *Crianças espancadas.* Campinas, Papirus.

1987 – Nunes, Cesar Aparecido. *Desvendando a sexualidade.* Campinas, Papirus.

1988 – Azevedo, Maria Amélia e Guerra, Viviane Azevedo. *Pele de asno não é só história... um estudo sobre a vitimização sexual de crianças e adolescentes em família.* São Paulo, Roca.

1989 – Azevedo, Maria Amélia e Guerra, Viviane Azevedo (orgs.). *Crianças vitimizadas – a síndrome do pequeno poder.* São Paulo, Iglu.

29. In: Azevedo, Maria Amélia e Guerra, Viviane Azevedo. *Pele de asno não é só história... um estudo sobre a vitimização sexual de crianças e adolescentes em família.* São Paulo, Roca, 1988, pp. 5-6.

maioria das crianças internadas por outros motivos (orfandade, pobreza etc.).

Durante todo o século XX, especialistas e defensores da causa da criança, em número cada vez maior, criaram um movimento para reconhecer as necessidades especiais das crianças como direitos inalienáveis e para garanti-los sob a forma de lei. Comemorando os trinta anos da Declaração dos Direitos da Criança, em 1989, este movimento pelos direitos da criança resultou na Convenção sobre os Direitos da Criança, um marco na legislação internacional sobre os direitos humanos, chegando a um consenso sobre questões delicadas como trabalho infantil, a criança soldado e a exploração sexual.

Em 1990, o UNICEF organizou um Encontro Mundial de Cúpula pela Criança, no qual foram estabelecidas várias metas a serem alcançadas até o ano 2000:

- redução das taxas de mortalidade infantil para crianças menores de cinco anos;
- diminuição das taxas de mortalidade materna;
- redução da desnutrição entre crianças menores de cinco anos;
- diminuição das taxas de analfabetismo adulto;
- acesso universal à educação fundamental;
- acesso universal a água limpa e saneamento básico;
- melhoria na proteção da criança que vive em circunstâncias especialmente difíceis.

O UNICEF elaborou, assim, uma estratégia fundamental para se cobrar dos diferentes países o cumprimento dessas metas, bem como a efetiva implantação da Declaração dos Direitos da Criança[30].

Essa concepção de criança/adolescente como cidadãos e enquanto sujeitos de direitos é definitivamente homologada como lei na sociedade brasileira a partir de 13 de julho de 1990, com a promulgação do Estatuto da Criança e do Adolescente (ECA).

---

30. Bellamy, Carol, Dr. Exec. UNICEF. Situação Mundial da Infância 2000 - UNICEF, Brasília, DF. *Metas a serem alcançadas até o ano 2000*, p. 15.

Aprovado pela Lei nº 8.069, o ECA dispõe sobre a proteção integral a criança/adolescente, ou seja, estabelece o que crianças/adolescentes/pais/responsáveis/comunidade/instituições e o Estado podem ou não, devem ou não fazer. Também define as conseqüências das ações/omissões contra crianças/adolescentes e daquelas cujo autor é o próprio adolescente. Todavia, sua implantação esbarra em inúmeras dificuldades. Toda a política para o setor é elaborada pelos Conselhos dos Direitos da Criança e do Adolescente e executada pelos Conselhos Tutelares da Infância e Juventude, duas instâncias diferentes quanto a suas atribuições e competências. Como os conselhos dos outros setores das políticas sociais, esses também seguem a ótica da municipalização, contam com a participação da sociedade civil e devem servir como instrumento de controle sobre as ações do Estado.

A diferença básica introduzida por essa nova lei é que a criança e o adolescente deixaram de ser objeto de direitos para se tornarem cidadãos e, como tais, sujeitos de direitos. Contudo, os Conselhos de Direitos que devem traçar as políticas não estão efetivamente implantados e os Tutelares, por conseqüência, ainda estão sem condição de garantir a cidadania tanto às crianças quanto aos adolescentes até dezoito anos. Assim, sem serviços de proteção e atendimento, crianças e adolescentes brasileiros continuam marginalizados[31].

Assim, no dia-a-dia, a lei de proteção a crianças e adolescentes existe, mas a família que violenta, desrespeita e promove a reprodução da violência também ainda existe, sendo suas ações retratadas nos jornais, na mídia, refletindo uma violência cada vez maior.

O ECA almeja alcançar essa proteção integral por meio de direitos que garantam pleno desenvolvimento a crianças/adolescentes – é a doutrina defendida pela ONU, com base na Declaração Universal dos Direitos da Criança que afirma o valor da criança como ser humano; a necessidade de respeito especial à sua condição de pessoa em desenvolvimento; de valorizar a infância e juventude como portadoras da continuidade do povo e da espécie e de reconhecer

31. Ferrari, Dalka C. A. *A situação da infância no Brasil.* Mimeo., trabalho apresentado na cadeira PSA – 5766. A criança na família, na escola e na sociedade, IPUSP, 1996.

sua vulnerabilidade. O Brasil assinou a Convenção dos Direitos da Criança e do Adolescente. Assim, toda criança/adolescente brasileiro tem direito à vida, à saúde, à alimentação, à educação, ao esporte, ao lazer, à profissionalização, à cultura, à dignidade, ao respeito, à liberdade e à convivência familiar e comunitária. Recursos públicos deverão ser prioritariamente destinados à proteção da infância e juventude.

Em nível internacional, a Sociedade Internacional para Prevenção do Abuso e Negligência Infantil (International Society for the Prevention of Child Abuse and Neglect – ISPCAN) está sendo presidida por um brasileiro, dr. Franklin Farinati. Atualmente essa organização internacional congrega milhares de profissionais no mundo todo que trabalham com esse tema e que a cada dois anos promove congressos. Em 2000, realizou o 13º International Congress on Child Abuse & Neglect, que aconteceu na África do Sul, em Durban, de 3 a 6 de setembro, cujo tema foi: "Implementing the United Nations Convention on the Rights of the Child: Myth or Reality".

Referências bibliográficas

AZEVEDO, M. A. *Mulheres espancadas: a violência denunciada.* São Paulo, Cortez, 1985.

_______. *Infância e violência doméstica no Brasil, da pesquisa à ação.* Mimeo, trabalho apresentado na SCFBS, São Paulo, em reunião de 26/4/95.

_______. *Violência doméstica na infância e na adolescência.* São Paulo, Robe Editorial, 1995.

AZEVEDO, M. A. e GUERRA, V. A. (orgs.). *Crianças vitimizadas – a síndrome do pequeno poder.* São Paulo, Iglu, 1989.

_______. *Pele de asno não é só história... Um estudo sobre a vitimização sexual de crianças e adolescentes em família.* São Paulo, Roca, 1988.

BELLAMY, C. Dr. Exec. UNICEF. *Situação mundial da infância 2000. Metas a serem alcançadas até o ano 2000.* Editora do UNICEF; Versão em português sob responsabilidade do Escritório do Representante do UNICEF no Brasil, Brasília, DF, 2000.

CARDOSO, A. C. M. *O jovem e seus direitos.* São Paulo, Moderna, 1997.

COHEN, Cláudio. O incesto. In: AZEVEDO, M. A. e GUERRA, V. A. N. *Infância e violência doméstica: fronteiras do conhecimento.* São Paulo, Cortez, 1993.

DUARTE, J. C. e ARBOLEDA, M. R. C. *Malos tratos y abuso sexual infantil.* Madri, Siglo Veinteuno de Spaña, Cap. I, 1997.

FERRARI, D. C. A. *A situação da infância no Brasil.* Mimeo, trabalho apresentado na cadeira PSA – 5766. A criança na família, na escola e na sociedade, São Paulo, IPUSP, 1996.

FERRARI, D. C. A. A vitimização física e sexual na família. In: *Caderno de Psicodrama, Psicodrama nas Instituições.* São Paulo, Ágora, 1990, p. 103.

_________. A realidade política social brasileira e a violência doméstica. Mimeo, palestra realizada no NRVV/I Sedes Sapientiae/SP, em 20/11/94.

_________.(org.). Debate em mesa redonda sobre violência doméstica. In: *Revista da FEBRAP*, vol. 2. fasc. II, 1994.

FURNISS, T. *Abuso sexual da criança. Uma abordagem multidisciplinar.* Porto Alegre, Artes Médicas, 1993.

GARRIDO MARTÍN, E. *Psicologia do encontro: J. L. Moreno.* São Paulo, Ágora, 1996.

GOLDBERG, M. A. A. *Educação sexual: uma proposta, um desafio.* São Paulo, Edições Aruanda, 1982.

GUERRA, Viviane N. A. *Violência de pais contra filhos; procuram-se vítimas.* São Paulo, Cortez, 1985.

IBGE. *Indicadores sociais – Crianças e adolescentes.* Vol. 5. Rio de Janeiro, 1991.

KEMPE, R. S. e KEMPE, C. H. *Niños maltratados.* Madri, Ediciones Morata, 1985.

KRYNSKI, S. e GUERRA, C. A *criança maltratada.* São Paulo, Almed, 1987.

LOPES, M. A. Luta contra a discriminação: um grande desafio. In: *Rev. Direitos Humanos*, ano I, nº 1, São Paulo, out./1995, p.19.

MORENO, J. L. *Psicoterapia de grupo y psicodrama.* México, Fondo de Cultura Económica, 1966.

_________. J. L. *Psicodrama*, Buenos Aires, Paidós, 1972, XIV.

NUNES, C. A. *Desvendando a sexualidade.* Campinas, Papirus, 1987.

SAFFIOTTI, H. Violência contra a mulher: dimensão necessária da dominação. In: AZEVEDO, M. A. *Mulheres espancadas: a violência denunciada.* São Paulo, Cortez, 1985.

SATIR, V. *Terapia do grupo familiar.* Rio de Janeiro, Livraria Francisco Alves, 1980.

SANTOS, H. O. *Crianças espancadas.* Campinas, Papirus, 1987.

CAPÍTULO 2

Infância e adolescência: uma realidade que precisa de intervenção

Tereza Cristina Cruz Vecina
Ana Carolina Fontoura da Silva Cais e colaboradoras[1]

O objetivo deste texto é refletir sobre a configuração e o modo de funcionamento da sociedade atual, a qual tem dado pouca ou nenhuma atenção à infância e à adolescência. A questão da violência constitui aqui o tema central, exigindo o esforço e a dedicação das autoridades responsáveis e das diversas áreas de conhecimento. As idéias levantadas neste texto partem de dados de pesquisa e visam mobilizar a sociedade para o problema, permitindo o questionamento e a elaboração de propostas de intervenção.

O Centro de Referência às Vítimas de Violência do Instituto Sedes Sapientiae (CNRVV) realizou, em parceria com outras instituições, um trabalho de prevenção contra a violência doméstica em uma comunidade periférica da Zona Oeste da cidade de São Paulo, de março a dezembro de 1999. Tal trabalho foi desenvolvido em várias etapas e, entre outras tarefas, o setor de pesquisa responsabilizou-se pelo estudo do perfil das crianças e dos adolescentes da região e do modo como se dão as relações sociais nos diferentes níveis. Foram os dados oriundos dessa pesquisa os disparadores do presente texto[2].

---

1. Colaboraram neste trabalho, nas fases de coleta e análise de dados, as psicólogas Angélica Aires Neto, estagiária do Setor de Pesquisa do CNRVV, e Maria Amélia de Souza e Silva, coordenadora do CNRVV.

2. O presente texto refere-se somente a crianças e adolescentes participantes de um dos Centros de Juventude onde se desenvolveu o trabalho de prevenção, mediante autorização prévia.

Com o intuito de contextualizar nossas reflexões, faremos, *a priori*, um breve comentário a respeito da sociedade atual, bem como das funções atribuídas à família e às instituições sociais na constituição do sujeito.

Nas palavras de Adorno (1999), "a sociedade brasileira, ao contrário do que imaginamos, nunca foi uma sociedade não violenta". Estudos acerca de nossa história apontam a presença marcante da violência como forma de resolução de conflitos, quando direitos humanos são violados e associados à banalização da vida humana. No entanto, somente nos dias atuais tais fatos vêm sendo mais alardeados, gerando inquietação em toda a sociedade e busca de alternativas para o enfrentamento desse fenômeno.

Muitas são as formas de expressão da violência, desde práticas institucionais, práticas públicas – como linchamentos populares, assassinatos etc. – até aquelas, muitas vezes veladas, que se dão no âmbito privado dos lares – como a violência doméstica praticada contra "os indefesos".

Independentemente de sua forma de expressão, toda e qualquer forma de violência causa indignação, pede por intervenção. Pode ser encarada como um sintoma gerado por/gerador de momentos de grande tensão, denunciando uma estrutura social e/ou familiar insatisfatória, decorrente, em grande parte, da perda de referências e valores estruturais.

Sabemos, por meio de dados de pesquisa, que a violência é democraticamente distribuída entre os diferentes segmentos da sociedade. Porém, a análise dos dados de morbi/mortalidade nos indica que a população potencialmente mais vulnerável à violência fatal são os mais jovens[3], em geral pertencentes a populações periféricas, em que as desigualdades e a constante mobilidade

3. Conforme citado por Sérgio Adorno (1999), a faixa etária mais vulnerável à violência fatal encontra-se entre quinze e 25 anos, sendo cada vez mais concentrada entre os quinze e os dezenove anos. Já Kilsztajne e Ferraz (1999), em estudo realizado sobre violência e mortalidade nas áreas metropolitanas, indicam que nas grandes metrópoles (São Paulo e Rio de Janeiro) os campeões em óbitos por causa externa e por violência são os jovens, do sexo masculino, na faixa etária entre quinze e dezenove anos, correspondendo a cerca de 67% do total de casos.

social impedem a formação de vínculos entre os indivíduos e destes com as instituições.

Apesar de esses dados significarem um alerta concreto, temos de ter em mente que falar de violência não é falar apenas de realidades concretas passíveis de medição. Trata-se de um fenômeno complexo, histórica e culturalmente constituído; no dizer de Rifiotis (1998), "cheio de significações que não podem ser reduzidas ao crime e à violência institucional". Refere-se a uma conduta de abuso e poder, muitas vezes invisível e/ou encoberta, que envolve situações de força e tensão, assimetria e desigualdade social, danosas para a constituição do indivíduo e da sociedade.

Entre tais formas de violência aparentemente invisíveis é importante destacar a existência da violência doméstica. Esta modalidade reveste-se de características próprias. A ambivalência de vínculos entre vítimas e agressores, a legitimação no cotidiano e o segredo, entre outras, trazem sérias conseqüências aos sujeitos nelas envolvidos e à sociedade. Na realidade, podemos considerá-la intimamente relacionada à violência social mais ampla.

E é dentro desse enfoque que surge a necessidade de analisarmos as funções da família na constituição do sujeito.

Bruschini (1993) define algumas das funções básicas da família, que variam conforme o contexto socioeconômico em determinado período da história, como a socialização de seus membros, a reprodução ideológica e econômica, constituindo tal estrutura um espaço social distinto, em que se definem as diferenças e as relações de poder.

Já Freud ressalta a tarefa de socialização da família, sua contribuição para a formação da personalidade dos indivíduos mediante a constituição de vínculos afetivos. Para esse autor, o psiquismo não é algo dado por natureza, mas fruto de uma construção cultural que ocorre ao longo do desenvolvimento infantil no contexto das relações familiares. Além desse fator, o convívio em família permite a definição de lugares conforme o sexo e a idade.

Ante as necessidades econômicas, conforme cita Bruschini (1993), os membros do grupo familiar assumem atividades geradoras de renda em suas diferentes formas (trabalho informal, assalariado etc.), trabalhos domésticos que não geram, mas poupam renda e afazeres escolares.

Enquanto instituição protetora e provedora, a família também atua como elo de transmissão de valores e crenças sociais, cumprindo sua função de reprodução ideológica. O discurso familiar, fortemente vinculado ao discurso social, contém os enunciados identificatórios que ligam a criança ao mundo. Cada família vai priorizar certos aspectos em sua transmissão, regulando, assim, as informações que chegam à criança. A transmissão intergeracional de significações assegura a continuidade da cultura. "A história transmitida é um dos mais poderosos instrumentos de reprodução de uma sociedade", escrevem as autoras argentinas Rojas e Sternbach.

Nesse sentido, pensando na problemática atual, o grupo familiar, afetado pelas transformações repentinas e aceleradas, e desprovido dos ideais de progresso, esforço e preocupação com o futuro, que marcaram a época moderna, encontra-se diante da incerteza e da dificuldade de absorver o novo e o diferente. Submetido ao desamparo e às carências, torna-se incapaz de acompanhar as velozes mudanças ocorridas nos últimos tempos. Os pais acabam não conseguindo dar o suporte necessário ao desenvolvimento de seus filhos. Com isso a família vai transferindo algumas de suas funções básicas às instituições e à sociedade.

Entretanto, essas tarefas acabam novamente sendo exercidas de modo inadequado e/ou insuficiente para o desenvolvimento integral das crianças e dos adolescentes. É possível observar que, no que compete às funções do Estado, o descaso é enorme: os interesses econômicos e políticos são colocados em primeiro plano, em detrimento das necessidades fundamentais da população.

Esse quadro se agrava ainda mais se pensarmos no tipo de cultura que predomina hoje, que podemos denominar de "cultura da falta de limites". A instalação da corrupção, do "vale-tudo", da prevalência de regras inconsistentes que valem apenas para uns, expõe a população a um desamparo físico e psíquico. Se considerarmos a corrupção uma modalidade de transgressão-perversão, como descreve Mário Pablo Fuks (1997), ela contém alta capacidade de bloquear os processos de elaboração e assimilação do sujeito, base para a subjetivação sadia.

Ainda é importante nos lembrarmos dos programas de assistência às crianças, em termos históricos. Eles fazem parte das políticas sociais do país e carregam as marcas do descompromisso e da falta de investimentos dos setores responsáveis. Construídos sob os princípios da segurança e desenvolvimento, tais programas acabam por priorizar a disciplina e a correção, criando verdadeiros depósitos de crianças. Segundo Tânia Ferreira (2000, p.12), a internação de crianças e adolescentes em instituições educacionais visava corrigir "os erros e defeitos de sociabilidade adquiridos através das famílias ou da orfandade". Situar o problema exclusivamente na família é mascarar a questão da desigualdade social.

Todo esse quadro de desamparo nos remete a pensar, também, no papel da escola na formação da identidade do sujeito. Responsável pela continuidade do crescimento da criança, a escola deve favorecer o desenvolvimento de recursos intelectuais e sociais, por meio de programas de ensino que considerem suas capacidades já presentes. Para isso, é de extrema relevância a formação de professores, fato nem sempre bem cuidado. O mais importante parece ter sido o "passar de ano", mesmo sem ter aprendido ou alcançado os objetivos educacionais, diminuindo custos, aumentando o número de vagas e, ao mesmo tempo, criando estatísticas de baixa repetência e de maior aderência ao ensino.

Nesse sentido, o suporte que as instituições sociais e o Estado deveriam oferecer à criança e à família acaba sendo exercido de modo inadequado e/ou insuficiente para o desenvolvimento integral dos sujeitos.

Na busca de uma compreensão psicológica do fenômeno da violência e da organização da estrutura familiar, podemos recorrer ainda a Winnicott, quando discute os cuidados maternos e as funções básicas da família.

Esse autor descreve a "mãe suficientemente boa" como aquela que se adapta, plenamente, às necessidades do bebê, reconhecendo-lhe as diferentes manifestações de fome, frio e dor. O bebê é, nesse momento inicial de seu desenvolvimento, um ser frágil, completamente dependente do outro. Assim, a devoção da mãe ou substituta, em sua maneira de segurar, manusear e dar significado ao mundo, é indispensável para que o bebê possa dar continuidade a um crescimento saudável.

Uma criança que não recebeu esses cuidados básicos sofreu, em maior ou menor grau, uma privação. Qualquer acontecimento dessa natureza deixa marcas na criança, podendo futuramente abrir caminho para o surgimento de sintomas. Winnicott acredita que a manifestação de sintomas pode ser positiva, na medida em que traz uma mensagem traduzida como um "sinal de esperança". Essa criança estaria buscando, mediante comportamentos ditos delinqüenciais, como roubo, agressões verbais ou mesmo físicas, expressões da violência, um retorno ao período que antecedeu a privação.

Segundo ainda esse autor, o problema da delinqüência extrapola as condições sociais de miséria, pobreza, vínculos familiares conturbados ou delinqüência parental. Para ele, a tendência anti-social, observada em qualquer criança, está intimamente ligada à questão da privação. Ocorre que essa criança estava tendo um desenvolvimento normal, mas algo do ambiente provocou uma grande mudança em sua vida. Dentro de um ambiente continente, a criança tem a possibilidade de manter contato com um objeto bom, que é capaz de suportar sua agressividade. No entanto, quando a continência falha, a criança sofre uma privação, que gera "uma ansiedade impossível de ser integrada de maneira compreensível".

Nesse sentido, a tendência anti-social, entendida como um sintoma, carrega uma mensagem de socorro. "A criança se torna difícil justamente por tentar retornar a um estado anterior à privação e ao sentimento de ansiedade impensável" (Winnicott, 1987). O roubo ou a agressão manifestados por essa criança ganham legitimidade por reclamar um ambiente provedor e protetor, fundamentais para que seu desenvolvimento transcorra de maneira saudável.

a) O trabalho realizado

Com o objetivo de conhecer a população abrangida pelo trabalho de prevenção e melhor direcionar nossas ações, optamos, entre outras tarefas, pelo estudo do perfil psicológico das crianças e dos adolescentes atendidos em um dos Centros de Juventude (CJ) da região, pelo reconhecimento de suas vivências de violência (em suas diferentes apresentações), além de buscar a identificação de como se dava a organização grupal.

A escolha desses itens baseou-se, sobretudo, na visão que temos acerca da violência enquanto fenômeno que deixa marcas no sujeito e nas relações estabelecidas por ele.

Também acreditamos que é na Matriz de Identidade (constituída no âmbito familiar) que a criança vivencia a sociedade. É essa Matriz de Identidade, da qual depende inicialmente de forma total para sua sobrevivência física e emocional, que fornecerá parâmetros para o estabelecimento de futuros vínculos. Logo, uma matriz carregada de tensão e violência, em que a prática e o uso de poder sobre o outro é uma constante, favorecerá o desenvolvimento de formas de contato com o mundo compatíveis com essas vivências.

Para atingir tais objetivos recorremos ao cruzamento de dados oriundos basicamente de dois instrumentos de avaliação, a saber:

1º) A aplicação do "Teste de Desenhos e Histórias", conforme proposto por Walter Trinca, em um grupo selecionado de crianças e adolescentes que constituiu nossa amostragem[4] – possibilitando que eles falassem de como se inserem na realidade social e familiar de modo protegido.

   Obtivemos, assim, dados referentes à formação da Matriz de Identidade dessa população, podendo verificar como se configura a auto-imagem, a imagem do mundo que a cerca (ambiente e relações com iguais, com figuras de autoridade masculinas e femininas) e a presença de traços de violência[5];

2º) A aplicação do teste sociométrico ao total de crianças e adolescentes que freqüentavam o CJ, no início e no término do período destinado ao trabalho de prevenção[6].

---

4. Utilizou-se uma amostragem que contemplasse, de modo aleatório, crianças de ambos os sexos e diferentes idades. Ainda se considerou aqui cada desenho/história como uma possibilidade de relato da realidade vivenciada.

5. Para análise dos dados obtidos, optou-se pela análise de conteúdo, quando se valorizam mais os aspectos qualitativos dos dados (sem descartar as possibilidades de qualificação), estabelecendo-se categorizações *a posteriori*.

6. Foram selecionados critérios de escolha de parceiros com base em atividades comumente desenvolvidas no CJ como "brincar no recreio" e "estudar junto". Aspectos de rejeição e indiferença não foram abordados, tendo em vista o trabalho ora em desenvolvimento pela equipe do NRVV junto às crianças. Buscou-se, também, a análise de aspectos objetivos e perceptuais

Isso permitiu identificar, com mais clareza, como se davam as relações entre as crianças e os adolescentes, levando-se em conta que os aspectos da sociometria apresentam relação estreita com a forma de aprendizado das relações sociais, inclusive com o surgimento de questões voltadas à violência e à cidadania.

b) Quem são essas crianças?

O CJ, no início de 1999, contava com um total de 127 crianças e adolescentes, entre sete e catorze anos, distribuídos em quatro turmas. No decorrer dos trabalhos, essas crianças foram redistribuídas em cinco turmas. Ao final do ano, estavam matriculadas cerca de 120 crianças.

A maioria das crianças e dos adolescentes que freqüentavam o espaço do CJ era do sexo masculino (63%). No tocante à idade das meninas, ao contrário dos meninos, existe uma redução dos índices a partir dos nove anos[7].

c) Como essas crianças se vêem?

As crianças pesquisadas mostram-se como pessoas indefesas, carenciadas e ameaçadas. Diante dessa situação, utilizam-se com freqüência de mecanismos de defesa como a negação (10,74% dos relatos de meninas e 9,37% de meninos) e a idealização (32,14% dos relatos de meninas e 14,06% de meninos). Também, em várias situações, as saídas apontadas indicam mecanismos de auto-aniquilamento,

---

da escolha, ou seja, conhecer como cada uma das crianças e dos adolescentes escolhe e percebe, intuitivamente, sua relação com as demais, tendo em vista acreditarmos que grande parte das relações disfuncionais (em especial as carregadas de violência) é permeada de falhas perceptuais (do outro e de si mesmo).

6. Surgem aqui alguns questionamentos básicos – Onde ficam as demais meninas? Até que ponto a visão social do papel da mulher como alguém que deve dedicar-se aos afazeres domésticos e aos cuidados dos mais novos, que vem sendo formada desde a mais tenra idade, afasta essas meninas de oportunidades sociais como a convivência grupal fora de uma aprendizagem formal?

quando o morrer, o perder a consciência, o desvitalizar-se ou a dissociação se mostram como resoluções para seus conflitos, pagando um preço para alcançar sua própria sobrevivência. Isso nos leva a crer que são crianças com vivências carregadas de sofrimento, sem possibilidade de recorrer a soluções saudáveis.

No tocante à diferença entre os sexos, percebemos que as meninas se apresentam com maior freqüência como pessoas em sofrimento. Porém, elas também se revelam com mais iniciativa, mais lutadoras e inconformadas, ao mesmo tempo que tal enfrentamento muitas vezes vem carregado de submissão e autodesvalorização, restando-lhes resignar-se.

Assuntos voltados à sexualidade aparecem com mais freqüência entre as meninas do que entre os meninos, sendo a sedução uma das saídas utilizadas por elas como forma de enfrentamento de conflitos. Tal fato chama nossa atenção, uma vez que evidencia a questão do abuso sexual e das possibilidades de sua manutenção e/ou evitação.

Já os meninos, além de se perceberem também indefesos, vêem-se mais solitários e rejeitados do que as meninas. Sua forma de enfrentar as dificuldades muitas vezes é pela destruição e pela transgressão, ora se colocando no lugar de "heróis", ora recorrendo à fuga e ao isolamento. Neles também aparecem saídas permeadas de submissão, porém surgem dados indicativos de enfrentamentos, com busca à reparação.

No tocante à internalização de leis e regras sociais, foi possível observar, principalmente entre os meninos, o descrédito quanto à possibilidade de justiça social, dando abertura à construção de uma "lei particular" com base na percepção da impunidade, assumindo características de vingança e defesa de território privado, com a ausência de parâmetros sociais de referência. Surgem daí personagens que poderiam ser caracterizadas como "anti-heróis", transformando vítimas em agressores. A violência constitui, assim, um caminho para reconquistar espaços que lhes foram retirados socialmente, justificando-se a agressão em função do descaso do outro, da carência afetiva e material.

d) Como essas crianças vêem o seu mundo, a sua realidade?

Em geral, o ambiente é percebido por essas crianças e adolescentes como de carência/falta, sem relações, pouco acolhedor e afetivo. Também é visto como um local de risco e/ou em destruição (ameaçador, assustador, danoso, hostil, invasivo, desrespeitoso, rejeitador), que contém ou gera dor, tristeza e opressão.

Em quase 60% dos relatos observamos algum traço de violência. Aspectos como medo, necessidade de manutenção do segredo, sentimentos de ameaça, aprisionamento e uso por parte de outros estiveram presentes.

Sentimentos de culpa apareceram em raros relatos (1,56%), o que reforça os questionamentos acerca da internalização das regras sociais e da lei, tornando o ambiente mais propício à ocorrência da violência.

Para os meninos, o abandono e a negligência são os traços de violência mais citados, enquanto as meninas citam mais a violência psicológica (caracterizada em particular pela rejeição) e a sexual. No tocante à violência física, esta aparece para ambos os sexos (17,85% dos relatos de meninas e 10,94% dos de meninos).

Apesar desse quadro, foi possível observar, em alguns casos, uma percepção do ambiente como acolhedor, por vezes prazeroso, principalmente pelas meninas (7,14%). Tais dados permitem-nos levantar alguns questionamentos:

- mecanismo de idealização da realidade, utilizado com freqüência pelas meninas, poderia ser considerado uma forma de evitação de contato com uma realidade em sofrimento;
- ainda, se sabemos que em nossa sociedade cabem à mulher alguns papéis de acolhimento e cuidados, muitas vezes assumidos desde a infância perante os mais novos (irmãos e colegas), o vivenciar essas relações, em que o cuidado e a proteção devem estar presentes, poderia estar reduzindo seus sentimentos de abandono e carência.

e) Como essas crianças se relacionam com o mundo?

No tocante ao relacionamento entre iguais, pôde-se notar distanciamento e isolamento social, muitas vezes caracterizados pela inexistência de relacionamentos (em 40,22% dos relatos).

Dados do teste sociométrico confirmaram tal isolamento, apontando alto índice de incongruências nas escolhas, além de grande número de crianças não escolhidas (20,47% sequer foram citadas).

Apesar de encontrarmos indícios de que essas crianças reconhecem-se no outro (identificação maior entre as meninas), tal possibilidade não se torna um fator de união. A análise dos dados indica relações permeadas de comportamentos de competição e disputa, uso, invasão e desrespeito, roubo, agressividade e destruição, além de sentimentos de inveja, cobiça, ciúmes, dissimulação e traição.

Tais dados, referentes à coesão social entre as crianças, são um alerta – configuram uma realidade social propícia à ocorrência da violência entre elas, além de favorecer a manutenção do sigilo e a desproteção ante situações de violência contra elas.

Esses dados ainda permitem levantar alguns questionamentos: Como se constituiu tal realidade senão por meio de vivências na matriz familiar e social, ambas formadoras da identidade desses sujeitos? Como vêm sendo desempenhadas as funções familiares e institucionais? Como a instituição tem dado conta da função integradora e socializadora dessas crianças/adolescentes, uma vez que em somente 17,85% dos relatos apareceram comportamentos de cooperação? Que papel a instituição vem desempenhando na quebra desse padrão de relações?

A análise de como tais crianças/adolescente vêem a figura feminina indica a percepção de uma mulher sem expressão, submissa e conformada.

No caso dos meninos, muitas vezes a figura feminina é omitida (em 54,69% dos relatos) e, quando citada, em poucas ocasiões aparece desempenhando um papel de autoridade (28,22% dos relatos).

Para eles, tal figura vem associada mais a aspectos de não-proteção, ausência de expressão de afetividade e exercício de papéis violentos, do que de proteção e provimento. Quando, no exercício da autoridade, a mulher adulta aparece submetendo e levando a criança a se conformar por meio de relações permeadas de medo, receio e falta de cuidados.

Para as meninas, a mulher é caracterizada muitas vezes como uma figura infantil, sem poder, frágil ou até impotente, com traços de submissão, dependência e conformismo, quando sentimentos de medo e receio estão presentes em 21,43% desses relatos.

Nos relatos das meninas, a mulher aparece exercendo o papel de autoridade com maior freqüência (50%) do que nos dos meninos. Nestes, a mulher adulta é percebida como alguém que exerce papéis carregados de violência em relação à infância – de destruição, ameaça, invasão e punição –, não deixando que o outro possa usufruir do prazer. Apenas em alguns desses relatos a figura feminina adulta vem revestida de admiração e busca de identificação (10,71%), ou mesmo como alguém capaz de oferecer proteção e alguma afetividade (17,86%).

A figura masculina, quando aparece, é vista, principalmente, tanto pelas meninas como pelos meninos, como uma imagem violenta – destruidora, ameaçadora, invasora, punidora. Porém, muitas vezes ela aparece como impotente (em destruição, manipulada pelo feminino, ameaçada).

Tais características, à primeira vista contraditórias, indicam a constituição de um indivíduo ora como agressor, ora como vítima. E, quando este homem se apresenta enquanto uma autoridade, restam à criança a submissão e o conformismo, com a presença de sentimentos de medo, receio, desproteção e dependência.

Se buscarmos as diferenças na formação dessa personagem entre meninos e meninas, observaremos que as meninas percebem muito mais os aspectos violentos nos homens (25%), enquanto os meninos notam sua impotência e fragilidade, porém com capacidade de desempenhar o papel de provedor (especialmente no âmbito financeiro). De qualquer modo, é possível identificar a existência de um modelo de identificação pouco adequado.

Fato curioso é a inexistência de relação com autoridades masculinas – em 52% dos relatos a criança se mostra distanciada dessa autoridade. Tal dado nos sugere, provavelmente, o abandono e a falta de proteção que essa autoridade lhe oferece. Observa-se também que a expectativa de cuidados que essa criança tem é muito pequena, o que leva à manutenção do *status quo*, à não-reivindicação, indicando crianças passivas, carentes e desesperançosas de que possam vir a ter a proteção/cuidados necessários.

Diante desse quadro de relacionamentos constata-se, mais uma vez, que essas crianças/adolescentes não vivenciam um ambiente favorável a um desenvolvimento saudável. Possivelmente, tais formas de relacionamento, permeadas de carências, faltas e violências, nortearão seu futuro modo de contato com o mundo.

Se temos como meta a transformação dessa realidade, resta-nos num primeiro momento ver, questionar e então nela intervir. Para isso é necessário, como diz Rifiotis (1998, p.27):

> [...] entendermos que a violência não pode ser simplesmente negada, considerada como 'parte maldita' da sociedade, ela é um dos elementos vivos de qualquer projeto social. De um ponto de vista mais amplo, acreditamos que ao invés de negarmos a sua presença e a repudiarmos como um fantasma, deveríamos procurar compreender como ela se insere nas relações sociais e no nosso imaginário. Essa atitude reflexiva poderá contribuir para um melhor conhecimento de nossa sociedade e também para a modulação da própria violência.

A formação da identidade de tais crianças/adolescentes parece dar-se em um ambiente hostil, no qual o silêncio, a impotência e a imobilidade – seja pelo não falar ou reconhecer a própria violência sofrida ou pelo não receber orientação no sentido de sua não-ocorrência – transformam-se em fatores de manutenção de um ciclo perverso.

Reverter tal quadro exige ações voltadas ao grupo (crianças, educadores e famílias) e a cada um dos integrantes deste, que favoreçam a formação de uma identidade social de cidadãos em busca de autopreservação como sujeitos. Esse tipo de ação tem de contar com a colaboração de diferentes esferas da sociedade (em especial da educação, justiça e saúde, agindo de modo coordenado e integrado), tornando possível a criação de um espaço de cooperação que não repita a marginalização. Uma escuta diferenciada, desenvolvida ao longo do trabalho, deverá levar os sujeitos a sustentar suas diferenças, sem excluí-los do espaço social mais amplo. Ao mesmo tempo, é preciso fornecer a estes sujeitos referências sociais que possibilitem alterar o quadro da violência.

Nesse tocante, o CJ, instituição aqui pesquisada, reveste-se de crucial importância. É ele o responsável pelo acolhimento dessas crianças e deveria estar voltado, principalmente, às suas funções integradoras e socializadoras, repensando seu trabalho de modo a não reproduzir padrões de relações violentas.

Também consideramos que as ações de prevenir, tomar a dianteira, antecipar-se ao fenômeno da violência, são prioritárias. Para isso, noções de respeito, como a criação de possibilidades de ver a si e ao outro enquanto seres distintos e com necessidades; o desenvolvimento da tolerância, para que a diferença possa ser aceita, compreendida e integrada ao todo social; o desenvolvimento da confiança e a construção de regras e limites de forma comunitária, devem ser desenvolvidos tendo em vista a valorização da vida.

Referências bibliográficas

ADORNO, S. Violência. In: *Rev. Médicos HCFMUSP*, ano II, nº 8, maio/jun. de 1999.

BRUSCHINI, C. Teoria crítica da família. In AZEVEDO, M. A. A. e GUERRA, V. N. (orgs.). *Infância e violência doméstica: fronteiras do conhecimento.* São Paulo, Cortez, 1993.

FERREIRA, T. Os meninos e a rua – O psicólogo e os impasses da assistência. *Rev. Psicologia e Profissão.* Ano 20, nº1, 2000.

FREIRE, J. *Violência e psicanálise.* Rio de Janeiro, Paz e Terra, Graal, 1988

FUKS, M. P. Subjetividade e instituição. *Rev. Subjetividades Contemporâneas* nº 1, Instituto Sedes Sapientiae, São Paulo, 1997.

KILSZTAJN, S. e FERRAZ, I. L. B. Violência e mortalidade nas áreas metropolitanas – Adolescentes e adultos jovens do sexo masculino. In: *Texto para discussão* – Programa Estudos Pós-Graduados em Economia Política – Laboratório de Economia Social. Abril de 1999.

MORENO, J. L. *Psicoterapia de grupo e psicodrama: introdução à teoria e à praxis.* São Paulo, Mestre Jou, 1974.

RIFIOTIS, T. Dilemas éticos no campo da violência. In: *Rev. Comunicação e Educação* nº 13, pp. 126-32, set./dez. de 1998.

ROJAS, M. C. e STERNBACH, S. Familia pareja e adolescencia. In: *Rev. Entre dos siglos: Una lechura psicoanalítica de la posmodernidad.* Buenos Aires, Lugar Editorial, 1994.

TRINCA, W. *Investigação clínica da personalidade: o desenho livre como estímulo de apercepção temática.* 2ª ed., EPU, São Paulo, 1987.

WINNICOTT, D.W. *Privação e delinqüência.* São Paulo, Martins Fontes, 1987.

__________. *Tudo começa em casa.* São Paulo, Martins Fontes, 1996.

PARTE II

A Violência contra Crianças e Adolescentes

CAPÍTULO 3

Violência contra crianças – quebrando o pacto do silêncio

Maria Amélia de Sousa e Silva

Histórico

Três entre dez crianças de zero e doze anos sofrem, diariamente, algum tipo de maus-tratos dentro da própria casa, perpetrados por pais, padrastos ou parentes. Violência que muitas vezes não é identificada nem por quem está próximo, tampouco pelos profissionais (médicos, professores etc.) que têm contato com a criança. Essa é a realidade observada em diferentes contextos e apontada em estudos de variadas instituições, inclusive no Centro de Referência às Vítimas de Violência do Instituto Sedes Sapientiae (CNRVV)[1].

São crianças sem voz e sem vez, aprisionadas em uma relação assimétrica de poder, em que só lhes restam a submissão à vontade do outro e a renúncia ao próprio desejo. Vivem um drama que afeta seu desenvolvimento tanto físico como emocional, o que pode gerar indivíduos com graves dificuldades de vinculação. Além disso, como conseqüência surgem seqüelas imediatas ou tardias, físicas e emocionais, traduzidas em sintomas como dificuldades escolares, de rela-

1. O Instituto Sedes Sapientiae é uma instituição de ensino que mantém cursos de pós-graduação, assim como serviços de atendimento à população menos favorecida na área de saúde mental. Nele se insere a Clínica Psicológica, Centros de Atendimentos e Serviços.

cionamento social, distúrbios psicossomáticos, até a invalidez ou a morte por homicídio ou suicídio.

Kempe e Kempe (1985), pediatras norte-americanos, foram os primeiros profissionais[2] a identificar o fenômeno violência intrafamiliar. Esses profissionais nos contam que desde o início dos anos 50 começaram a perceber que algumas crianças eram trazidas para atendimento médico-hospitalar apresentando adiantado estado de subnutrição e/ou com ferimentos que pareciam incompatíveis com seu estado físico ou com sua idade. Ao radiografar os ferimentos puderam observar, em muitos casos, diferentes estágios de cicatrização óssea causada por antigas lesões.

Os primeiros casos analisados pareciam ser algum tipo raro e dramático, perpetrados por famílias de baixa renda ou, ainda, por pais alcoólicos ou mães "desnaturadas", permitindo pouca luz sobre o que de fato acontecia.

Porém, a vivência profissional desses médicos possibilitou a percepção de que tais casos não são tão raros, que os que agrediram não se caracterizam por serem doentes mentais tampouco criminosos reconhecidos, além de se distribuírem por todas as camadas sociais.

A este quadro Kempe e Kempe chamaram de "Síndrome da Criança Espancada", dando início a uma campanha de esclarecimento para a população norte-americana e, em seguida, para a européia, conscientizando profissionais da necessidade de identificar casos e denunciar para proteger crianças e adolescentes. Campanhas em quase toda a Europa permitiram que alguns países viessem a promulgar leis que objetivam proteger a criança e o adolescente, assim como punir os abusadores.

No Brasil, da mesma forma, em 13 de julho de 1990 foi promulgado um instrumento jurídico de grande relevância, a Lei nº 8.069, mais conhecida como Estatuto da Criança e do Adolescente (ECA),

---

2. Em 1860, temos o primeiro estudo científico feito na França, na área de medicina, pelo professor Ambroise Tardieu. Realizou estudos de 32 crianças, vindo 18 delas a falecer por terem sido submetidas a sevícias, apresentando diferentes lesões cuja explicações fornecidas pelos pais contradiziam os ferimentos. Esse trabalho não teve repercussão nos meios científicos da época.

cujo objetivo está determinado em seu art. 1º: "[...] dispõe sobre a proteção integral à criança e ao adolescente".

Os valores familiares e a violência intrafamiliar

Entender a violência intrafamiliar implica ter uma compreensão histórico-psicossocial do indivíduo e da família. Em outras palavras, como ocorrem as interações pai/mãe/filhos(as) e a forma de relacionamento interpessoal familiar. Implica também perceber que a violência não é um fenômeno natural como querem alguns, mas, ao contrário, construída e transmitida às novas gerações.

Desse modo, quando uma família apresenta padrão abusivo de relacionamento interpessoal, está revelando as cicatrizes de sua história pessoal dentro de um contexto histórico-cultural de determinada sociedade, como nos ensinam Azevedo e Guerra (1995).

Se a violência intrafamiliar é construída histórica, psicológica e socialmente, é impossível apontar uma única causa. Temos de ter sempre em mente uma visão mais abrangente. É preciso observar as características tanto pessoais como circunstanciais dos membros familiares envolvidos, as condições ambientais em que ocorre o fenômeno, as questões psicológicas de interação, o contexto social e as implicações socioeconômicas.

Cabe apontar como uma das características de interação familiar, nos lares onde ocorre o fenômeno da violência intrafamiliar, a existência de uma disfunção, evidenciando a desigualdade de gênero e geração.

Essa desigualdade nada mais é do que a assimetria do poder – a submissão do mais fraco pelo mais forte que se traduz em maus-tratos físicos, em abuso sexual contra meninas e meninos, negligência e abandono. Crianças e adolescentes, que precisam ser cuidados por se encontrarem em fase especial de desenvolvimento, são surrados, queimados, ameaçados, menosprezados, abusados sexualmente, entre outras barbáries.

Pais, padrastos, parentes responsáveis por crianças e adolescentes têm utilizado diferentes formas de violência física: desde um simples tapa até torturas impensáveis, justificando tais procedimentos como formas de "bem educar" e utilizando-se de falas culturalmente aceitas como: "É de pequeno que se torce o pepino" ou, ainda, "É para o seu próprio bem"[3].

Em pesquisa elaborada pela equipe do CNRVV (Mapeando a Violência), a mãe biológica tem sido apontada como a principal pessoa que exerce a agressão física. Torna-se compreensível esse dado, considerando a estrutura familiar das sociedades em geral e da brasileira em particular, em que cabe à mulher a educação dos filhos, na maioria dos casos. Já o pai biológico é responsável pela grande maioria dos casos de abuso sexual, seguido por padrastos, parentes e, por último, desconhecidos.

As estatísticas mostram que tanto meninas como meninos são vitimizados física e sexualmente desde a mais tenra idade. Os índices são elevados nas faixas etárias entre cinco e sete e entre dez e treze anos[4].

Após esse período inicial da adolescência, a menina continua com alto índice de abusos sexuais, decrescendo com relação aos meninos até a idade de dezoito anos. Na verdade, a partir dos catorze anos os meninos em geral já apresentam desenvolvimento físico muito próximo ao do adulto, podendo defender-se e/ou reproduzir as agressividades recebidas.

No tocante às famílias em que ocorre o abuso sexual observa-se uma extensa gama de atitudes erotizadas às quais crianças e adolescentes podem estar aprisionados. Em muitos casos, essa é uma das únicas formas de contato físico que crianças e adolescentes vivenciam dentro de casa. Amor, sexo, carinho e humilhação são vividos de forma ambígua, com desrespeito às necessidades e ao desenvolvimento da criança. Cuidado, orientação e proteção, expectativas

---

3. Azevedo e Guerra (1994) apontam dois tipos de mitos complementares, a saber: a maldade da infância e a bondade dos pais, tomando indiscutíveis a autoridade dos pais e a necessidade de obediência da criança. Outro mito apontado por Bouhet Pérard e Michel Zorman discute o fato de 20 a 30% de meninos que sofreram abusos sexuais terem como agressores homens que se declaram heterossexuais.

4. Arboleta apresenta pesquisa de vários países informando que há um aumento de risco de abuso sexual após dez anos. Da mesma forma Perard e Zorman informam que de acordo com Montes de Oca (1990) é possível que os entrevistados não recordem de abusos com tenra idade.

de papéis a serem cumpridos pelos adultos são trocados por atitudes de posse e invasão ao corpo da criança e do adolescente.

Diante da desigualdade de poder o grande perdedor é a própria sociedade. Os reflexos podem ser notados tanto no presente como no futuro. As vítimas acabam assimilando valores desfigurados de respeito humano. A vulnerabilidade e a fraqueza temporárias da criança, enquanto vítima, podem dar lugar à formação de pessoas que exerçam o papel de agressoras dentro e fora do contexto familiar, mediante mecanismos de introjeção e identificação com o que a vitimiza. É a violência dentro da família gerando a violência social.

Sabemos que os que vitimizam, em geral, são os próprios pais e mães, em situação de desemprego ou não, podendo ou não fazer uso de álcool e/ou droga, com curso superior ou analfabeto, com ou sem credo determinado, rico ou pobre. Impossível criar um perfil único do que vitima, pois são pessoas que mantêm convívio social como quaisquer outras.

Mas, se, por um lado, os que vitimizam não se caracterizam por desvios aparentes de personalidade e/ou distúrbios mentais acentuados, o aspecto mais presente é a sua incapacidade de cuidar e perceber as necessidade da criança ou do adolescente.

Entre os fatores de manutenção dessa dinâmica de vitimização o segredo é um ingrediente de fundamental importância. A violência é vivida por todos os membros da família, porém os fatos, em geral, são muitas vezes camuflados como não-violentos, justificados como atitudes pedagógicas ou mesmo de responsabilidade da própria criança que é culpabilizada. Ameaças e seduções ocorrem na busca de manutenção do silêncio, aprisionando todos em relações complementares patológicas, evitando, assim, a quebra da homeostase do sistema familiar.

Quebrando o pacto do silêncio

Muitos mitos acerca da violência intrafamiliar impedem sua visibilidade, como o de que ela só ocorre nas camadas mais baixas da sociedade, que são raros os casos dentro da família, entre outros.

Todavia, há uma proporção equilibrada entre as diferentes classes, permitindo-nos dizer que a violência intrafamiliar é essencialmente democrática em sua disseminação, não há distinção de raça, credo, etnia ou classe social. O observado revela que a visibilidade é maior nessa faixa da população, por acionar os serviços públicos como forma de defesa/denúncia.

Profissionais de diferentes áreas que estão em contato direto com o fenômeno da violência doméstica têm-se mostrado preocupados com as conseqüências de uma sociedade formada por uma legião de crianças e adolescentes que desconhecem o que é respeito e são bacharéis em maus-tratos, abusos, negligência e abandono. Por essa razão, diante de maior conscientização da necessidade de políticas públicas o Estado tem investido no combate à proliferação da violência, ao mesmo tempo em que a sociedade tem manifestado e buscado meios de prevenção e divulgação dos direitos da criança e do adolescente, assim como a orientação de pais e profissionais que lidam com essa população.

Nesse sentido, países têm promulgado leis e decretos que visam à obrigatoriedade da denúncia por parte dos profissionais que de alguma forma têm o conhecimento de maus-tratos e/ou abuso contra crianças ou adolescentes.

No Brasil, o Estatuto da Criança e do Adolescente, em seu art. 245, determina: "Deixar o médico, professor ou responsável por estabelecimento de atenção à saúde e de ensino fundamental, pré-escola ou creche, de comunicar à autoridade competente os casos de que tenha conhecimento, envolvendo suspeita ou confirmação de maus-tratos contra crianças ou adolescentes".

A denúncia tem-se mostrado importante arma contra a violência intrafamiliar. Na medida em que mesmo a suspeita de maus-tratos pode e deve ser delatada, cria-se um aliado da infância e da juventude vitimizada e um auxiliar da família, tendo em vista a possibilidade de intervenção e tratamento não só das vítimas, como de todos os membros envolvidos nas questões de agressão e/ou abuso.

A quebra do pacto do silêncio por profissionais que lidam com as crianças foi um dos grandes passos de nossa legislação no sentido do efetivo combate à violência intrafamiliar contra crianças e adolescentes. A ética profissional acontece uma vez que o profissional se compromete enquanto defensor da integridade física e mental da criança e do adolescente.

Excluir-se a responsabilidade da denúncia, manter o pacto do silêncio, é permitir que a violência se perpetue, além de ser uma forma de manter a criança e o adolescente como "cidadãos de papel", como nos ensina o jornalista Gilberto Dimenstein (1996).

Se a família não consegue prover seus membros de cuidados, cabe então à sociedade protegê-la.

Prevenir a produção e a reprodução da violência

A violência foi sempre uma assunto cuja resolução dependia das intervenções das áreas policial e jurídica. Somente na décadas de 1960 e 1970 a maioria dos países começou a discutir o fenômeno da violência e da violência intrafamiliar como um problema de saúde pública e as graves conseqüências deixadas pelos maus-tratos no desenvolvimento de crianças e adolescentes.

Segundo Minayo e Ramos de Souza (1999, p. 9):

> Em toda sociedade ocidental, e mais particularmente no Brasil, é na década de 80 que o tema da violência entra com maior vigor na agenda de debates no campo programático da saúde, tendendo a se consolidar no final dos anos 90. Em nosso país tiveram papel fundamental para essa inclusão os movimentos sociais de democratização, as instituições de direito, algumas organizações não-governamentais (ONGs) de atenção aos maus-tratos da infância e as organizações internacionais com poder de influenciar as pautas nacionais.

Os autores acrescentam, ainda, que o crescimento do interesse com relação ao fenômeno da violência se caracteriza tanto pela ampliação da consciência do valor da vida e dos direitos como pelo aumento de mobi/mortalidade em todo o mundo.

Desse modo, as ações de superação da violência e suas seqüelas dependem, em grande parte, para sua adequação e seu sucesso, do conhecimento da cultura da população, da capacitação de profissionais de diferentes áreas de atuação, de ações integradas de várias instituições, da participação da comunidade como forma de se responsabilizar, por seu momento histórico na luta pela não-produção e/ou (re)produção da violência, além da formação de rede de apoio. Não nos podemos esquecer da importância de políticas públicas para que seja possível realizar programas de prevenção e profilaxia da violência.

De acordo com que nos ensinam Azevedo e Guerra (1995), reconhecem-se três níveis de prevenção:

1. Prevenção primária – dirigida a toda a população – por meio do desenvolvimento de estratégias, programas e campanhas "para reduzir a incidência ou o índice de ocorrência de novos casos".
2. Prevenção secundária – quando se identifica, da população de risco, a necessidade de intervenções específicas que cada caso acaba determinando.
3. Prevenção terciária – quando vítimas e agressores precisam de trabalho especializado para atendimento e tratamento das conseqüências advindas desse tipo de violência.

Referências bibliográficas

AZEVEDO, M. A. e GUERRA V. N. A. *Violência doméstica na infância e na adolescência*. São Paulo, Robe Editorial, 1995.

__________ (orgs.). *Crianças vitimizadas: a síndrome do pequeno poder*. São Paulo, Iglu, 1989.

BRITO, L. M. T. *Temas de psicologia jurídica*. Rio de Janeiro, Relume Dumará, 1999.

DIMENSTEIN, G. *O cidadão de papel – a infância, a adolescência e os direitos humanos no Brasil*. São Paulo, Ática, 1996.

DUARTE, J. C. ARBOLEDA, M. R. C. *Malos tratos y abuso sexual infantil*. Madri, Siglo Vinteuno de Spaña, 1997.

GABEL, M. *Crianças vítimas de abuso sexual*. São Paulo, Summus Editorial, 1997.

KEMPE, R. S. e KEMPE, C. H. *Niños maltratados*. Madri, Ediciones Morata, 1985.

MINAYO, M. C. S. e RAMOS DE SOUZA, E. *É possível prevenir a violência? Reflexões a partir do campo da saúde pública*. In: Associação Brasileira de Pós-Graduação em Saúde Coletiva (ABRASCO) Vol. 4, nº 1 (pp. 7-23), 1999.

SILVA, M. A. S. e VECINA, T. C. C. *Mapeando a violência*. Trabalho apresentado no XI Congresso Brasileiro de Psicodrama em novembro de 1998.

CAPÍTULO 4

Definição de abuso na infância e na adolescência

Dalka Chaves de Almeida Ferrari

Trabalhar com a violência presente nas famílias, tanto no plano preventivo quanto curativo, permite ao profissional ser um trabalhador da construção de uma sociedade menos violenta no futuro.

Constata-se até aqui que os termos abuso, violência, maus-tratos contra crianças e adolescentes vêm sendo usados na literatura como sinônimos. Todavia, sabe-se que são vocábulos que levantam vários significados – o que invalida tomá-los indiscriminadamente. Para definir esse fenômeno, segundo Azevedo (1995, p. 33), optou-se pelo termo violência – pelo qual se entende uma relação assimétrica (hierárquica) de poder com fim de dominação, exploração e opressão. De acordo com esse autor (1995), o fenômeno da violência é causado por múltiplos e diferentes fatores socioeconômico-culturais, psicológicos e situacionais. A sua definição implica uma abordagem sociopsicointeracionista, que faz parte do modelo explicativo multicausal. Nesse modelo as condutas humanas são concebidas como decorrentes da interação indivíduo-sociedade, sendo o âmbito psicológico condicionado pelo social, e tal condicionamento produzido historicamente. As marcas da história pessoal dos indivíduos revelam-se no contexto da história socioeconômica.

Quando se detecta a presença da violência dentro de um grupo familiar, costuma-se defini-la como uma questão de Violência Intrafamiliar (VIF). *A VIF determina um padrão de relacionamento abusivo entre pai, mãe e filho,* que leva ao desencontro, à estereotipia e à rigidez no desempenho dos papéis familiares.

Segundo dra. Maria Amélia Azevedo (1995), livre-docente do LACRI/IPUSP, a violência dentro da família, Violência Doméstica (VD), define-se por:

> Todo ato ou omissão praticado por pais, parentes ou responsáveis, contra crianças e adolescentes que – sendo capaz de causar dano físico, sexual e/ou psicológico à vítima – implica de um lado uma transgressão do poder/dever de proteção do adulto e, de outro, uma coisificação da infância, isto é, uma negação do direito que crianças e adolescentes têm de serem tratados como sujeitos e pessoas em condição peculiar de desenvolvimento. (Azevedo, 1995, p. 36)

Um "*indivíduo é considerado violento quando ele rompe o pacto social existente*" (Adorno, 1993, p. 9). Rompe com as regras, senão legítimas, pelo menos consideradas legais e morais numa sociedade em determinado momento de sua história.

A violência é pensada sempre do ponto de vista de relações de força expressas enquanto relações de dominação, ou seja, em que as diferenças na sociedade são convertidas em relações de desigualdade e essa desigualdade convertida em relações assimétricas hierarquizadas, que implicam que a vontade de uns seja subordinada à de outros. É nesse sentido que a ação é violenta. A violência é, portanto, uma ação que envolve a perda da autonomia, de modo que pessoas são privadas de manifestar sua vontade, submetendo-a à vontade e ao desejo de outros. É o caso da dominação de classes sociais a outras classes sociais.

De outro lado, a violência não se manifesta apenas nessas relações entre as classes sociais, mas também nas relações interpessoais. Ela pode estar presente nas relações de gênero, nas relações entre homens e mulheres, entre adultos e crianças, entre brancos e negros, entre certa identidade heterossexual e a chamada identidade homossexual.

Dessa forma, o abusador tanto da criança quanto do adolescente utiliza-se da violência como uma forma de manifestação das relações de dominação, expressando claramente uma negação da liberdade do outro, da igualdade e da vida.

A violência intrafamiliar contra crianças e adolescentes mais freqüente revela-se em situações de violência física, sexual, psicológica (negligência/abandono).

1. Violência física

Os autores hoje concordam, do ponto de vista conceitual, que *violência física* representa concretamente a utilização de força física excessiva e inapropriada e que *negligência/abandono físico* significa o fracasso de pais/responsáveis na realização adequada de seus deveres como pais, ou seja, no suprimento das necessidades básicas da criança e do adolescente (Duarte e Arboleda, 1997).

Negligência/abandono/psicológico/emocional definem-se tanto pela ausência de uma atenção positiva, de uma disponibilidade emocional, de interesse dos pais/responsáveis pela criança/adolescente, como por:

- atitudes de aterrorizar a criança (como ameaçar matá-la, machucá-la ou abandoná-la, se ela não se comportar de acordo com as demandas do responsável);
- comportamentos de isolamento social (privando-a de estabelecer relações sociais com castigos constantes e/ou mesmo prendendo-a, acorrentando ou trancando-a em casa);
- atitudes de corrupção (estimular ou levar a criança a práticas delinqüenciais, produção de pornografia);
- posturas de exploração (trabalhos domésticos que a impeçam de ir à escola, de realizar tarefas escolares ou satisfazer suas necessidades sociais, trabalho infantil forçado como mendicância).

2. Violência sexual

Violência sexual na infância/adolescência significa, para vários autores (Duarte e Arboleda, 1997), os contatos entre crianças/adolescentes e um adulto (familiar ou não) nos quais se utiliza a criança e o adolescente como objeto gratificante para as necessidades ou desejos sexuais do adulto causando dano àqueles. Essa experiência poderá interferir em seu desenvolvimento, considerando que a criança e o adolescente não têm ainda independência emocional e/ou maturidade plena para dar seu consentimento informado, o que nos leva a crer que sua participação foi obtida mediante coerção física ou psicológica, violando os tabus sociais ou os papéis familiares.

O tema violência sexual contra crianças e adolescentes é considerado pela literatura um fenômeno sempre presente na sociedade, embora de forma bastante velada. Inclui, segundo Azevedo (1988, p. 13), ocorrências intra e extrafamiliares, com atos classificáveis em três grupos:

- "Não envolvendo contato físico: abuso verbal, telefonemas obscenos, vídeos/filmes obscenos, voyeurismo.
- Envolvendo contato físico: *atos físico-genitais* que incluem 'passar a mão', coito (ou tentativa de), manipulação de genitais, contato oral-genital e uso sexual do ânus; *pornografia, prostituição infantil* (ou seja, exploração sexual da criança para fins econômicos) e *incesto* (enquanto atividade sexual entre uma criança e seus parentes mais próximos, tanto de sangue quanto de afinidade).
- Envolvendo contato físico com violência: *estupro, brutalização e assassinato* (crianças emasculadas) – no qual estão presentes a força, ameaça ou intimidação".

Conseqüências da violência na infância/adolescência

As conseqüências da violência são variadas e dependem:

- da idade da pessoa agredida e da que agride;
- do tipo de relação entre eles;
- da personalidade da vítima;
- da duração e da freqüência da agressão;
- do tipo e da gravidade do ato;
- da reação do ambiente.

Nos casos de violência física na infância e na adolescência surgem conseqüências a curto e longo prazos, segundo vários pesquisadores citados por Duarte e Arboleda (1997, pp. 78-103):

Conseqüências a curto prazo:

a) problemas físicos;
b) problemas no desenvolvimento das relações de apego e afeto:
    - desenvolve reações de evitação e resistência ao apego;
    - problemas de afeto como depressão e diminuição da auto-estima;
    - distúrbios de conduta tanto por assumir um padrão igual ao dos pais (tornando-se agressivos), como por apresentar pouca habilidade social ou reação inadequada ao estresse;
c) alterações no desenvolvimento cognitivo, na linguagem e no rendimento escolar. As alterações observadas na cognição social, por exemplo, dizem respeito a:
    - rebaixamento da autopercepção sobre suas capacidades;
    - má percepção de si próprio;
    - problemas na compreensão e na aceitação das emoções do outro.

Conseqüências a longo prazo:

a) seqüelas físicas;
b) pais abusadores mais tarde;
c) conduta delinqüencial e comportamentos suicidas na adolescência que geram mais problemas emocionais, como ansiedade e depressão, com diminuição da capacidade de análise e síntese e baixa no rendimento escolar;
d) conduta criminal violenta mais tarde.

Nos casos de violência sexual seus efeitos, citados por López Sanchez (1991, pp. 27-30), são:

Efeitos imediatos (dois primeiros anos): 60 a 80% apresentam algum distúrbio ou alteração.

a) Efeitos físicos mais freqüentes:
   - distúrbios de sono (17 a 20%);
   - mudanças de hábitos alimentares (5 a 20%);
   - gravidez (1 a 11%);
   - DST.
b) Efeitos psicológicos mais habituais:
   - medo (40 a 80%);
   - hostilidade diante do sexo do agressor (13 a 5%);
   - culpa (25 a 64%);
   - depressão (em torno de 25%);
   - baixa auto-estima (cerca de 58%);
   - conduta sexual anormal – masturbação compulsiva, exibicionismo (27 a 40%);
   - angústia, agressões, condutas anti-sociais;
   - sentimentos de estigmatização.
c) Efeitos sociais mais comuns:
   - dificuldades escolares;
   - discussões familiares freqüentes;
   - fuga (33 a 50%);
   - delinqüência, prostituição.

Efeitos a longo prazo:

- fobias, pânico, personalidade anti-social;
- depressão com idéias de suicídio, tentativa ou suicídio levado a cabo;
- cronificação dos sentimentos de estigmatização;
- isolamento;
- ansiedade, tensão e dificuldades alimentares;
- dificuldades de relacionamento com pessoas do sexo do agressor (amigos, pais, filhos, companheiros);

- reedição da violência, revitimização;
- distúrbios sexuais;
- drogadição e alcoolismo.

A *família abusiva* promove todas essas conseqüências tão danosas à infância e à adolescência.

Como já foi visto, *violência intrafamiliar/violência familiar/violência de gênero* – ou padrão abusivo de interação – é um fenômeno social que sempre existiu, característica não só deste século nem apenas de países em desenvolvimento. Quando, hoje, nos deparamos com seu aparecimento em todos os segmentos da sociedade e, principalmente, contra mulheres, crianças e adolescentes, vimo-nos com sentimentos de revolta e indignação.

O conceito de família foi sendo construído segundo as mudanças da sociedade, podendo-se afirmar que a diversidade de conceitos de família tem sido a marca registrada dos estudos a ela dedicados. Historiadores, sociólogos, antropólogos, filósofos, psicólogos vêm contribuindo ao longo de séculos para a compreensão do grupo familiar. Mencionaremos as contribuições da psicologia e da antropologia significativas para o tema em questão.

No campo da *psicologia* a família desempenha papel fundamental na organização da sociedade.

A teoria freudiana revolucionou o campo científico ao defender o princípio básico de que a estrutura da mente humana forma-se na infância. Freud mostrou que a mente não é algo previamente dado, mas uma estrutura construída na infância, por um longo processo de formação da personalidade e de estabelecimento de vínculos afetivos e emocionais que ocorre dentro da estrutura familiar. Em Freud encontramos o ponto de partida para a apreensão da família como uma teia de vínculos e de emoções que se expressa simultaneamente por meio do amor e do ódio.

Para o psicodrama, o ser humano, ao longo de sua vida, reproduz nos grupos sociais a que pertence o aprendizado emocional realizado em sua Matriz de Identidade. Assim, para a grande maioria dos indivíduos, é no grupo familiar (ou institucional, para outros), tomado como grupo social básico, que suas primeiras relações sociais são treinadas, que os valores familiares são transmitidos e surge a complementaridade de papéis. Resta saber se esse é um grupo social com características formadoras ou não, saudável ou não.

Para os teóricos que trabalham com a visão sistêmica de terapia de família, o abuso sexual é encarado como um sintoma de disfunção familiar. Ou seja, a abordagem metassistêmica faz uma clara distinção entre a conceituação do abuso sexual na infância e na adolescência como um sintoma, o qual é mantido pela disfunção familiar, e a intervenção que emprega distintas formas concorrentes de terapia.

Hoje, uma teoria crítica sobre a família deve voltar-se também para o nível psicológico e formular categorias que permitam a compreensão de estruturas familiares divergentes em termos de seu padrão emocional. Além de ser o centro de formação da estrutura psíquica, a família constitui um espaço social distinto, na medida em que gera e consubstancia hierarquias de idade e de sexo. Ela é um espaço social no qual as gerações se defrontam mútua e diretamente, e os sexos definem suas diferenças e relações de poder.

O antropólogo Lévi-Strauss acrescenta dados importantes à compreensão do estudo da família. Segundo esse autor, não dá para pensar o átomo do parentesco só valendo-se da unidade biológica; o que o leva a introduzir na análise da família a dimensão cultural, ou seja, para formar-se, a família precisa de dois grupos que se casem fora de seu próprio grupo. O casamento nas sociedades primitivas, contudo, não se originava dos indivíduos, mas dos grupos interessados. A união entre os sexos não era um assunto privado, mas decorria de alianças estabelecidas entre as famílias, que se uniam em vez de competirem entre si. A proibição do incesto estabelecia mútua dependência entre as famílias, obrigando-as, para se perpetuarem, à criação de novas famílias. Nesse sentido, o conjunto de regras relativas ao relacionamento sexual, "o tabu do incesto", era na verdade uma maneira de garantir que as famílias não se fechassem em unidades auto-suficientes ou "famílias biológicas".

Assim, nas definições de família dos antropólogos encontramos alguns elementos comuns: regras proibitivas de relações sexuais entre parentes próximos, divisão de trabalho baseada no sexo e no casamento como instituição socialmente reconhecida, estabelecendo as bases da paternidade social.

Se definimos a família como uma instituição constituída por vários indivíduos que compartilham circunstâncias históricas, culturais, sociais, religiosas, econômicas e afetivas, então a encaramos como uma unidade social emissora e receptora de influências culturais, religiosas e de acontecimentos históricos. Seu sistema comunicacional é próprio e sua dinâmica é determinada.

Quais são as funções da família? As duas funções mais conhecidas da família dizem respeito à socialização e à reprodução ideológica. A primeira refere-se à família como núcleo de procriação, cuja função principal é a formação da personalidade dos indivíduos e a socialização primária das crianças. A segunda função diz respeito à família como espaço de transmissão de hábitos, costumes, idéias, valores, padrões de comportamento. Dessa maneira, dever-se-iam considerar legítimas as ações dos pais concernentes à formação dos filhos, à atuação da família como matriz no desenvolvimento psicológico das crianças, bem como seu primeiro espaço para vida social.

Como vimos, nas famílias disfuncionais, a criança e o adolescente têm de se submeter ao abusador, que usa de violência/abuso contra eles, desencadeando o medo e um desempenho inadequado dos papéis sociais. Como conseqüências desse desempenho, temos (Ferrari, 1994, p. 112):

- "quanto à socialização – como pano de fundo das ações abusivas, destaca-se a qualidade dos vínculos afetivos dentro da família e características de sua socialização. Assim, vê-se o provável agressor isolado, insensível às manifestações afetivas dos familiares, impenetrável a argumentações e a considerar e respeitar diferenças entre pessoas, levando a família ao isolamento, impedindo o aprofundamento das relações sociais, tanto de seus filhos quanto do cônjuge;
- quanto à caracterização – essas alterações nas funções da família conduzem a um 'duplo padrão assimétrico de desigualdades' em que as díades homem-mulher e adulto-criança são a expressão de uma desigualdade de gênero e geração. Está presente a relação hierárquica, ou seja, pertencer à categoria homem significa 'naturalmente' uma posição de superioridade em relação à mulher. E, em relação à criança, ser adulto implica uma posição de quem sabe mais e melhor, e

> pode – e mesmo deve – de quando em quando, mostrar seu poder mediante o exercício legítimo da disciplina, que tem por fim quebrar a vontade da criança, sufocar nela o que existia de novo para transformá-la num ser dócil, obediente. Além da violência/abuso, o isolamento, a vigilância permanente, a restrição à livre expressão de sentimentos e pensamentos constituem uma verdadeira pedagogia da tortura".

Winnicott relata que na mãe de um bebê há algo que a faz particularmente apta para protegê-lo em seu primeiro ano de vida, quando ele se mostra mais vulnerável, e isso lhe permite contribuir positivamente para atender às necessidades do bebê. A mãe, segundo o autor, pode cumprir essa tarefa se se sente segura e amada pelo pai da criança e por sua família em geral, e também se percebe-se aceita nos círculos mais amplos que constituem a sociedade. Trata-se daquela mãe "suficientemente boa" no desempenho de seu papel materno.

Quando a criança já não depende tanto da mãe, dentro da família, descobre o outro adulto significativo: o pai. É a função de pai que permitirá ao indivíduo sair do mundo de fantasias, no qual tudo é possível, podendo entrar no mundo dos fatos, da realidade, com limites e proibições.

Segundo Cohen (1993, p. 212), ante o parentesco cultural a proibição do incesto possui efeito estruturante, pois permite o convívio familiar, tornando possível ao filho diferenciar simbolicamente o pai. Assim, a proibição do incesto proporciona ao indivíduo uma nova estrutura psicológica e social. Psicologicamente, a proibição dos desejos edípicos (incestuosos), o não é um ordenador mental e emocional (afetivo-cognitivo). Nessas situações em que o incesto é proibido, na maioria das vezes, a mãe funciona como figura protetora, separa-se do abusador, denuncia, ou afasta a filha da casa.

Em vários casos, todavia, a violência/abuso é de caráter incestuoso, e, infelizmente, nossas estatísticas revelam que o pai biológico é o maior abusador. Aqui se situam os casos em que o tabu do incesto não foi respeitado, criando toda a confusão de papéis sociais dentro da família.

Muitas vezes, a mãe pode ser conivente com a situação, como já foi dito, e a filha desempenha as funções sexuais, assumindo seu papel de esposa dentro desse casamento; é um jogo velado. No Brasil, vimos o caso recente de Fabiana, vítima de incesto, que escreveu o livro *Labirintos do incesto*, em que narra seu sofrimento, seu submetimento, do qual surgem duas gestações forçadas, duas filhas geradas do próprio pai. As filhas convivem com o abusador, tentando esquecer que a cada dia têm o ritual da violência/abuso, no qual o abusador se transforma "naquela outra pessoa". E elas não têm a quem recorrer, se a mãe é conivente.

Quando aquele que agride utiliza o terror, unindo recompensas manipuladoras intermitentes à dependência forçada, freqüentemente obtém a submissão e a obediência de sua parceira. Porém, em geral, o último objetivo no controle psicológico da vítima obtém-se quando se consegue obrigá-la a quebrar seus próprios princípios e trair suas relações humanas mais básicas. No momento em que a pessoa maltratada participa à força no sacrifício de outros, pode-se dizer que sua vontade está verdadeiramente vencida.

Em contínuas situações de agressão conjugal, inúmeras mulheres se vêem forçadas a transgredir seus valores e a concordar com práticas sexuais que consideram repugnantes, humilhantes e imorais. Outras têm de mentir à força, ou ocultar atividades ilegais do cônjuge. A mais penosa traição, sem dúvida, ocorre quando a coação chega ao extremo de sacrificar os filhos. Há mulheres que, apesar de não se atreverem a se defender a si próprias, protegem a todo custo seus filhos. Outras, porém, estão tão atemorizadas e amedrontadas que não ousam intervir, nem sequer quando são testemunhas presentes de atos brutais contra seus filhos. Quando chega nessa situação, pode-se dizer que a desmoralização da mulher maltratada é total.

Além de sérios problemas físicos, a violência familiar causa nas vítimas transtornos emocionais profundos e duradouros, em particular depressão crônica, baixa auto-estima, embotamento afetivo e isolamento social. A mulher violentada experimenta profundos sentimentos de vergonha, degradação, medo, raiva e desconforto. Inúmeras vítimas padecem da síndrome de estresse pós-traumático e sofrem os efeitos de pesadelos constantes ou de imagens muito vívidas e obsessivas dos detalhes da agressão. Várias se sentem vulneráveis, atemorizadas ante um mundo que consideram hostil e perigoso. O trauma da violência chega a impregnar tanto os planos futuros como o cotidiano da vítima.

Concluindo, o papel da mulher na família abusiva é o da submissão, humilhação - que pode começar sendo seviciada, abusada enquanto esposa, passa depois a ser conivente, assistir ou até ajudar nos rituais de violência/abuso das filhas e, se o ciclo não for rompido, provavelmente, acontecerá a violência/abuso das netas.

E quais são as características dessa pessoa que abusa, agride?

As características freqüentes do abusador são personalidade anti-social, paranóia, impulsividade, baixa tolerância à frustração, sentimentos de inferioridade ou de insuficiência, infância violenta, estresse, álcool ou drogas.

De todas as pesquisas e estudos realizados até agora, em termos internacionais, o modelo teórico de Finkelhor (1984) é o mais difundido e aceito, no que diz respeito à compreensão do que agride/abusa. Segundo ele, existem quatro precondições que levam um indivíduo a cometer o abuso sexual infantil - motivação, superação das barreiras internas, superação das barreiras externas e superação da possível resistência da criança. Explica-se a origem dessas precondições em nível psicológico-individual e sociocultural.

Motivação - Em primeiro lugar, é necessário sentir o desejo de manter relações sexuais com uma criança, o que caracteriza a pedofilia.

Assim, uma possível razão psicológica para explicar essa motivação seria o desenvolvimento emocional deficiente. Ele pode ocorrer seja porque o pedófilo não tem uma percepção clara de seu Eu e daí se utiliza da vítima como um eu-objeto idealizado; seja porque ocorreu uma reativação inconsciente de um trauma sexual infantil; seja por uma identificação narcisista com um Eu infantil - o pedófilo identifica-se de maneira narcisista com sua vítima -; seja ainda por ter experimentado uma superproteção ou uma privação emocional em seus primeiros anos, e assim considerar-se uma criança. Dessa forma, ele tenta dar o amor que não teve, e gostaria de ter recebido, a uma criança que lhe recorda a ele próprio, a si mesmo. *Segue o modelo de outra pessoa com interesse sexual por crianças, revelando uma necessidade de poder ou de controle ou uma anormalidade biológica.*

As explicações socioculturais da motivação são a exigência de que os homens sejam dominantes e fortes em suas relações sexuais, a utilização de imagens eróticas de crianças na publicidade, a pornografia infantil e, finalmente, a repressão da masturbação e das relações extramatrimoniais.

Superação das barreiras internas - Não é suficiente que aquele que agride se sinta apenas motivado, todavia ele tem de superar também as inibições internas que bloqueiam seu desejo de se relacionar sexualmente com crianças/adolescentes. Razões individuais da desinibição são o álcool, a psicose, a senilidade ou o fracasso na repressão do incesto dentro da dinâmica familiar. Entre os motivos socioculturais encontram-se a tolerância social e a debilidade das sanções pelo abuso sexual infantil, uma ideologia defensora das prerrogativas patriarcais sobre os filhos, a pornografia infantil e a incapacidade dos adultos para se identificarem com as necessidades das crianças.

Superação das barreiras externas - Os fatores individuais mais importantes que permitem ao adulto superar as barreiras externas são a ausência, enfermidade ou distanciamento da mãe, ou o fato de ela estar dominada ou ser maltratada por seu companheiro, o isolamento social da família, a existência pouco comum para estar a sós com a criança ou o adolescente, a falta de vigilância e, finalmente, condições ambientais de alojamentos ou dormitórios comuns entre crianças e pais. As explicações socioculturais também falam das barreiras contra a igualdade da mulher e da falta de apoio social da mãe.

Superação da possível resistência de crianças/adolescentes - Esta última precondição fala sofre a capacidade que têm a criança e o adolescente para evitar ou resistir à violência/abuso sexual. Assim, fatores individuais que aumentam a probabilidade de que se produzam os abusos são a insegurança emocional da criança, seu desconhecimento (ignorância até) sobre o tema, uma situação pouco comum de confiança entre a criança e aquele que agride (por exemplo, quando a pessoa que agride é o pai) e a coerção.

Quão mais nova a criança, mais dificuldade ela terá em poder evitar a violência/abuso sexual mediante uma recusa manifesta, contando de imediato a um adulto de sua confiança as propostas que lhe foram feitas. É importante, portanto, evitar todo acontecimento que faça com que a criança e o adolescente se sintam emocionalmente vulneráveis, ou se mostrem receptivos às propostas daquele que agride, sem ter em quem confiar. Fatores socioculturais são, por exemplo, a escassa educação sexual das crianças e sua falta de eficácia social.

Referências bibliográficas

ADORNO, S. *Violência*. Mimeo., SCFBS/SP, 1993.

AZEVEDO, M. A. e GUERRA, V. A. *Pele de asno não é só história... Um estudo sobre a vitimização de crianças e adolescentes em família*. São Paulo, Roca, 1988.

________. *Violência doméstica na infância e na adolescência*. São Paulo, Robe Editorial, 1995.

COHEN, Cláudio. O incesto. In: AZEVEDO, M. A e GUERRA, V. A. N. *Infância e violência doméstica: fronteiras do conhecimento*. São Paulo, Cortez, 1993.

DUARTE, J. C. e ARBOLEDA, M. R. C. *Malos tratos y abuso sexual infantil*. Madri, Siglo Veinteuno de Spaña, 1997, Cap. I.

FERRARI, D. C. A. (org.). Debate em mesa redonda sobre violência doméstica. In: *Revista da FEBRAP*, vol. 2. fasc. II, 1994.

MAY, G. *Understanding sexual child abuse*. Chicago, National Commitee for Prevention of Child Abuse, 1978.

CAPÍTULO 5

A família abusiva

Arlete Salgueiro Scodelario

O objetivo deste texto é refletir sobre a família que inclui violência em sua dinâmica e sobre as questões que ela introduz na relação com o profissional durante o atendimento.

Considerações gerais sobre a instituição família

Na Idade Média a família de origem ficava responsável pela transmissão da vida, dos bens e dos nomes, não tinha função afetiva. Segundo Ariès (1978), assim que dispensavam os cuidados das mães ou amas, por volta dos sete anos, as crianças iam participar dos jogos e trabalhos do dia-a-dia com os jovens, adultos ou velhos, sendo muitas enviadas para receber educação em outras famílias.

A partir do século XVIII a família começa a manter a sociedade a distância, valorizar a intimidade da vida privada e ter necessidade de uma identidade, passando a se unir também pelo sentimento. A instituição família vai se responsabilizando pela transmissão de valores e conhecimentos e pela socialização da criança, tornando-se fundamental pelos laços afetivos para o processo de subjetivação dessa criança.

Hoje, considerando as transformações sofridas, em geral se considera a família um grupo de pessoas que compartilham circunstâncias históricas, culturais, sociais, econômicas e, em especial, afetivas. Esse grupo ocupa um lugar intermediário entre o indivíduo e a sociedade da qual ele faz parte, possuindo intimidade, organização e dinâmica próprias.

Em nossa sociedade ocidental, podemos pensar na família nuclear – pai, mãe e filhos –, na família extensa – avós, tios, primos, sobrinhos etc. – e em outras composições.

Além da forma de organização de uma família, sua singularidade dá-se pela dinâmica de relacionamento que é produzida a partir da união de duas pessoas, o casal – já influenciado por suas figuras parentais –, e que se vai complementando com a chegada dos filhos.

Um dos desafios a ser enfrentado pelo casal com a chegada dos filhos que pode ser observado é a vivência de uma relação triangular – pai, mãe e filho. Ela pode intensificar os conflitos já presentes no relacionamento, atualizando sentimentos de exclusão, ciúmes, competição, além de sentimentos amorosos e de proteção.

Essa diversidade de sentimentos vai se intensificar levando os pais muitas vezes a se sentir misturados com os sentimentos dos filhos, perdendo sua capacidade de discriminação e controle enquanto adultos da relação. Podemos observar esse fato na situação em que um bebê está chorando e a mãe, ao tentar amamentá-lo, sem êxito, pode recorrer a algum tipo de agressão como expressão de sua impotência e desespero. Se o pai estiver próximo, de forma continente e protetora, acalmando a mãe e o bebê, este poderá alimentar-se satisfatoriamente. Porém se esse pai estiver sentindo-se excluído e desconsiderado pela dupla mãe/bebê, ele pode não ter a mínima condição de ajudar ou ainda incluir mais tensão na relação, cobrando maior eficiência e atenção dessa mãe ou dizendo que a criança é muito exigente.

No processo de constituição da rede das relações familiares podem desenvolver-se experiências de realização ou fracasso, levando as pessoas envolvidas a um crescimento e maior integração ou, ao contrário, em direção a uma desintegração que inclui violência na dinâmica. Winnicott (1997, p. 72) fala em tendências positivas e em fatores de desintegração oriundos de pais e crianças: “A força desse grupo advém do fato de ser um ponto de encontro de forças que se originam do relacionamento do pai e da mãe e forças que derivam dos fatores inatos ligados ao crescimento de cada criança – fatores estes que agrupei sob a denominação geral de *tendência para a integração*”.

Pode-se ainda observar nesse processo que, se cada membro do grupo familiar tiver suas necessidades físicas, emocionais e intelectuais satisfeitas, e puder experimentar, conter e utilizar adequadamente os conteúdos – amor, raiva, medo, alegria, agressividade, sexualidade etc. –, normalmente disponíveis nas interações, poderemos ter como resultado uma família mais integrada, com grau de organização e discriminação que possibilite a seus membros estabelecer relações criativas que levam ao crescimento. Teremos assim a formação de um grupo familiar em que cada membro se reconhece enquanto sujeito consciente de si mesmo e do outro, com condições de amar e respeitar a si e aos demais como pessoas separadas e diferentes, de reconhecer suas necessidades, seus desejos e sentimentos, responsabilizando-se e fazendo as reparações necessárias. Segundo ainda Winnicott: "São as famílias sadias que possibilitam as maiores integrações, os agrupamentos mais vastos de todos os tipos, agrupamentos estes que se sobrepõem e são às vezes mutuamente antagônicos, mas podem sempre conter o germe de um círculo social cada vez mais largo".

Porém, quando as relações se desorganizam, o potencial destrutivo é enorme, ocorrendo nas pessoas uma falta de contenção que ocasiona enorme prejuízo na circulação dos conteúdos pertinentes a esse grupo familiar. Conteúdos rejeitados como, por exemplo, a violência, são depositados em um membro dessa família, identificando-se este como o possuidor ou o causador do problema. Essa forma de funcionar não propicia a circulação desses conteúdos nem sua modificação, ficando um padrão repetitivo consolidado. Há um empobrecimento de cada um e de toda a família, sobretudo em relação às trocas afetivas, ocorrendo uma polarização nos relacionamentos em que as pessoas ficam rigidamente identificadas com determinadas características – o agressivo ou o bonzinho –, e o aspecto que foi depositado em uma delas permanece inalterado ou ainda pode ser fortalecido ao longo do tempo.

Refletindo sobre a família com dinâmica de violência

Falando mais especificamente de famílias que em sua dinâmica incluem a violência – física, sexual ou psicológica –, observa-se que freqüentemente há uma cristalização em relação aos lugares de quem foi vitimizado e o agente da agressão. Esses lugares podem permanecer ocupados pelas mesmas pessoas por anos seguidos, mas também é como se pudessem ser compartilhados em alguns momentos ou em determinadas situações, confundindo o observador em relação a quem está sendo o agente da agressão ou o vitimizado. Isso pode ser visto quando uma mãe, em vez de usar sua autoridade para resolver uma situação de conflito ou colocar um limite para seu filho, deixa para o pai resolver a situação quando ele chega do trabalho, contando-lhe as coisas terríveis que a criança ou o adolescente fez. Nesse momento, ela delega ao companheiro a tarefa de impor regras ou resolver o problema. Como isso acontece com violência, fica caracterizado que ele é o membro violento da família, e ela e os filhos, as pessoas vitimizadas.

Neste ponto, pode-se questionar por que essa mãe agiu assim, já sabendo que o companheiro resolve as situações com violência.

Inicialmente, pode-se pensar que essa família conseguiu um "equilíbrio" dessa forma, ainda que precário e sofrido para todos, em que um membro é o violento, embora muitas vezes possa estar carregando e expressando a violência familiar.

Na terapia familiar é freqüente durante o processo ocorrer uma transferência da violência. Pode-se iniciar com uma crise tendo certa configuração e ao longo do processo nota-se que na crise seguinte outro membro dessa família passa a ser o protagonista da violência.

Assim, a tarefa do profissional não é apenas identificar quem executa a violência acreditando que tratá-lo individualmente é a única intervenção necessária, mas entender que está diante de uma família com uma dinâmica que inclui a violência em suas relações; estando ainda ciente de que, quando a pessoa que foi vitimizada ou o agente da agressão é retirado da família, é provável que outro membro passe a ocupar seu lugar, caso essa dinâmica não seja percebida e tratada.

Tentando ainda refletir sobre o motivo de uma pessoa ou uma família possuírem uma dinâmica que inclui a violência em seu relacionamento, além de considerar que este é um fenômeno multicausal (experiência de socialização; características patológicas; fatores situacionais de estresse, fatores culturais, sociais e políticos; características particulares dos pais e/ou filhos), é necessário relacionar alguns aspectos que contribuem para a compreensão deste fenômeno.

Alguns aspectos relacionados à família com dinâmica de violência

Quanto à comunicação

Esta área põe em evidência a disfuncionalidade dessa família.

Existe imensa dificuldade na comunicação entre seus membros. Seja entre pais e filhos, seja entre os próprios irmãos, principalmente em relação às vivências emocionais.

Muitas vezes a comunicação pode ocorrer de forma indireta, com uso de terceiros ou por formas não-verbais, como um gesto ou uma palavra acompanhada de uma ação, que o adulto vai utilizar para avisar a criança ou o adolescente o que está sendo esperado ou virá a seguir.

Essa forma de funcionar tem estreita relação com dificuldades nos processos de simbolização e elaboração das experiências emocionais, permanecendo os conflitos intrapsíquicos de forma menos consciente, não emergindo de forma direta na comunicação.

Dessa forma, as pessoas não expressam livremente seus sentimentos, limitando-se ao superficial e utilizando outros padrões de comunicação, como mentiras, segredos, mensagens de duplo sentido e discurso confuso, sendo bastante comuns frases do tipo: "É para seu próprio bem", "Ninguém vai acreditar em você", "No fundo você gosta", "Você precisa aprender estas coisas desde cedo", "Como seu pai, sei o que é melhor e você tem de fazer o que eu quero", "Se eu não te ensinar dessa forma, você não vai aprender nunca". Estas frases são ditas nos momentos em que a criança vai em direção ao adulto buscando carinho e proteção, mas recebe em resposta sensualidade e humilhação, sendo desrespeitada e violentada.

Em relação ao agente da agressão sexual, seu discurso é com freqüência extremamente sedutor. Ele usa palavras carinhosas e elogios, sendo muitas vezes delicado, o que acaba confundindo e aprisionando as pessoas da própria família em falsas impressões a seu respeito, que o julgam incapaz de prejudicar crianças ou adolescentes sob seus cuidados. Isso pode ter como conseqüência a surpresa e em vários casos a dificuldade, por parte da comunidade mais próxima e da própria família, em acreditar na criança ou no adolescente quando eles comunicam o abuso que estão sofrendo.

Podemos assim observar que os membros dessa família, sobretudo os agentes das agressões, podem ser grandes "atuadores" – utilizam as ações – até pela falta de limites e condição interna para parar antes do ato agressivo ou ainda por terem dificuldade de encontrar outras formas – principalmente verbais – de expressar e comunicar seus sentimentos. É o caso, por exemplo, de uma mãe ou de um pai que, insatisfeitos ou até assustados com algum comportamento dos filhos, batem neles.

Na relação com o profissional, também serão grandes atuadores – sedutores ou agressivos –, necessitando o profissional de capacitação e de condição interna para elaborar o que foi introduzido na relação e responder de forma a favorecer uma comunicação mais eficiente. Ou seja, se o tema emergente for raiva ou insatisfação, que possa ser processado pelo diálogo ou por expressão facial, não pela ação propriamente dita, a agressão física ou mesmo a verbal. O profissional pode, assim, auxiliar no desenvolvimento de cada um e do grupo familiar em direção à diminuição da "atuação", favorecendo a expressão explícita/verbal dos sentimentos, desejos e direitos de cada um dos membros do grupo.

O complô do silêncio

Este é um dos fatores que mais favorecem a continuidade e a (re)produção de violência dentro da mesma família, em especial nos casos de abuso sexual. Este silêncio conduz à perpetuação do abuso por várias gerações, podendo o mesmo tipo de abuso ser praticado inicialmente com uma filha e/ou filho, em seguida com a neta, e ainda esses filhos abusados sexualmente abusar de seus próprios filhos e/ou sobrinhos. Esse silêncio é mantido tanto pelos agentes das agressões quanto pelas pessoas vitimizadas e demais membros envolvidos na dinâmica.

A pergunta que todos se fazem é por que esse silêncio existe e se mantém tanto tempo, às vezes por anos ou décadas seguidas.

Pode-se pensar em algumas possibilidades quanto ao:

a) Silêncio do parceiro/cônjuge "não agressor"
   - Medo do agente da agressão
   - Ataque às próprias percepções
   - Não querer romper o equilíbrio ou a unidade familiar mantida de forma precária
   - Não querer lidar com as perdas, já que tomar uma atitude pode implicar ter de perder o companheiro ou a filha
   - Cumplicidade inconsciente – identificada com o agente da agressão
   - Papel de protetora extremamente fragilizado
b) Silêncio da criança ou do adolescente – vítima
   - Acha que ninguém pode protegê-la apoiada muitas vezes em seu sentimento, por exemplo, de que a mãe sabe e não consegue fazer nada para interromper a agressão
   - Temor de perder o afeto do agente da agressão – quanto mais próximo, por exemplo, o pai biológico, mais se cala
   - Receio de que os outros não acreditem nela ou ainda a julguem culpada, sobretudo se estiver sofrendo abuso sexual
   - Medo de represálias – pode sofrer agressões ou ser retirada da família

É comum o profissional, principalmente da área da psicologia, ficar preso ou até mesmo submetido ao sigilo profissional, mantendo assim o complô do silêncio e a criança ou o adolescente em risco pessoal. Na área da saúde, da educação e outras, o profissional que identifica uma situação de violência deve pensar em estratégias para não se tornar conivente e para interromper a situação de vitimização.

Uso intenso de mecanismos de defesa

Em especial, dos mecanismos de cisão, de negação e de identificação projetiva.

A mãe, por exemplo, tenta negar os fatos na tentativa de se proteger de conflitos internos, como ter de escolher entre a filha ou o companheiro, bem como entre proteger a filha ou uma suposta unidade familiar.

Por outro lado, a pessoa que foi vitimada, mesmo estando gravemente ferida e/ou traumatizada, muitas vezes nega o que está ocorrendo e sentindo, não procurando o atendimento necessário. Mesmo tendo certa consciência de estar sofrendo um abuso, pode continuar negando o que está vivenciando, pois pedir ajuda poderá ter como conseqüência desestruturar a família, ser considerada culpada, ser vista pela mãe como rival e, dessa forma, correr o risco de perder o pai e a mãe ao mesmo tempo ou ainda ser retirada da casa.

O agente da agressão em particular dificilmente reconhece e assume sua responsabilidade, negando que tenha praticado qualquer ato que possa ter prejudicado alguém de sua família ou de quem goste. Desconsidera ou tem enorme dificuldade de perceber as necessidades e os sentimentos de quem convive com ele próprio, justificando na maioria das vezes que foi provocado e a culpa não é sua.

Para os pais dessa família os filhos devem satisfazer às necessidades dos adultos, as suas, em especial.

Pode ainda pesar sobre tais crianças e adolescentes uma expectativa de desempenho superior às suas capacidades, sendo vistos como os causadores dos problemas na família na medida em que não correspondem às expectativas dos adultos. Isso acontece porque as necessidades e capacidades específicas de cada fase do desenvolvimento infantil muitas vezes são desconhecidas ou negadas. A curiosidade acerca da sexualidade, por exemplo, que vai variar de acordo com o desenvolvimento, pode expor ou fragilizar as crianças em relação à abordagem de adultos abusadores que vão aproveitar-se desse momento em seu próprio benefício.

Quanto à identificação projetiva que se refere à fantasia de entrar no objeto com todo ou parte do *self* e pode levar a uma percepção alterada da identidade do *self* e do objeto, pode-se entendê-la:

a) Como defesa – O sujeito cinde e projeta sua ansiedade, ou seja, é uma forma de evacuar de modo violento um estado mental penoso. Ao observador pode parecer que a pessoa vitimizada é o membro frágil da relação e o que está desvalorizando, submetendo e abusando é uma pessoa forte, confiante em si mesma e poderosa. No entanto, sentimentos de depreciação fazem parte do mundo interno também dos agentes das agressões.

O profissional deve entender que sentimentos de autodesvalorização, ainda que apareçam na relação sob a forma de depreciação da outra pessoa, podem pertencer a vários membros do grupo familiar (identificados como a pessoa que foi vitimizada ou agente das agressões), estando mais livre para trabalhar o que determinado conteúdo (sentimentos de desvalorização, por exemplo) representa e que conseqüências traz para cada membro da família, não se limitando a cuidar desse conteúdo ligado exclusivamente a uma das pessoas, deixando assim de considerar o sofrimento que pode ser de todos.

b) Como comunicação – Vai induzir no objeto um estado mental, como meio de comunicar-se com ele a respeito desse estado. Para o profissional essa forma de comunicação, apesar de extremamente difícil, pode dar subsídios para compreender e trabalhar com essa família seus estados mentais mais intensos e sofridos e por vezes menos conhecidos. Tomando esse exemplo, é comum que as pessoas levem para a relação com o profissional situações em que ele se sinta também depreciado. O desafio será, então, perceber que tipo de sentimento está sendo veiculado e como poderá ser trabalhado.

Auto-estima rebaixada

Diante da dificuldade em se desligar sem renunciar e o receio de ficar dependente haverá uma negação da importância e interesse pelo outro. É comum o agente da agressão depreciar a pessoa que foi vitimizada, dizendo-lhe que ela é desinteressante e sem qualidades. Isso lhe favorece de certa forma ter o controle e o poder sobre ela.

Essa intensa dinâmica de desvalorização conduz a uma diminuição da confiança nas próprias percepções e, conseqüentemente, a sentimentos de impotência.

Para a criança ou o adolescente, perceber sua impotência é muito doloroso, na medida em que isso é reforçado quando percebem que a mãe está tão submetida e desvalorizada tanto quanto eles.

É comum a família introduzir na relação com o profissional questões e situações que levam todos os envolvidos a vivenciar sentimentos de desvalorização e impotência, incluindo nessa dinâmica o próprio profissional que em alguns momentos pode chegar a pensar que nada nem ninguém tem algo a oferecer para tirar a família do sofrimento em que se encontra.

É um desafio trabalhar no resgate da auto-estima de todos os membros dessa família, fortalecendo principalmente o papel do adulto protetor, aumentando o reconhecimento de suas próprias necessidades/direitos e os dos filhos.

Dificuldade com limites

Essa família tem sérias questões em relação a reconhecer, aceitar e respeitar os limites.

Analisando a dinâmica, podemos identificar essa dificuldade em situações como:

a) Abuso de poder. Não aceitam os limites, a lei e a ética; a lei é dada pelo abusador, ele é o senhor absoluto dos bens materiais e das pessoas que vivem na casa. Exerce o poder de forma arbitrária – é seu desejo, seu prazer e suas necessidades que prevalecem.

   Na figura do abusador condensam-se o excesso de transgressão, o abuso de poder e a ausência de interdição imposta pela cultura (falência da lei cultural).

b) Omissão no exercício da função interditora que se dá tanto pelo pai quanto pela mãe. Na dinâmica familiar, a mãe muitas vezes fica no lugar da que não sabe ou não pode fazer nada – conivente com o agente da agressão em especial quando ele é o pai biológico e ela, muito fragilizada, tem receio e dúvidas em relação aos seus direitos e incapacidade para defender a si e a seus filhos.

c) Falta de limites entre as gerações, ocasionando indiscriminação dos papéis – crianças e adolescentes realizam tarefas ou assumem responsabilidades próprias dos adultos dessa família. É comum a filha cuidar da casa ou dos irmãos menores ou ainda ocupar o lugar de companheira sexual do pai, enquanto a mãe infantilizada fica esperando que os filhos a protejam.

Com essa família é preciso trabalhar os papéis e suas responsabilidades. É importante que os adultos se assumam como pessoas responsáveis em estabelecer as interdições, os limites e as leis impostas por sua cultura e possam promover os cuidados e a proteção de que seus filhos necessitam.

O profissional no contato com essa família terá de ser firme em relação aos limites que vão sendo definidos. O limite é fundamental, e, embora saibamos da dificuldade em ser mantido pela família abusiva, ele deve ser definido claramente, e na impossibilidade de ser mantido é dessa dificuldade que se deve falar/tratar, não mudar o limite a cada solicitação, que pode ir desde um considerável atraso, faltas consecutivas sem aviso, até repetir uma violência dentro do encontro incluindo o profissional. A família vai ter sempre bons motivos para justificar a quebra do limite, e o profissional deve fazer o necessário para manter o contrato e o *setting* do atendimento.

Isolamento social acentuado

Essas famílias têm dificuldades e pode-se considerar resistências em socializar e inserir culturalmente seus filhos. É como se a família suprisse as necessidades de seus membros e eles não tivessem nem pudessem ir buscar nada além dos muros da própria casa ou das determinações do "chefe".

É dessa forma que toda a riqueza de sentimentos e emoções que fazem parte das relações fica aprisionada rigidamente entre as pessoas dessa família, levando na maior parte das vezes a empobrecimento e restrição nas trocas afetivas.

O profissional precisa discutir e estabelecer com essa família diversas formas de inserção social, realizando os encaminhamentos necessários. Para o agente agressor é importante entrar em contato com outros grupos para que possa ter referências de como as regras são construídas e estabelecidas, para perceber que as leis existem de forma ampla e específica de acordo com a necessidade do grupo, podendo compreender a relação entre o macro e o microssistema.

Para a criança é fundamental freqüentar a escola e outros lugares que lhe restituam a identidade de criança/adolescente, bem como entrar em contato com outras formas de relacionamento interpessoal.

Concluindo e considerando os aspectos aqui relacionados, pode-se dizer que atender uma família que inclui violência em sua dinâmica é um desafio para o profissional de qualquer área.

Este desafio está presente desde o momento em que a família vai em busca de ajuda para resolver seus conflitos, o que pode acontecer das formas mais diversas, até o "final" do atendimento. Por exemplo, o pai que ao participar de uma reunião escolar vai procurar o educador para falar de como as coisas em casa estão difíceis, principalmente em relação ao filho, que já está até pensando em ir com o garoto conversar com o Conselho Tutelar ou o juiz da Vara de Infância e Juventude, é o mesmo que aparece abusando sexualmente de uma das filhas quando se aprofunda a análise a esse pedido de ajuda à família.

Assim, definir a demanda do atendimento é a primeira de muitas outras dificuldades que o profissional terá nesse processo, necessitando de uma capacitação e de recursos internos que lhe permitam iniciar e dar continuidade ao atendimento dessa família em particular.

Referências bibliográficas

ARIÈS, P. *História social da criança e da família.* Rio de Janeiro, Zahar, 1978.

BOX, S., COPLEY, B., MAGAGNA, J. e MOUSTAKI, E. (orgs.). *Psicoterapia com famílias. Uma abordagem psicanalítica.* São Paulo, Casa do Psicólogo, 1994.

GUERRA, V. N. A. *Violência de pais contra filhos: a tragédia revisitada.* São Paulo, Cortez, 1998.

RAMOS. M. (org.). *Casal e família como paciente.* São Paulo, Escuta, 1994.

WINNICOTT, D. W. *A família e o desenvolvimento individual.* São Paulo, Martins Fontes, 1997.

CAPÍTULO 6

Violência nas escolas

Rosemary Peres Miyahara

Fragmentos da história da violência nas escolas

Nas manchetes dos jornais estão estampadas, quase que diariamente, histórias de incêndios, tráfico de drogas, agressões a professores e alunos, roubos e até assassinatos. Histórias, enfim, que nos mostram que jamais a escola foi alvo e *locus* de tanta violência como nos últimos anos.

O crescimento do fenômeno provocou a réplica: a polícia entrou nas escolas e estas se armam contra a violência – experiências de vitimização se vinculam ao fantasma da insegurança. Criam-se com este sentimento novas e brutais "desorganizações", como forma de enfrentamento do problema.

É preciso, principalmente, examinar essa brusca escalada da violência na escola. Colocamo-la como uma febre ardente, ou como sinal de uma doença profunda até aqui pouco conhecida?

A novidade do fenômeno implica uma nostalgia de uma paz escolar anterior e nos faz desejar o retorno à ordem, apelo a uma repressão mais forte. Por que não?

É importante ressaltar que não se trata de negar os fatos, de condenar o atual sentimento de insegurança, de levar as vítimas à categoria de delirantes, nem *a priori* de negar a eficácia da repressão. É preciso, sim, partir de uma definição do que é violência.

Para uma reflexão e interpretação mais estruturada do que se percebe, seria interessante responder às seguintes questões:

- A violência na escola é tão nova como porventura acreditamos?
- Assinala ela uma decadência global de nosso sistema educativo?
- A violência na escola existia quando ela era mais fechada, mais autoritária, mais segura de si e de seus valores e mais repressiva?

Usaremos algumas reflexões sobre a história da educação como norteadores, na busca de respostas a tais questões.

Parece-nos que os historiadores da educação foram mais sensíveis à violência dos professores do que à dos alunos. Os estudos sobre a punição, os capítulos referentes aos castigos corporais são inúmeros. Geralmente é ponto pacífico a brutalidade importante que reinava dantes nas escolas.

Por trás de tais posturas estava, segundo os historiadores, a idéia arraigada no pensamento ocidental de que a infância era uma fase de selvageria, de irracionalidade, de impulsividade da qual a educação era, a princípio, a possibilidade de correção.

Uma lenta mutação da representação de infância desembocará muito progressivamente numa desvalorização da brutalidade dos educadores.

Observa-se na análise da bibliografia sobre a história da educação que a violência dos alunos parece ter apaixonado bem menos os pesquisadores. Não é por isso, no entanto, que ela não existia, pois, obscurecidos de antemão por uma pedagogia repressiva, os arquivos guardam traços de conflitos escolares em que os alunos estavam longe de uma submissão pura à ordem vigente.

Uma pedagogia de repreensão

A criança tem sido corrigida, repreendida e até mesmo agredida fisicamente desde a mais remota Antigüidade às épocas mais recentes. Os textos antigos, mais "pitorescos", vêm do Egito: "Você me educou quando eu era criança", declara a seu mestre um aluno reconhecido, "Você me batia nas costas e em minhas orelhas, sua doutrina penetrava" (Morrow, 1948).

É preciso conhecer toda uma concepção de infância subjacente à construção de programas educativos, em que está em jogo a estranha relação entre o homem de "razão" e a criança irracional. Henry Joly (1982) mostrou a grande importância desta "categoria maior de linguagem e pensamento" que é a "idade da razão", que decide uma "separação radical na humanidade do homem". Tal separação determina o corte inaugural do humanismo entre a razão e o seu outro lado – a loucura inata – que bestializa a criança e é preciso extirpar.

É dentro desse contexto consensual que devemos citar uma passagem importante das Leis de Platão e, com isso, perceber que ele nos dá a chave de toda a concepção ocidental tradicional da infância: "De todos os animais (*thérion*), a criança é a mais difícil de manejar; pela excelência mesma desta fonte de pensamento, que nela não é ainda disciplina, é uma besta astuta, a mais insolente de todas que assim devemos subjugar...". Nesta passagem, a criança é vista como uma besta. A selvageria da infância faz dela uma idade ambígua: pequenos homens, mas não totalmente humanos. Platão traz o "traço" de toda a concepção antiga da infância, na qual a criança permanece selvagem antes de passar pelos rituais de iniciação, ocupando uma situação limiar, equivocada, não policiada pela cultura e, por isso, marginalizada.

Esse texto filosófico participa de uma teorização da dicotomia criança/adulto, sanidade/loucura. Em particular, deve-se interpretá-la com a teoria platônica de reminiscência: no momento de sua encarnação, ao nascimento, a alma é desorganizada, incapaz de reencontrar-se no fluxo de sensações. A educação vai ser o apaziguamento da alma para ajudá-la a encontrar suas verdades ideais.

Qualquer uma dessas premissas filosóficas mostra uma representação arcaica da periculosidade da infância. A criança não é percebida como fator de progresso, pois essa idéia é estranha e assim permanece por muito tempo à consciência ocidental.

Grande é o terror de ver degenerar a espécie humana, e toda criança é vista como uma possível degenerescência.

O mito da idade do ouro é fundamental entre gregos e romanos – a crença de que os homens do passado eram mais fortes e mais nobres. Toda inovação é vista como perigosa, toda "deformidade" prevê o possível fim da humanidade.

O humanismo nascente, ao colocar a idade do homem como realização do ciclo vital contra uma selvageria perigosa da infância, é, segundo Morrow, *uma educação contra a criança, pelo homem*. É educada para assegurar a manutenção sem mudança da espécie humana. Ela é "endireitada" para corrigir os excessos da natureza presente nela.

É longo o caminho desses ensinamentos sobre a educação ocidental, com seus pontos de severidade e apaziguamentos relativos.

A filosofia pitagórica (Giolito, 1986) revela que em Atenas "apenas a criança acabava de escapar da tirania de sua família caía entre as mãos do pedagogo, do gramático, músico, daqueles que lhe chicoteavam, por força de seu papel, para lhe ensinar uma arte". É Ovídio quem apostrofa a aurora: "És tu que privas as crianças de seu sono e as libera para seus mestres, para que suas mãos delicadas se ofereçam às palmatórias cruéis".

A bem da verdade, era um espetáculo apreciado, na moda, ver uma criança ser chicoteada em um desses recantos que servia de escola no fórum romano. Era tão normal receber pancadas que a expressão "ter a mão sob a palmatória" significava igualmente "estudar" em Roma.

Na era cristã, essa concepção de infância, que aponta para a pedagogia da repreensão, é reforçada principalmente sob a influência de Santo Agostinho.

A Bíblia tem sido precisa sobre a necessidade de violência para com a criança: "Aquele que poupa a vara a seu filho não o ama". "A loucura está localizada no coração da criança e é a vara da disciplina que a caçará" (*Provérbios*, 28:15). No entanto, os primeiros cristãos hesitaram em sua escolha pedagógica. Tomando as mensagens de Cristo, tentam uma primeira sacralização da criança: "Em verdade eu vos digo que, se não vos converterdes e não vos tornardes como criança, de modo algum entrareis no reino dos céus" (Mateus, 18.1).

É a época da primeira "descoberta" da inocência da criança, que não se encontrará antes de muitos séculos. Em particular com o decreto de Pio X sobre a comunhão das crianças, que em 1910 fará resgatar a injunção de "deixar vir a mim as criancinhas". Mas Santo Agostinho vai contribuir bastante para reduzir essa nova concepção.

Ele se opõe aos teólogos, como Pelage, que pregavam essa inocência e negam o dogma do pecado original. Santo Agostinho teria podido, entretanto, ser levado à indulgência se sua história dolorosa lhe servisse de exemplo:

> Me levaram à escola para aprender a ler. Eu ignorava a utilidade deste estudo, pobre pequeno! E, no entanto, se eu era preguiçoso a aprender, me batiam. As grandes personalidades exultavam estas práticas. Nossos nobres predecessores nesta vida nos traçavam estes caminhos dolorosos por onde seríamos forçados a passar, agravando assim o esforço e o sofrimento dos filhos de Adão. (Santo Agostinho – *As confissões*, I, IX e X)

Esta pedagogia vem desde a Alta Idade Média, passando pela Renascença e pela Idade Clássica. Apenas no século XIX os hábitos pedagógicos se apaziguam, diminuindo progressivamente as práticas repressivas até o século XX. Os castigos corporais são abolidos dos textos, mas continuam na prática, já não com uma brutalidade essencial, mas ocasional.

A "escola nova" e os abusos do liberalismo educacional

Os colégios liberais foram criados sob a inspiração da "escola nova", tendência que, no Brasil, surgiu a partir dos anos 30. Defendia um aprendizado mais prazeroso e menos massacrante. Abolia o autoritarismo e qualquer tipo de postura repressora dentro do contexto escolar. Em vez de receber calado o saber do mestre, o estudante era instado a questionar. Termos como autoridade e disciplina causavam arrepios de horror.

Como exemplos de abuso dessa postura liberal, pode-se citar:

- Esqueceu-se de que a relação professor/aluno é necessariamente hierárquica.
- Estudantes francamente malcriados passaram a ser encarados como "indivíduos criativos".

- Confundiu-se liberdade pedagógica com incompetência (fechamento de Summerhill na Inglaterra).
- Concepção de violência: depredações, agressões físicas e verbais entre alunos e professores, crimes dentro do contexto escolar.

Extrair lições da história?

Este percurso de revisão dos costumes repressivos na "escola antiga", bem como a passagem pelas expressões agressivas da escola atual, corrobora a premissa da atemporalidade do fenômeno da violência também no contexto das relações educacionais.

As discussões e reflexões acerca das dimensões do fenômeno na atualidade não apontam para um consenso. Algumas correntes postulam que a violência era maior no passado e que o sentimento de insegurança nas sociedades contemporâneas é injustificado, na medida em que perde uma análise histórica mais ampla.

Jean Claude Chesnais, em seu livro *História da violência*, demonstra que as ações de grande criminalidade diminuem nas sociedades européias. Aponta, sim, o crescimento da violência de Estado e tecnologia.

Segundo suas pesquisas, há menos crimes de sangue, violações e ataques à mão armada. Ele desliga o sentimento de insegurança da vitimização.

Chesnais reconhece a variabilidade do conceito de violência, mas não aceita como tal qualquer ato que "não prejudique a autonomia física de uma pessoa".

Não admite que a violência econômica ou moral, por exemplo, figure nas estatísticas que alarmam e criam comportamentos fóbicos na população. Afirma ainda que a violência dos alunos, da forma veiculada na mídia, pode ser realisticamente estendida como rumor. Que existe certa manipulação de dados pela imprensa pública que acabam transformando a *insegurança fantasmática* em *fobia social*.

No outro pólo da discussão estão os que defendem a idéia do crescimento implacável da violência e da forte ligação entre riscos de vitimação e insegurança.

Sebastian Roché acha que a inquietude diante da violência urbana é legítima. Postula que, se por um lado existem estatísticas criminais que permitem remontar no tempo, por outro não há nada comparável em matéria de opinião pública. Assim, a ligação negativa entre "violência objetiva" e "sentimento de insegurança" não pode ser empiricamente avaliada.

Continua afirmando que um fato não é *a priori* violento ou não-violento. "Depois das convenções sociais em vigor, e estas convenções se negociam no cotidiano ou na arena política, elas fixam as condições nas quais a violência é apreendida como tal" (Roché, 1994).

Finalizando, podemos concluir que a lição que a história nos dá é a de que o senso de violência na educação varia de acordo com as representações de infância e de educação vigentes em certa época.

Hoje, o uso da força contra a criança e o adolescente é rejeitado, e a convenção internacional de seus direitos se afirma. A exposição de crianças espancadas e abusadas sexualmente tem o papel catártico de nos mostrar o que não devemos fazer.

O século XX viu surgir uma nova concepção de infância e de família, mas essa irrupção da violência na escola faz voltar o mito da criança selvagem.

A violência escolar que conhecemos não é nem em essência, nem em termos de fenômeno aquela dos séculos passados.

Sem militar que a violência não existe e sofremos e tememos outras coisas, temos de estar atentos à ideologia que a determina e, por isso mesmo, procurar relativizá-la, contextualizá-la. Com isso, ganhamos novas perspectivas de enfrentamento que parta, acima de tudo, de reformulações éticas e morais de nossa sociedade em sua totalidade.

Referências bibliográficas

DEBARBIEUX, E. *LaViolence en Milieu Scolaire: 1 : Etat des lieux.* Paris, ESF, 1996.

JAURLARITZA, E & SAILA, L. C. *O papel do educador e a escola na abordagem do problema do maltrato e abandono infantil.* Gobierno Vasco. Departamento de Trabajo y Seguridade Social.

ROURE, G. Q. *Família e violência: historicidade de uma prática.* Estudos, Goiânia, v. 26, nº 1, p. 57-99. jan./mai., 1999.

CAPÍTULO 7

Sexualidade e violência

Dalka Chaves de Almeida Ferrari
Tereza Cristina Cruz Vecina

O objetivo deste texto é enfocar o tema da sexualidade enquanto característica inerente ao ser humano, que se expressa e é construída do nascimento até a morte, englobando as questões do relacionamento humano em suas diferentes formas – da intimidade saudável ao exercício de papéis de uso e exploração do outro, presente nas relações violentas.

Na busca de uma definição do que é sexualidade humana vemos que, ao contrário do conceito de sexo, ela constitui parte integral da personalidade humana, integrando experiências afetivas exclusivamente pessoais, aprendizados socioculturais de convivência, crenças e valores construídos ao longo da história.

A sexualidade, conforme fala Nunes, "é um terreno híbrido entre o pessoal e o social, encruzilhada confusa onde se articula o ser e o existir individual e coletivo de cada um de nós" (1987, p.16)[1]. Articula, assim, experiências afetivas pessoais e aprendizados socioculturais de convivência. Não se pode falar de sexualidade e relacionamento sexual de forma desvinculada de temas sociais, históricos, culturais, antropológicos e psicológicos.

Esse mesmo autor nos mostra como se deu o processo da construção histórica da sexualidade na sociedade ocidental, por meio da explicitação de etapas, o que nos permite compreender e relativizar

1. Nunes, C. A. *Desvendando a sexualidade.* Campinas, Papirus, 1987.

os padrões sociais da sexualidade, além de evidenciar os mecanismos de controle e constituição da "normalidade" sexual.

Assim, num primeiro momento da história da humanidade, existiu grande valorização do papel feminino na vida social. A relação causal entre sexo e gravidez era desconhecida e a sexualidade era compreendida de forma mítica e semidivinizada. Com tal compreensão permeada pela magia e pela religião, chega-se ao culto da fertilidade, o que pode ter resultado na matrilinearidade.

Com o aparecimento das civilizações urbanas, o sexo começa a perder seu caráter mítico – ampliam-se o conhecimento e o controle sobre ele –, separando-se as noções de prazer e de reprodução. Surge a figura de mulheres destinadas ao prazer (início provável da prostituição) e das destinadas à reprodução. O homem toma em suas mãos a produção e a reprodução da vida, com exaltação dos valores masculinos, cabendo à mulher a submissão.

Com o início da "civilização cristã" (século V) a Igreja assume o papel de organização da sociedade, retomando valores espirituais e morais, com uma nova compreensão da sexualidade. A paternidade, a maternidade e a castidade são valorizadas, enquanto o prazer é encarado como pecado. Os bens devem ser mantidos dentro de uma estrutura familiar.

Numa quarta etapa, com o advento do capitalismo, a sociedade busca a sublimação da energia sexual por meio do trabalho, ocorrendo uma supervalorização do trabalho. O sexo é reprimido – destinado à procriação – e o corpo é negado, sendo motivo de vergonha e pecado.

A partir daí, surgem concepções de sexo e sexualidade enquanto *bens de consumo*, quando a liberação de práticas sexuais coincide com a automação do trabalho e com a chamada explosão demográfica, sem lugar para a repressão ou para o sexo procriativo. Segundo Foucault,

> [...] o poder não tem hoje motivos para reprimir a sexualidade, pois é esta hoje seu principal mecanismo de controle e de reprodução ideológica, ou seja, a sociedade capitalista não obrigou o sexo a esconder-se. Ao contrário, desde o século XVI e, principalmente a partir do último século, o sexo foi incitado a se confessar, a se manifestar. É justamente o poder que nos convida a enunciar nossa sexualidade por

meio das diversas instituições e saberes, como peça essencial de uma estratégia de controle do indivíduo e da população que é característica da sociedade moderna" (Foucault, 1984)[2].

O que é possível observar, nos dias atuais, é que ainda o desejo do homem é colocado acima do das mulheres e elas são vistas como *objetos* disponíveis de prazer ou reprodução. Permanece firmada uma relação de desigualdade sexual entre homens e mulheres, quando as relações de poder/submissão permeiam o relacionamento social. Aceita-se o sexo sem afeto, surgindo uma dicotomia entre sexo e afetividade.

Acresce-se a essas últimas colocações que, em nossa sociedade capitalista, à mulher também é delegado um papel de menor valor, tendo em vista ter em si aspectos reprodutores que poderiam inviabilizar sua participação social na produção de bens de consumo.

Assim, vêem-se na atualidade algumas questões a serem trabalhadas com maior afinco por toda a sociedade – abrangendo indivíduos, grupos sociais e instituições:

- Como viver a sexualidade de maneira humana, plena e livre?
- De que forma alterar esse quadro de desigualdades, permeado de preconceitos e desvalorizações?
- Como evitar os riscos decorrentes da desigualdade entre gêneros, em especial a violência sexual que ocorre, principalmente, contra mulheres e crianças?

Talvez, antes de prosseguir e responder a tais questionamentos, cabe aqui, de acordo com Grossi[3], diferenciar categorias como *sexo*, *gênero*, *identidade de gênero* e *sexualidade*. Por sexo entende-se a categoria que mostra a diferença biológica entre homens e mulheres. Por gênero conceitua-se a construção cultural coletiva dos atributos de

2. Foucault, M. *História da sexualidade – I: A vontade de saber.* Rio de Janeiro, Graal, 1984.

3. Grossi, M. P. Gênero, violência e sofrimento. Mimeo. revisado, texto original in *Cadernos Primeira Mão* do PPGAS/UFSC, 1995.

masculinidade e feminilidade (que se denomina papéis sexuais). Identidade de gênero define-se como a categoria que pensa o lugar do indivíduo no interior de uma cultura determinada. E sexualidade refere-se a um conceito contemporâneo voltado para o campo das práticas e dos sentimentos ligados à atividade sexual dos indivíduos.

Como resposta a tais questões surge a necessidade de uma educação sexual que leve a sociedade a discutir, de modo permanente, essa construção histórica-sociocultural da sexualidade, quando aspectos como desenvolvimento da autonomia, participação e produção de alternativas concretas possam ser enfocados.

E é dentro dessa perspectiva que abordaremos como é vista a criança, de acordo com diferentes pensadores da modernidade, que vêm norteando as concepções educacionais e contribuindo com isso para a constituição de sujeitos e das relações humanas.

Recorrendo ao empirismo, representado aqui pelo fundador por behaviorismo, Watson (1878 a 1958), percebemos a criança enquanto um ser modável e adaptável a qualquer tipo de conduta. A criança é vista como matéria-prima que deve ser preparada segundo padrões e desejos socialmente determinados, não sendo considerada um sujeito de sua própria história.

Já Piaget (1896 a 1980) enfatiza o homem como sujeito e objeto do mundo e afirma que o processo de maturação se dá de forma intermitente. Tal concepção de homem evidencia uma concepção de criança enquanto um *sujeito* em processo de crescimento e com possibilidades próprias de viver e conhecer a realidade.

O pai da psicanálise, Sigmund Freud (1859 a 1939), tenta explicar as ligações entre a razão e a emoção no comportamento humano pelo desenvolvimento psicossexual. Coloca que a criança, de acordo com a satisfação ou não de suas necessidades, vai elaborando seus códigos de comportamento em sua relação com o mundo externo, utilizando para isso mecanismos de introjeção e projeção.

Já Jacob Levi Moreno (1889 a 1974), fundador do psicodrama, dentro de uma visão antropológica, acredita que a criança ao nascer é um "gênio em potencial", porém é a sociedade que a corrompe. Aspectos relacionais são determinantes do ulterior papel sexual. Citando Fonseca, psicodramatista brasileiro, "a relação humana como um todo precede a sexualidade. Sexualidade é um dos seus instrumentos relacionais, e os distúrbios sexuais seriam, por conseguinte, responsáveis por uma parte dos distúrbios relacionais" (2000, p. 220). Para seu desenvolvimento a criança dependerá de figuras afetivas significativas que funcionarão como egos-auxiliares, implicando seu processo de crescimento um ultrapassar etapas que a levará ao reconhecimento de si e do outro[4], buscando uma interação cada vez maior com o contexto social à sua volta.

Quando nasce, a criança já encontra em seu contexto cultural a linguagem, os objetos, os costumes, as leis e os diversos signos. O primeiro enigma que enfrenta é o da presença ou da falta. À medida que vai crescendo e experienciando sua realidade, ela vai desenvolvendo meios de decodificar o mundo, de lidar com ele, de entendê-lo, de participar, conforme o que recebe. Damázio diz: "O que normalmente ocorre, então, é a criança ser condicionada para a participação, como objeto manipulável e não como sujeito" (1991, p. 27).

O que observamos é que, em nossa sociedade, existe a prática de se relacionar com a criança, vista como ser mais frágil e dependente, de forma impositiva e autoritária, não lhe permitindo expressar pensamentos, opiniões e sentimentos. Tais atitudes vão bloqueando sua espontaneidade, sua capacidade de afirmar-se como ente autônomo, formulando para a criança um modelo de relação Eu-Isso, em vez de uma relação Eu-Tu. Ou seja, o outro acaba sendo visto para o Eu como um objeto, como Isso, e não como outro elemento humano da díade, como um Tu.

Esse modelo de relação, no qual se dá o poder do mais forte sobre o mais fraco, permeado pela relação de dominação/submissão, está muito arraigado em nossa sociedade. Criam-se estereótipos que tendem à reprodução e ao não-questionamento desse tipo de vínculo nas relações afetivas futuras. Isso pode ser visto claramente nas relações adulto-criança e homens-mulheres.

Fato relevante a ser ressaltado é o quanto tal construção histórica-cultural da sexualidade está interligada ao fenômeno da violência sexual contra crianças e adolescentes. Sabemos que esse tipo de

---

4. Para Moreno, a formação do sujeito baseia-se no desenvolvimento da Matriz de Identidade que pode ser resumida aqui em três etapas: 1ª etapa – de identidade do Eu com o Tu e com os objetos circunvizinhos; 2ª etapa – do reconhecimento do Eu, de suas especificidades como pessoa; 3ª etapa – do reconhecimento do Tu e dos outros.

violência, que cria vítimas sobretudo entre as mulheres e os mais indefesos (crianças e adolescentes), aponta para um comportamento por parte do agente da agressão (geralmente do sexo masculino) com a presença de um duplo componente: a violência e a sexualidade.

Tal visão da sexualidade, presente em nossa cultura, além de poder ser considerada uma motivação para a ocorrência dos abusos, também acaba por servir de justificativa e/ou acobertamento às agressões sexuais que transformam crianças e adolescentes em objetos de posse, uso e desejo por parte de adultos que abusam sexualmente.

Crianças abusadas sexualmente numa idade muito precoce podem sofrer danos mentais e cognitivos que as fragmentam. Reunir os pedaços partidos pelo trauma do abuso, ou seja, o senso do Eu, do Tu e do Ele, pode demorar bastante antes de elas poderem compreender o que aconteceu no decorrer do abuso. O discernimento acerca do(s) episódio(s) de abuso requer um equipamento mental nem sempre presente na criança.

Ainda, em nossa cultura, temos observado uma liberalização de costumes e a luta por novos valores que afirmam direitos à individualidade e ao exercício da sexualidade, à busca do prazer e de relações igualitárias. Porém, padrões de relação autoritários e discriminatórios continuam presentes. O desenvolvimento da sexualidade, que é atingida a princípio no nível da identidade genital (corporal) e de gênero (ser homem, ser mulher) e, posteriormente, orienta-se para uma busca de complementação afetiva/sexual, continua dando-se de forma diferente para o homem e para a mulher.

Parece-nos que, até bem pouco tempo, o homem acabava aprendendo, ou sendo treinado, a separar muito bem sexo de afeto, o que lhe permitia relacionar-se sexualmente com várias mulheres sem envolvimento afetivo. Nesses casos, esperava-se que ela preenchesse seu destino de procriadora, ocupando muitas vezes um "papel de vítima", de mãe, de alguém que só podia relacionar-se sexualmente de modo duradouro. O prazer sexual feminino continuava assim carregado da noção do pecado e, decorrente de circunstâncias históricas, cabia à amante o desempenho do papel de mulher que sente prazer.

Notamos que as novas gerações estão tentando alterar esses padrões de comportamento estereotipados. Assim, no caso dos jovens, vêm surgindo novas formas de relacionamentos com maior liberdade ao exercício do sexo. Os contatos físicos e de exploração fazem parte de uma etapa que antecede o namoro, o "ficar", apresentando expressões diferentes conforme as idades, indo das carícias às relações sexuais. Para eles, as relações sexuais não estão mais condicionadas ao casamento, porém ainda trazem internalizados padrões tradicionais de uma dupla moral e de desigualdade de gêneros, gerando conflitos e reforçando padrões de relacionamentos de uso, ou seja, padrões de relação Eu-Isso.

Diante dessas considerações, só nos resta acreditar na necessidade de uma educação para o desenvolvimento e exercício da sexualidade. Tal educação precisa ser encarada em seu sentido mais profundo, e não simplesmente limitar-se à passagem de informações. Deve ser tratada levando em conta as diversas vertentes de construção da sexualidade (sócio-histórica, cultural, psicológica), de modo que as relações entre os indivíduos possam ser respeitadas, envolvam a co-participação e a complementaridade enquanto seres humanos.

Muitos são os que participam da formação da criança (família, educadores, mídia, sociedade) transmitindo valores e crenças (expressas por cuidados e proibições) que são apreendidos pelas crianças e auxiliam na construção de sua identidade. Um processo de orientação que acompanhe o desenvolvimento da sexualidade de crianças e adolescentes não pode desconsiderar o meio em que esses vivem. Padrões de comportamento e costumes têm de ser respeitados, porém questionados e refletidos de modo a integrar experiências, envolvendo não apenas crianças e adolescentes, como também as instituições formadoras (escola e família).

O projeto de educação deve ser visto como um processo abrangente e ininterrupto, de contínua problematização e recriação de referências, quando princípios como o direito ao prazer e à liberdade, o respeito às desigualdades e a autoria de sua própria história constroem o verdadeiro exercício da cidadania, segundo o Estatuto da Criança e do Adolescente e os Direitos Sexuais Reprodutivos.

Após muitas discussões e embates entre vários profissionais especialistas nas temáticas da criança, do adolescente e dos direitos humanos (ocorridos principalmente nas Conferências do Cairo (1994), Beijing (1995), Cairo (1999) e na 27ª Sessão do Tribunal Permanente dos Povos sobre "A violação dos direitos fundamentais das crianças e dos adolescentes no Brasil"[5], realizada de 17 a 19/3/99 em São Paulo), concluiu-se que os novos direitos sexuais e reprodutivos consistem em certos direitos humanos fundamentais já reconhecidos nas leis nacionais e internacionais, e nascem pela definição de saúde reprodutiva, buscando interagir os direitos sociais, principalmente à saúde, à educação, à informação, com os direitos individuais de não-interferência e de não-discriminação, na perspectiva de reduzir as constantes violações à autonomia pessoal, integridade corporal e psicológica de que são alvo indivíduos e coletividades, e garantir os meios necessários para o bem-estar do ser humano. Seus comandos centrais são decidir livre e responsavelmente sobre a própria vida sexual e reprodutiva; ter acesso à informação e aos meios para seu exercício livre de discriminações, coerções ou violências.

Dessas conferências e tribunais citados resultaram documentos internacionais, que legitimam as ações dirigidas aos adolescentes que já vinham sendo desenvolvidas em alguns países, como no Brasil, e proporcionaram maior atenção e apoio dos órgãos e das agências internacionais para o tema, disparando a necessidade de implantação de novas políticas públicas no campo da sexualidade – acompanhamento, informação e esclarecimento dessa nova cultura dos direitos sexuais reprodutivos a toda sociedade brasileira.

Referências bibliográficas

DAMÁZIO, R. L. *O que é criança.* 2ª ed. São Paulo, Brasiliense, 1991.

FONSECA, J. *Psicoterapia da relação – Elemento de psicodrama contemporâneo.* São Paulo, Ágora, 2000.

FOUCAULT, M. *História da sexualidade – I: a vontade de saber.* Rio Janeiro, Graal, 1984.

GROSSI, M. P. Gênero, violência e sofrimento. Mimeo. revisado, texto original in *Cadernos Primeira Mão do PPGAS/UFSC,* 1995.

NUNES, C. A. *Desenvolvendo a sexialidade.* Campinas, Papirus, 1987.

5. Relatório da 27ª Sessão do Tribunal Permanete dos Povos – "A violação dos direitos fundamentais das crianças e dos adolescentes no Brasil", Edit. da Universidade São Francisco (EDUSF), 2000, Bragança Paulista, São Paulo.

CAPÍTULO 8

A questão do disciplinamento corporal

Gisela Oliveira de Mattos

É bem possível que, mesmo que tivesse crescido totalmente livre da sua influência, eu não me pudesse tornar um ser humano na medida do seu coração.

F. Kafka[1]

Um breve histórico

Data da Alta Antigüidade a concepção de que a infância e a adolescência eram idades de loucura, excessos e selvageria e de que a educação era o único meio de transformar a criança selvagem em um homem "de razão". Debardieux (1996), em amplo levantamento histórico a respeito da violência na educação, cita, entre outros, textos originários do antigo Egito afirmando que os castigos físicos eram considerados a única maneira eficaz de educar. Essa concepção era também consensual na Grécia, berço da civilização ocidental, onde se podem encontrar diversos exemplos dessas idéias, das quais Aristóteles e Platão foram importantes representantes: "Pessoas jovens e os ricos são levados a excessos (*hybris*)" (Aristóteles).

> De todos os animais, a criança é a mais difícil de manejar; pela excelência mesma desta fonte que nela não é ainda disciplinada, é uma besta astuciosa, a mais insolente de todas que, assim, devemos subjugar com múltiplos bridões. (Platão, *Leis*)

1. *Carta ao pai.*

A literatura grega é plena de detalhes sobre as torturas pelas quais passava a criança desde seu nascimento e ao longo de seu processo educacional. Ovídio, em seu texto *Amores*, clama ao amanhecer: "És tu que privas as crianças de seu sono e as libera para seus mestres para que suas mãos delicadas se ofereçam às palmatórias cruéis"[2].

Já Horácio chamava seu mestre Orbílius de "o chicoteador", o que mais tarde levou ao uso do termo "orbilianismo" para definir a pedagogia do chicote. Assistir a uma criança ser chicoteada era espetáculo apreciado também na Roma Antiga.

Também a Bíblia, no Antigo Testamento, é precisa em sua concepção de infância e educação: "Quem poupa a vara não ama seu filho; quem o ama, porém, disciplina-o prontamente" (*Provérbios*, 13, 24). "Corrige teu filho, porque há esperança, mas não te descontroles a ponto de o matar" (*Provérbios*, 19, 18).

A concepção de uma educação corretiva e disciplinadora parte do princípio de que todos os filhos de Adão e Eva trazem consigo a mancha do pecado original[3]. Ou seja, o fato de ambos terem desobedecido a Deus e comido o fruto da árvore do conhecimento do bem e do mal fê-los perder a inocência e transmitir essa perda à sua descendência por meio do sangue e das dores do parto e do suor do trabalho.

É nos Evangelhos, entretanto, que encontramos, pela primeira vez, uma visão sagrada da infância e uma nova concepção da criança, inocente e livre do pecado original: "Em verdade, vos digo, que se não mudardes e não vos tornardes como crianças não entrareis no reino dos céus" (*Mateus*, 18, 3).

Entretanto, não dura muito essa nova concepção de infância. Santo Agostinho, teólogo e filósofo, que viveu no Império Romano entre 354 e 430 d.C., opondo-se à concepção da inocência da criança e defendendo o dogma do pecado original, deu, novamente, grande reforço ao uso dos castigos corporais na educação:

> Me levaram à escola para aprender a ler. Eu ignorava a utilidade deste estudo, pobre pequeno! E, no entanto, se eu era preguiçoso a

2. Gênesis.
3. Idem.

aprender, me batiam. [...] Nossos nobres predecessores nesta vida nos traçavam estes caminhos dolorosos por onde seríamos forçados a passar, agravando assim o esforço e o sofrimento dos filhos de Adão. (*As confissões*)

Em outros de seus escritos, Santo Agostinho demonstrou participar não só da crença na "mancha do parto", cuja expiação justificava todos os excessos, como da misoginia vigente:

> Mas se eu fui concebido na iniqüidade, mas se é para dentro do pecado que minha mãe me levou, onde, pois, eu vos pergunto, meu Deus, onde, Senhor, eu, vosso servidor, onde e quando eu fui inocente? (*A cidade*)

Dessa forma e ao longo de toda a Alta Idade Média, Renascença e Idade Clássica, a educação rigorosa, disciplinada, corretiva, que podia incluir uma surra dos pais ou dos mestres e o uso de instrumentos como chicote e unhas de ferro, era vista como a que construía um bom caráter, e o medo era a peça-chave da aprendizagem.

A partir do século XVII, porém, com a diminuição da influência da Igreja Romana, já enfraquecida e dividida desde as guerras santas, e o crescimento das conquistas científicas (conhecimento secular) baseadas na observação da natureza, abre-se o caminho para novos questionamentos a respeito da vida e da existência. As idéias de Spinoza de que corpo e alma eram indivisíveis e a Teoria do Conhecimento de J. Locke de que o mundo exterior influencia o entendimento e o caráter da pessoa por meio dos sentidos levam a uma nova concepção de psicologia e educação.

No século XIX, a pedagogia da punição corporal começa a ser lentamente substituída por uma educação baseada na suavidade e numa maior convivência familiar. É quando surgem, na França, uma lei que proíbe a crianças de seis a onze anos trabalhar mais de 65 horas semanais (1852) e outra que torna a escola obrigatória para crianças até treze anos (1897).

Apenas no começo do século XX, com o decreto de Pio X sobre a comunhão das crianças, a Igreja retoma a primeira visão cristã da infância inocente, suavizando ligeiramente os métodos pedagógicos. Também a 1ª Declaração sobre os Direitos da Criança (Liga das Nações, 1923) e, mais tarde, a 2ª Declaração Universal dos Direitos da Criança (ONU, 1959) rejeitaram o uso dos castigos físicos. No entanto, o espancamento, antes considerado essencial na educação, manteve-se de forma ocasional nos lares e nas escolas até meados dos anos 70.

Por outro lado, enquanto uma questão médica, os maus-tratos infantis são trazidos à tona em 1860 por Ambroise Tardieu, que publica o primeiro trabalho médico-legal acerca do tema[4]. Mas é só em 1962 que o pediatra americano C. H. Kempe, em seu livro *A síndrome da criança espancada*, demonstra definitivamente à comunidade científica e à sociedade que, mais do que uma forma de pedagogia, o espancamento de crianças revelava-se um problema de saúde pública com graves conseqüências.

Desde então, nos Estados Unidos e na Europa, cientistas de várias disciplinas vêm estudando o fenômeno da violência contra crianças e adolescentes nos lares, nas instituições e na sociedade em geral, e buscando formas de intervenção e tratamento[5]. Da mesma forma, governos de diversos países mobilizaram-se para adequar suas leis às novas concepções de infância e direitos humanos. Assim é que a Convenção sobre os Direitos da Criança é elaborada pela Polônia em 1978, adotada pela ONU em 1989 e assinada pelo Brasil em 1990, sendo, junto com a Constituição Federal de 1988, uma das bases para a elaboração do Estatuto da Criança e do Adolescente[6].

No entanto, mesmo hoje, nos Estados Unidos, 70 a 90% dos pais batem em seus filhos, ao menos ocasionalmente, com finalidade educativa, e estudos científicos sustentam não haver conseqüências prejudiciais (psicopatologia, violência ou abuso) na punição corporal infreqüente, paralela a outros métodos de disciplinamento não-corporal, num contexto familiar amoroso (Bauman & Friedman, 1998).

---

4. *Étude médico-légale sur les sévices et mauvais traitments exercés sur les enfants.*

5. Em 1977, Kempe funda a Sociedade Internacional para a Prevenção da Negligência e Abuso contra Crianças (ISPCAN).

6. ECA – Lei nº 8.069/90, de 13 de julho de 1990.

Educar, disciplinar ou vitimar?

Esta cultura milenar favorece o poder do adulto sobre a criança e o adolescente, transformando-os em "coisas" destituídas de necessidades, desejos e direitos essenciais e tornando-os depositários dos desejos, expectativas e paixões dos adultos. Essa mesma cultura que, ainda, favorece o poder do homem sobre a mulher, banaliza a violência e transforma meninos e meninas em "aviões" e alvos fáceis nas guerras entre gangues, etnias e Estados é, portanto, o principal fator produtor da violência intrafamiliar contra crianças e adolescentes.

Podemos encontrar inúmeros exemplos da universalidade e atemporalidade desse fenômeno em obras literárias como *Oliver Twist*, de Charles Dickens; *Carta ao pai*, de Frans Kafka; *O meu pé de laranja-lima*, de José Mauro de Vasconcelos; *Negrinha*, de Monteiro Lobato; e *Um cinturão*, de Graciliano Ramos. Músicas como *Se eu fosse teu patrão*, de Chico Buarque ou *Luca*, de Suzanne Vega e filmes como *Pai patrão*, *Do que o ódio é capaz*, *Pixote* e *Matilda* são exemplos mais atuais.

No conto *Negrinha*, de Monteiro Lobato, podemos perceber como o fino véu que separa educação, disciplina e violência pode ser facilmente rompido. D. Inácia, uma senhora de escravos, tem, entre eles, uma menina, filha de uma escrava morta. A senhora piedosa toma para si a tarefa de criar "esta pobre órfã". Além de sua própria condição de escrava e criança, portanto, um objeto de posse, sem nome, sem subjetividade, sem poder algum, Negrinha é ainda objeto de escárnio e de exercício dos impulsos sádicos de sua senhora, até sucumbir numa trágica morte psíquica e física.

A "arte", o "dizer nomes feios", a rebeldia são passíveis de sanções para que a "peste" seja educada e, então, uma colher em brasa dentro da boca da criança, ou uma surra de cinturão resgatam "a ordem" e "o respeito". Educam.

Educar, disciplinar, colocar limites...

É bem verdade que o ser humano necessita de limites. Para M. Klein, desde o nascimento os impulsos e desejos agem no indivíduo e são acompanhados pela fantasia de um objeto que os satisfaça.

No princípio, a fantasia é onipotente e não há diferença entre ela e a realidade externa. Entretanto, o limite, a não-satisfação imediata dos desejos, o "não", provocam desde cedo reações desagradáveis na criança, que as experimentará e expressará de diferentes formas, conforme sua idade e seu temperamento. Será a reação do ambiente familiar, por meio das experiências de gratificação ou frustração dos desejos, que modularão a intensidade dessas reações, a ansiedade resultante e os mecanismos de defesa contra ela.

Ao longo do primeiro ano de vida, realidade e fantasia vão influenciando-se mutuamente e para que o desenvolvimento se dê a contento será preciso que haja uma predominância das experiências boas sobre as más, de modo que ela adquira a crença na bondade do objeto e do Eu, ganhando assim maior força e capacidade para enfrentar a ansiedade. Paralelamente, valendo-se da fantasia, origina-se o pensamento, uma função mental a serviço do teste da realidade, que propiciará à criança conheçer seus limites e sua capacidade de afetar a realidade.

Assim, se o limite for culturalmente significativo para a criança, fará com que ela aprenda a adiar a satisfação de seu desejo ou a suportar sua total frustração. É a colocação do limite que leva a criança a ver o Outro não apenas como um portador de sua satisfação, mas de desejos e necessidades próprios. Sem esse reconhecimento, a socialização e a aprendizagem não serão possíveis.

Resumindo, o limite é necessário para estabelecer a fronteira entre fantasia e realidade, entre querer e poder, entre onipotência e potência.

Padrões de comportamento socialmente aceitos, valores morais etc. variam imensamente nas diversas culturas. No entanto, de forma simplificada, educar é fornecer modelos. Se o discípulo/filho é alguém que aprende as habilidades e a forma de ser do mestre/pai por meio de um contato assíduo e íntimo, então os modelos não se impõem, apenas impressionam a criança e só serão compreensíveis para ela se ação e discurso forem coerentes entre si. Assim, pode-se educar a criança a agir de acordo com sua própria deliberação, mediante a reflexão, ou, ao contrário, a agir como lhe dizem.

Para atingir o objetivo, no primeiro caso, é preciso ter paciência, segurança e autocontrole, já que a criança só será disciplinada completamente com a maturidade, necessitando para isso de inúmeras experiências. Além disso, a colocação do limite deve necessariamente levá-la a refletir sobre seu comportamento e os sentimentos dos outros. Isso, no entanto, só será coerente e eficiente se a ela também for dado o direito de sentir, pensar, desejar e expressar-se.

Entretanto, para ensinar uma criança a agir como lhe dizem, bastam a crítica e a correção que lhe diminuem o auto-respeito e lhe salientam as dificuldades naturais, assim como o castigo físico que gera obediência à autoridade por medo, mas não por autocontrole. A pior conseqüência do castigo doloroso ou degradante, segundo Ferenczi, é que coloca em risco a crença da criança na benevolência do pai e da mãe, que é a base para seu sentimento de segurança. E se a criança chega a se reconciliar a médio ou longo prazo com aquele que a agrediu, não é porque o castigo lhe foi bom, mas por ter sido reprimido (como qualquer outro trauma) e substituído, no nível consciente, pelas boas lembranças ou por pai e mãe idealizados.

Porém, como diz Kafka: "Nem toda a criança tem a resistência de ficar procurando até chegar à bondade".

Assim, educar uma criança para agir como lhe dizem apenas repetirá um modelo retroalimentador e gerador de pessoas pouco capazes de agir com respeito a si próprias e aos outros.

Do questionamento à prática do questionamento

Trabalhar com crianças e adolescentes vitimados fisicamente dentro do ambiente familiar coloca diante de nós, profissionais, tanto da área da saúde quanto do serviço social, da educação e da justiça, inúmeros dilemas. Além da construção histórica da concepção da infância como "menoridade" e da conseqüente pedagogia corretiva, o contexto que permite o abuso ou a violência é o que inclui também a desigualdade, a discriminação e a impunidade, no qual estamos todos igualmente insertos. Nosso papel, como formadores de opinião, terapeutas ou educadores, é de enorme responsabilidade, posto que nossas ações, baseadas em nossa história pessoal e formação profissional, não têm apenas conseqüências individuais ou familiares, mas também repercutem enquanto exercício social e político.

Criticar com fundamentação certas práticas de qualquer cultura com as quais não concordamos, promover debates e resistência a essas práticas é salutar e não significa depreciar ou desrespeitar essa cultura como entidade. Mas transformar as concepções nas quais tais práticas se assentam não é fruto de mágica. Devem-se colocar mais e mais a nu as diferenças entre educar e agredir fisicamente, utilizando todas as formas de comunicação e educação possíveis. É preciso persistência e crença na capacidade de mudança da humanidade, ainda que seja lenta.

O mesmo se dá com a família. Trabalhar terapeuticamente com famílias abusivas ou promover ações preventivas ao uso da punição corporal e à violência intrafamiliar em comunidades significa questionar essa prática e propor alternativas para que as famílias se aproximem do ideal de educação proposto por M. Mead: "As crianças devem aprender como pensar e não o que pensar".

Um levantamento estatístico realizado pelo NRVV[7] mostrou que 78,58% dos adultos que agrediram crianças ou adolescentes eram pais, mães, padrastos, madrastas ou companheiros de um dos genitores. Uma pequena parte desses pais/responsáveis que agridem fisicamente seus filhos fazem-no como reflexo de distúrbios psiquiátricos muitas vezes agravados pelo uso de álcool ou outras drogas, devendo o trabalho terapêutico com eles centrar-se não só no "sintoma" manifesto (a agressão), mas nas raízes do distúrbio que o provoca. Outros ainda agridem reagindo a sentimentos de insegurança e impotência diante das demandas da paternidade/maternidade e revelando desconhecimento acerca do desenvolvimento da criança e do adolescente e despreparo para o papel parental.

A maioria desses pais, no entanto, é constituída por pessoas que desempenham bem boa parte de seus papéis sociais. Elas têm em sua história pessoal, entretanto, a experiência de terem sido educadas com violência. Portanto, não tiveram sucesso no desenvolvimento da empatia e na aprendizagem do autocontrole necessários a uma educação não-violenta e perpetuarão esse modelo relacional.

---

7. Núcleo de Referência às Vítimas da Violência (atual CNRVV) do Instituto Sedes Sapientiae.

Se todos, em maior ou menor grau, necessitam dos mecanismos reguladores (normas e leis que a sociedade cria) para impedi-los de vitimar seus filhos, precisam também, por outro lado, de orientação, apoio e até tratamento psicológico para questionar e reformular sua atitude ante a infância e a educação, sua e de seus filhos.

Referências bibliográficas

A BÍBLIA – Tradução ecumênica. São Paulo, Loyola, 1995.

AZEVEDO, M. A. e GUERRA, V. N. A. *Apostilas do telecurso de especialização: infância e violência doméstica.* São Paulo, LACRI/USP, 1994.

________. (orgs.): *Infância e violência doméstica: fronteiras do conhecimento.* São Paulo, Cortez, 1993.

BAUMAN, L. J. e FRIEDMAN, S. B. Corporal punishment. In: *Pediatric clinics of North America*, vol. 45, nº 2, 1998.

DEBARDIEUX, É. *La violence en milieu scolaire: 1 état des lieux.* Paris, ESF, 1996.

FERENCZI, S. A confusão de línguas entre os adultos e a criança. In: *Obras completas, psicanálise*, Vol. IV, Cap. IX. São Paulo, Martins Fontes, 1992.

KAFKA, F. *Carta ao pai.* São Paulo, Brasiliense, 1992.

MUUSS, R. *Teorias da adolescência.* Belo Horizonte, Interlivros, 1976.

RAVAZZOLA, M. C. *Algunos dilemas en el campo de la violencia familiar.*

SEGAL, H. *Introdução à obra de Melanie Klein.* Rio de Janeiro, Imago, 1975.

SOUSA E SILVA, M. A. e VECINA, T. C. C. Mapeando a violência doméstica. In: *Anais do 11º Congresso Brasileiro de Psicodrama.* Campos do Jordão, 1995, pp. 390-405.

SPITZ, R. A. *O primeiro ano de vida.* São Paulo, Martins Fontes, 1979.

CAPÍTULO 9

Agressor ou vítima: a falta básica e as duas faces da mesma moeda

Cecília Noemi Morelli Ferreira de Camargo

Quando se olha para o problema da violência, de imediato se colocam inúmeras questões. Entre elas estão as que indagam sobre suas causas; logo também se colocam inúmeras possibilidades de respostas.

Estas possibilidades englobam causas sociais, econômicas, culturais, psicológicas e falam da complexidade do fenômeno e de sua multicausalidade. Mesmo nas reflexões referentes aos aspectos psicológicos encontra-se a multicausalidade. Além disso, é preciso considerar as diversas abordagens teóricas.

Outra dificuldade coloca-se quando se pensa na violência em suas diferentes modalidades, física e de negligência, sexual e psicológica, cada uma com suas peculiaridades.

Nessa reflexão, pretendo deter-me sobre um dos aspectos com que se defronta quem lida com a questão. Independentemente do tipo de violência, constata-se que é comum a alternância dos protagonistas em dois lugares que correspondem a dois papéis: o de agressor e o de vítima.

Essa alternância chamou minha atenção pelo fato de que é forte a impressão de que ocorre um aprisionamento do sujeito nesses dois papéis, sem que a possibilidade de desempenho de qualquer outro se faça possível.

Assim, coloca-se a indagação: por que isso ocorre?

É temerário fazer afirmações de causalidade única quando se sabe da complexidade do fenômeno. Desse modo, ressalto que o que se segue é um raciocínio embasado em conceitos da psicanálise, mais especificamente nas teorias das relações objetais de Melanie Klein e em conceitos propostos por Bion.

Sugiro que uma razão para a ocorrência desse fenômeno possa ser encontrada na forma de relação objetal primitiva estabelecida entre esse sujeito e seu primeiro objeto, sua mãe.

Na constituição do indivíduo interagem duas ordens de elementos:

- aquela da qual fazem parte os elementos inatos, como os impulsos;
- a que concerne ao que acontece após o nascimento, quer dizer o meio (em primeiro lugar a mãe, depois o pai e assim por diante).

O indivíduo será o resultado da interação dessas ordens de elementos e, assim, o que ocorre nela é fundamental. Isso equivale a dizer que o modo como a mãe puder lidar com as ansiedades do bebê em sua interação com ele será determinante em sua constituição como indivíduo.

Essa relação seria direta e simples se outros fatores como o balanço do *quantum* pulsional e o momento em que certos acontecimentos são ou não vividos não tivessem interferência tão incisiva. Caso se considerem as diferentes combinações desses fatores, entretanto, tem-se uma situação bastante complexa que não admite nenhum tipo de simplificação.

Há elementos a serem articulados que são imprescindíveis nessa relação (bebê/meio/mãe) qualquer que seja o balanço entre o *quantum* de pulsão de vida e de morte, ou o momento em questão.

Bion usa o termo *continência* para referir-se a uma função a ser exercida pela mãe ou, se quisermos, pelo objeto, em sua relação com o bebê. Tal termo relaciona-se diretamente a outro criado por Melanie Klein – *identificação projetiva*. Esta possui diversas formas e é uma fantasia de que alguma parte do ego foi separada e recolocada em um objeto externo.

A identificação projetiva foi definida, em 1946, por Melanie Klein como o protótipo de um relacionamento agressivo, representado por um ataque a um objeto por forçar partes do ego nele, com o fim de apoderar-se de seus conteúdos ou controlá-lo, ocorrendo num momento e num modo de funcionar definidos como posição esquizoparanóide, desde o nascimento.

É uma fantasia que cria uma crença de que certos aspectos do *self* acham-se fora do ego e acarreta um senso de enfraquecimento da identidade, resultando em profundos sentimentos de estar perdido ou num senso de aprisionamento.

A essa primeira definição novas idéias foram sendo acrescentadas pela própria Melanie Klein e por outros autores, como Bion. Em 1957, Klein relaciona a identificação projetiva com a inveja e descreve o ingresso forçado em outra pessoa com o fim de destruir suas melhores qualidades, o que coloca em cena não só a pulsão de morte da qual a inveja é representante, como também dificuldades no processo de aceitação da separação mãe/bebê.

Sem que ocorra um acolhimento concomitante por parte do ego em que se projeta, tentativas cada vez mais fortes de intrusão ocorrem e resultam nas formas extremas de identificação projetiva que são as encontradas nas diferentes patologias.

Em 1959 Bion, em seu artigo "Ataques ao elo de ligação", distingue normais e patológicas de identificação projetiva. A diferença entre elas dependeria do grau de violência com que o mecanismo é executado. Além disso, para Bion há objetivos ainda diferentes dos já apresentados. Um é o de evacuar um estado mental penoso, o que conduz a um ingresso forçado em um objeto, em fantasia, para conseguir alívio rápido e muitas vezes tentando controlar por intimidação o objeto em questão. O outro é introduzir no objeto um estado mental, como meio de comunicar-lhe o referido estado. Embora a diferença entre os motivos evacuatórios e os de comunicação seja importante, o que é necessário em ambos os casos é a possibilidade de que o objeto seja continente para permitir ao sujeito o manejo mais adequado de suas situações internas de ansiedade.

No mesmo artigo, Bion fala sobre as identificações projetivas do bebê independentemente de que tipo ou de qual seja o motivo que as ocasione:

> Por toda a análise, o paciente recorreu à identificação projetiva com uma persistência tal que sugeria que se tratava de um mecanismo de

que jamais conseguira valer-se o suficiente; a análise deu-lhe uma oportunidade para o exercício de um mecanismo de que havia sido privado [...] Houve sessões que me levaram a supor que o paciente sentia que havia um objeto que lhe proibia o uso da identificação projetiva [...] e achava que eu negava ingresso às partes de sua personalidade que ele desejava depositar em mim [...] Quando o paciente se esforçava por livrar-se dos temores de morte sentidos como sendo demasiado intensos para que sua personalidade pudesse contê-los, ele cindia e afastava tais temores e os colocava dentro de mim, com a idéia de que, se lhes fosse permitido ali repousar por tempo suficiente, minha psique os modificaria, podendo eles, então, ser reintrojetados sem perigo. Na ocasião que tenho em mente, o paciente havia sentido [...] que eu evacuara seus sentimentos tão rapidamente que eles não se modificaram; ao contrário, tornaram-se mais dolorosos. As associações [...] revelavam uma crescente intensificação das emoções do paciente. Isso se originava no que ele sentia como minha recusa em aceitar partes de sua personalidade. Em decorrência disso, ele se esforçava por enfiá-las em mim com crescente desespero e violência. Sua conduta isolada do contexto da análise poderia parecer uma expressão de agressão primária. Quanto mais violentas eram suas fantasias de identificação projetiva, mais amedrontado comigo ele ficava. Houve sessões em que essa conduta expressava agressão não provocada. Cito, porém, esta seqüência em razão de ela mostrar o paciente sob uma luz diferente, sendo sua violência uma reação ao que ele sentia como uma atitude defensiva, hostil, de minha parte. A situação analítica assentou em minha mente a sensação de presenciar uma cena extremamente antiga. Sentia que o paciente experimentara na infância uma mãe que correspondia zelosa às demonstrações emocionais do bebê. Essa resposta zelosa continha um elemento de um impaciente "não sei o que há com essa criança". Minha dedução foi de que a mãe, para entender a criança, deveria ter tratado o choro do bebê como algo mais do que uma exigência da presença dela. Do ponto de vista do bebê, ela deveria pôr para dentro de si e, portanto, experimentar o medo que o filho estivesse morrendo. Era esse medo que a criança não conseguia conter. Esforçava-se ela por cindi-lo e afastá-lo junto com a parte da personalidade em que ele se encontrava, e projetá-lo dentro da mãe. A mãe compreensiva é capaz de experimentar a sensação de pavor – com a qual esse bebê se esforçava por lidar por meio de identificação

> projetiva - e, ainda assim, manter uma visão equilibrada. Esse paciente tivera de lidar com uma mãe que não conseguia tolerar experimentar tais sensações e reagia ora barrando-lhes o ingresso, ora tornando-se presa de uma ansiedade que decorria da introjeção das sensações do bebê. Esta última reação creio eu deve ter sido rara; predominava a negativa do ingresso [...] É possível observar na análise uma situação complexa. O paciente sente estar tendo uma oportunidade que até então lhe havia sido negada. A pungência de sua privação torna-se, assim, mais aguda, o mesmo ocorrendo com o ressentimento pela privação. A gratidão por essa oportunidade coexiste ao lado da hostilidade ao analista como alguém que não entenderá e impedirá o uso por parte do paciente do único método de comunicação mediante o qual ele se sente capaz de se fazer entendido. Portanto, o elo de ligação entre o paciente e o analista, ou entre o bebê e o seio, é o mecanismo da identificação projetiva. (Bion, 1988, pp. 95-7)

As dificuldades relativas às possibilidades de continência não se referem só à mãe, mas também às características da disposição pulsional do bebê. Quanto maior for a inveja (como representante da pulsão de morte), maiores serão as necessidades de continência da mãe, mas também e paradoxalmente maiores as dificuldades do bebê de poder introjetar esse objeto continente que vai fundando suas próprias capacidades de tolerância e continência.

Além disso, não se pode esquecer de que as tentativas de exercício de continência por parte da mãe têm de considerar suas próprias limitações, que deve poder manter-se em contato com ela mesma, sem marginalizar, em sua relação com o bebê, as questões de ódio com que tenha de se haver. Dito de outro modo, continência adequada e suficiente é diferente de continência total, que é idealizada.

Lembramos aqui que essa questão se relaciona à questão da mãe suficientemente boa, definida por Winnicott, não como um ser ideal, mas como um ser que também introduz na relação as questões relativas aos limites.

Além disso, é necessário que se marque a diferença entre uma simples atitude de receptividade e a continência, sendo a primeira apenas uma disposição para acolher que é diferente de continência, em que há recursos do continente para lidar com o material que chega até ele por identificação projetiva. Assim, a mãe pode ficar como a do exemplo de Bion que, embora possa ser receptiva, fica presa da mesma ansiedade do bebê e tal como ele não dispõe de recursos para lidar adequadamente com certa ansiedade, não exercendo, portanto, a função de continência.

Continua Bion:

> [...] a falha na introjeção faz com que o objeto externo pareça intrinsecamente hostil à curiosidade e ao método – ou seja, a identificação projetiva – por meio do qual o bebê busca satisfazê-la. Caso o seio seja sentido como basicamente compreensivo, será transformado, pela inveja e ódio do bebê, num objeto cuja voracidade devoradora tem como meta a introjeção das identificações projetivas do bebê, com a finalidade de destruí-las. Isso poderá revelar-se na crença do paciente de que o analista, ao entendê-lo, se esforça por levá-lo à loucura. O resultado é um objeto que, uma vez instalado no paciente, exerce a função de um superego severo e destruidor do ego. (Bion, 1988, p. 99)

Constata-se, assim, que além das questões referentes ao objeto no processo de conter, há as concernentes ao próprio sujeito (bebê) no que tange às suas possibilidades de introjeção da atitude de continência da mãe.

A conseqüência mais imediata dessas dificuldades é um distúrbio do impulso à curiosidade que acaba comprometendo a aprendizagem e dificultando todos os processos de desenvolvimento, o que acredito estar relacionado ao aprisionamento em papéis estanques, como, por exemplo, os de agressor/vítima.

A idéia de conter originou, portanto, uma teoria do desenvolvimento do ego baseada no contato emocional do bebê com a mãe, por meio de ciclos repetidos de projeção e introjeção.

Pode-se ver, nessa citação, a importância da possibilidade de estabelecimento de ocorrências de movimentos introjetivos. Isso só é possível na presença de uma mãe que agüente tolerar as identificações projetivas do bebê, contendo-as e permitindo o acontecimento de pelo menos dois fatos – diminuição da persecutoriedade do que foi projetado, abertura para um caminho para ocorrência de introjeções balanceadas não só pela diminuição da persecutoriedade das identificações projetivas, mas também por meio da introjeção pelo bebê "daquilo que a mãe faz", quer dizer, a introjeção pelo bebê de uma *função* a ser desenvolvida nele próprio: *a função de conter* (num primeiro momento realizada pela mãe).

Estas possibilidades são propiciadoras de crescimento pelo que elas podem levar a desenvolver, como, por exemplo, outros modos de lidar com ansiedade sem atuação na sexualidade, na agressão de qualquer natureza e até mesmo podendo participar do encontro de novas formas de prazer ou restaurando falhas na discriminação eu/outro.

Sem essa possibilidade, o bebê só poderá lidar com seus impulsos e ansiedades relacionadas a questões internas e externas por meio de identificação projetiva, o que ocasionará um esvaziamento em seu mundo interno e o conduzirá a padrões estanques e rígidos de seus modos de relação objetal.

Coloca-se então a questão de saber como essa possibilidade se torna viável. Bion descreve um estado de mente que é exigido da mãe para receber os sentimentos do bebê e dar-lhes significado.

Trata-se de um processo no qual o bebê, por identificação projetiva, insere na mãe um estado de ansiedade e terror que ele só sabe processar pela identificação projetiva e, portanto, está sendo vivido como insuportável. A *rêverie* (nome dado ao processo de conter e fazer um sentido para o bebê relacionado a um processo de poder *sonhar* do bebê) feita pela mãe é, assim, um processo de fazer sentido para o bebê, função conhecida como função (alfa).

Ao usar essa notação algébrica, Bion teve a intenção de que ela fosse neutra e definida por seus resultados práticos, mas inicialmente despida de significado. É por esse processo que as experiências do bebê, que em um primeiro momento só poderiam se prestar à identificação projetiva, em outro e desde que tenha sido possível a ação da função por meio da *rêverie* da mãe, poderão passar a ter *status* de conteúdos mentais que, possuindo significado, podem ser utilizados para pensar.

É dessa possibilidade de pensar simbolicamente que depende a de existirem saídas alternativas, diferentes da atuação.

É necessário ainda esclarecer uma questão: a que se destinam os ataques levados a efeito, por identificação projetiva?

Para chegar a respostas a essa questão não se pode esquecer da questão do *quantum* pulsional.

Assim, indivíduos cujo potencial inato de pulsão de morte é mais forte que o de vida precisarão de mais tolerância e continência do meio (mãe), tendo ainda de se haver com as questões da inveja que trarão dificuldades para sua aceitação da possibilidade de continência do objeto.

Retomando Bion, é necessário lembrar que ele ampliou a teoria da esquizofrenia de modo que ela se tornou uma teoria de ataques generalizados à conscientização, especialmente à da realidade interna.

O rompimento de pensamentos dentro da mente (também descrito por Rosenfeld e Segal) ocorre por ataques ativos aos elos de ligação entre conteúdos mentais. Numa visão particularmente interessante da conflitiva edípica, propõe que o ataque à ligação entre conteúdos mentais é um ataque ao casal parental que ocorre em momentos bem primitivos do desenvolvimento em que os objetos são parciais (Hinshelwood, 1992, pp. 203-4).

Bion conseguiu estabelecer uma teoria geral da ligação, como uma teoria de funcionamento da própria mente na qual as funções mais elevadas do pensamento são compostas por blocos emocionais de construir muito básicos, dos quais o cerne é o vínculo edipiano. Dessa maneira, o pensamento baseia-se nas fantasias, experienciadas corporalmente, de sugar ou de contatos vividos como sexuais. Referiu-se a esse vínculo por meio de uma de suas propriedades principais, a saber, a de um elemento a ajustar-se dentro de outro como um relacionamento continente-contido.

Ao enfocar o acasalamento de dois objetos, Bion amplia a idéia de identificação projetiva para uma função bastante onipresente. Essa ampliação o leva ao exame de longo alcance de problemas nas esferas psicológicas, filosóficas, religiosas e sociais. Uma conseqüência é sua teoria do pensar baseada no emprego de identificação projetiva como bloco de construir básico para a geração de pensamentos com base em experiências e percepções.

O trabalho de Klein considerava teorias do conhecimento inato, particularmente o do casal parental a acasalar-se. Assim, haveria a expectativa inerente de que a união de dois objetos produzisse um terceiro que fosse a soma das duas partes. A tolerância e a continência são imprescindíveis, em qualquer desdobramento dos modelos de sua teoria do pensar, quer seja na presença de realizações positivas (satisfação da necessidade em questão, em dado momento), quer na de uma realização negativa (frustração) que permite a geração de um pensamento útil para com ele pensar, de modo que uma ação racional para a busca de uma satisfação possa ser planejada.

É importante ressaltar que "mãe", "seio" e "pênis" são primeiramente objetos parciais que povoam a fantasia inconsciente do bebê e mais tarde são atribuídos a membros da família. Embora a atribuição social de gêneros à mãe e ao pai reais pareça equiparar os objetos parciais entre os pais – "mãe" e "seio" à mãe real, e "pênis" ao pai –, a criança não faz isso. Antes da socialização e da aceitação mais consciente desses atributos de gênero, o bebê experienciará tais objetos em qualquer dos genitores e, depois, apesar das atitudes socializadas, pode continuar a existir uma busca ardente pelos aspectos maternais dos homens e masculinos das mulheres.

De fato, a união dos pais permanece dentro da personalidade, e a maturidade consiste em uma capacidade crescente de tolerar, acolher e valorizar ambos os aspectos unidos dentro da personalidade.

> A concepção do objeto parcial como algo análogo a uma estrutura anatômica, encorajada pelo emprego que o paciente faz de imagens concretas como unidades de pensamento é enganadora, porque a relação de objeto parcial não é só com estruturas anatômicas mas com funções, não com a anatomia mas com a fisiologia, não com o seio mas com aleitamento, envenenamento, amor, ódio. (Bion, 1988, p. 94)

Não parece complicado relacionar essas idéias de ataques primitivos ao casal parental impedindo-o de ser produtivo, ou seja, de gerar um terceiro, com a idéia de aprisionamento do sujeito em um lugar configurado como de agressor/vítima.

Todo processo de pensar do indivíduo está na dependência direta do estabelecimento de relações objetais em que a tolerância e a continência da mãe tenham sido suficientes e adequadas.

Se o modo básico de lidar com a realidade externa e interna de um indivíduo for predominantemente por identificação projetiva, seus processos de pensamento estarão gravemente comprometidos, em especial sua capacidade de discriminação de papéis e diferenciação entre funções. Não apenas isso. O indivíduo colocado em diferentes papéis como de mãe, de pai ou de professor não poderá exercer a função (já que carente dela), tão fundamental para a constituição do indivíduo, sujeito ou objeto com quem esteja se relacionando.

Assim, está constituído o aprisionamento em uma só alternância. É o aprisionamento em um modo único de funcionamento psíquico em que introjeções balanceadas estão impedidas ou são muito precárias, não sendo possíveis saídas para um repertório maior de diferentes lugares a serem ocupados, vividos e ampliados.

Esse aprisionamento é perpetuador de modos de lidar com ansiedades e com a realidade geradores de fenômenos violentos. Assim, a perpetuação não é só da pobreza da alternância explicitada agressor/vítima, mas dos próprios fenômenos violentos e abusivos.

Em tempo: lembre-se de que essas constatações teóricas têm também relevância e importância nas práticas psicoterapêuticas, já que pacientes às voltas com questões de violência estão igualmente envolvidos com as temáticas aqui abordadas teoricamente e eles empre se beneficiarão do acolhimento de suas ansiedades por profissional que tenha presente a necessidade de considerar essas questões no exercício de sua atividade.

Referências bibliográficas

BION, W. R. Ataques ao elo de ligação. In: *Pensamentos psicanalíticos revisados.* Rio de Janeiro, Imago, 1988.

HINSHELWOOD, R. D. *Dicionário do pensamento kleiniano.* Porto Alegre, Artes Médicas, 1992.

PARTE III

A Intervenção no Fenômeno da Violência Intrafamiliar – Tratamento, Prevenção e Pesquisa

CAPÍTULO 10

Teorias e técnicas do atendimento social em casos de violência intrafamiliar na infância e na adolescência

Márcia R. Cavalhero Garcia

A mulher de estatura média, beirando os 35 anos, chega na hora marcada para entrevista com a assistente social. Entra na sala devagar, os ombros ligeiramente curvos. Com o olhar percorre todo o local, senta-se na cadeira, cruza as pernas, aperta a bolsa junto ao peito e cruza as mãos sobre ela. Mantém-se imóvel por alguns instantes, depois abaixa os olhos e começa a falar:

> Não sei como pôde acontecer isso, como não percebi? Trabalho tanto que não dei conta do que se passava em minha própria casa. Agora não consigo trabalhar direito, acho que vou ser despedida... Justo agora que preciso manter a casa sozinha! Não consigo dormir, só à base de remédio. A comida que como não tem sabor; sempre que olho para minha filha não consigo parar de chorar, ela só tem nove anos! Sempre tão alegre, tão bonita... De alguns meses pra cá, ela começou a ficar diferente, irritava-se com qualquer coisa, quando eu dava bronca, ela queria me bater. Como não percebi que ela queria me dizer algo? Pedia para ir trabalhar comigo, chegava a chorar, mas eu não podia levá-la e aí ela pedia que eu faltasse, achava que ela estava carente e explicava que no fim de semana eu não iria trabalhar e ficaria em casa com ela. Quando eu retornava do trabalho, ela ficava o tempo todo ao meu lado; eu estava tão cansada que mandava ela dormir. Mas ela acordava à noite aos berros, não era fácil acalmá-la, às vezes vomitava ou se urinava. Achei que deveria levá-la ao médico,

> poderia ser alguma infecção, ela não sabia explicar onde doía. Minha filha nunca teve medo de médicos, mas teve uma reação estranha ao ser examinada. A doutora quis apalpar sua barriga e ela a protegeu com as mãos, então a médica perguntou se a barriga doía muito. Ela respondeu que não e desceu as mãozinhas entre as pernas e disse que era ali que estava doendo. Com jeito, a doutora explicou que então ela precisava examinar sua vagina. Minha filha deixou, mas percebi que ela estava com medo. Olhando as partes genitais dela, a médica disse que ela havia sido abusada sexualmente. Fiquei estarrecida e perguntei à minha filha, naquele instante, quem poderia ter feito isso. Ela respondeu chorando: "Foi o papai"[1].

Histórias como essa, de violência intrafamiliar contra crianças e adolescentes, estão presentes no cotidiano de várias famílias. Quando o pacto do silêncio consegue ser rompido, esses tristes dramas podem ser narrados pela família aos profissionais que decidiram, em sua prática, dedicar-se ao combate a esse tipo de abuso.

Segundo estatísticas, em 90% dos casos conhecidos de violência sexual contra meninas no Brasil, o agressor é o pai ou o padrasto da vítima (Dados do UNICEF colhidos de estudo "Situação mundial da infância 2000"). Essa é uma constatação observada em instituições públicas e ONGs responsáveis por alguma forma de atendimento a crianças e adolescentes no país. Acreditar na criança, oferecer proteção e oficializar a denúncia correspondem a fatores essenciais no combate a esse tipo de violência.

Ainda segundo dados do UNICEF, todo mês 18 mil crianças brasileiras, com idade de sete a quatorze anos, são vítimas de violência física na privacidade de suas casas. A denúncia representa a proteção da criança e do adolescente vitimados, pois sem esse instrumento eles, já alvo constante de maus-tratos, estão compelidos a receber agressões cada vez maiores dos pais ou responsáveis que aplicam o espancamento, principalmente como método disciplinador. Não são raros casos de vítimas cujas famílias tentam

---

1. Texto ilustrativo, baseado em relatos descritos em nossa instituição por pais ou responsáveis de crianças e adolescentes vítimas de violência intrafamiliar.

encobrir a causa, justificando a morte da criança ou do adolescente por tombos e acidentes domésticos ou incriminando estranhos como os responsáveis.

Nem sempre se consegue provar quem são os culpados. Segundo o levantamento da Fundação Oswaldo Cruz, do Rio de Janeiro, de cada 105 denúncias registradas nas instituições jurídicas, só 25 se transformam em inquérito policial, e desse total apenas um caso chega aos tribunais.

A criança requer cuidados específicos, depende de um adulto para sobreviver, mas não pode ser considerada um ser inferior, sem vontades ou anseios, ou ainda representar alguém sempre disponível para satisfazer os desejos do adulto. Ela é um ser em condições peculiares de desenvolvimento, que, segundo Reynaldo L. Damázio (1991, p. 21), "traz em potencial uma vasta gama de possibilidades renovadoras, ainda que a sociedade opere dominantemente com padrões de repetição".

Se a família consiste, na maioria dos casos, no primeiro núcleo de socialização da criança, é nesse espaço que o adulto transmite os conceitos socioculturais do meio em que vive, introduzindo valores, normas, condutas, hábitos, direitos, deveres para esse ser em formação. No entanto, essa valorização do adulto perante a criança desencadeia um processo que, em muitos casos, coloca-a na condição de objeto de dominação desse adulto.

Mas em que consiste essa relação de dominação do adulto?

Essa maneira de estabelecer as relações no ambiente familiar representa a forma de dominação na qual a sociedade historicamente está constituída. A ideologia dominante está representada pela classe que possui os bens materiais. Essa classe impõe valores, regras, dogmas, criando, segundo Marx e Engels, além da força material, os meios de produção espiritual. Assim, como detentores do poder econômico, a referida classe domina os meios de produção, cria pensadores para justificar as idéias de sustentação do modo de dominação vigente, defendendo dessa forma os ideais de poder de uma classe que se fortalece com a submissão de outra.

Para os autores, a classe dominante apropria-se de algumas "verdades", como o domínio da consciência que, como conseqüência, *pensa* e desenvolve teorias. A divulgação dessa ideologia de dominação fica ao encargo desses teóricos, que se responsabilizam pela manutenção desse ideário.

Assim, a ideologia da dominação é reproduzida pelos diversos setores da sociedade. Mas é na família, no primeiro núcleo social, que as mensagens são codificadas e experimentadas por todos os membros. A maneira como os integrantes da família vão interpretar tais "regras" depende de vários fatores.

As mensagens de desigualdade entre as classes sociais, presentes em nossa sociedade, são interiorizadas no ambiente familiar com o objetivo de reproduzir um tipo de desigualdade entre os membros da família.

Heleieth Saffioti exemplifica as questões de dominação e de exercício de poder vivenciadas no cotidiano de um chefe de família que, no trabalho, está subordinado às ordens do patrão. Com raiva e querendo extravasar sua ira, destrata a mulher e os filhos quando chega em casa e, como resultado, esta mulher oprimida pelo marido exerce seu pequeno poder contra os filhos, maltratando-os. É a *síndrome do pequeno poder*, criando dessa forma hábitos de tratamento entre os membros dessa família que mais tarde (em sua grande maioria) serão referenciais e, conseqüentemente, modelos a serem adotados pelos filhos quando adultos, ao constituírem suas próprias famílias. Aqui a autora refere-se à família em que o homem é o chefe, o mantenedor. No entanto, com o passar do tempo sabemos que cresce o número de famílias em que a mulher assume as responsabilidades de chefe, por não haver a presença de um companheiro constante. Nesse tipo de relação familiar, a mulher pode adotar a mesma postura já exemplificada, exercendo a dominação perante os filhos de maneira violenta.

Com relação ao abuso sexual, em sua maioria exercido pela figura masculina (pai ou padrasto), a criança ou adolescente vitimizados incorporam a mensagem de que, em todos os aspectos, estão subordinados ao adulto/homem que exerce seu domínio mesmo contra sua vontade.

Essa teoria explica fundamentalmente a transmissão dos valores do macrossistema para o micro – a família, dos adultos para as crianças.

Mauricio Knobel (1996, p. 22) analisa a família como catalisadora da influência das relações sociais: "É possível que os sistemas em que vivemos procurem manter prerrogativas injustas, discriminações estéreis, o domínio de uns poucos sobre maiorias dependentes e submissas".

Para Amália Faller Vitale (Carvalho, 1997),

> A família não é o único canal pelo qual se pode tratar a questão da socialização, mas é sem dúvida um âmbito privilegiado, uma vez que este tende a ser o primeiro grupo responsável pela tarefa socializadora. A família constitui uma das mediações entre o homem e a sociedade, como projeta, ainda, em outros grupos, os modelos de relação criados e recriados dentro do próprio grupo.

A criança absorve noções de valores relacionados com os aspectos culturais e históricos dos pais.

As informações socioeducativas destinadas às crianças do grupo familiar serão fornecidas pelos adultos responsáveis dessa família de acordo com as experiências vividas por eles. Uma mãe ou um pai educados de modo rígido podem trazer consigo informações determinantes, quanto à disciplina a ser empregada aos filhos, e tornar-se muito severos ou permissivos.

Na busca de um referencial mais abrangente, que explicasse o fenômeno da violência intrafamiliar contra crianças e adolescentes, Azevedo e Guerra (1993) desenvolveram um *modelo multicausal* que pressupõe que "a violência doméstica contra crianças e adolescentes decorre de vários fatores, que podem ser: psicológicos, socioeconômicos e culturais do pai, da mãe e do filho". Esses fatores apresentam-se de forma dinâmica nas relações existentes entre os membros desse microssistema (a família), sofrendo grande influência do macrossistema (a sociedade), que pode, de acordo com a situação e o momento de cada indivíduo (levando em consideração sua história), elevar a relevância de um fator sobre o outro. Situações de desemprego, mudanças de endereço, separações de casais ou a chegada de um novo parceiro podem ser fundamentais na dinâmica dessa família para o entendimento da instalação da violência intrafamiliar contra crianças e adolescentes; portanto, nenhum fator pode ser desmerecido ou afastado de investigação.

A idéia de que a violência intrafamiliar predomina nas classes populares, de baixa renda, é falsa. A violência intrafamiliar contra crianças e adolescentes aparece como um fenômeno *intraclasses*, pois permeia todas as classes sociais. Para Azevedo e Guerra (1994, p.4), "Violência doméstica contra crianças e adolescentes é uma forma de violação dos direitos essenciais da criança e do adolescente enquanto pessoas e, portanto, uma negação de valores humanos fundamentais como a vida, a liberdade, a segurança". A violência intrafamiliar consiste num processo de completa objetalização da criança ou do adolescente.

Entendendo a importância desses fatores e suas abrangências, a criação de um modelo de atendimento dos casos de violência intrafamiliar sugere, antes de mais nada, a formação de uma equipe de profissionais de várias disciplinas que, referendados pela teoria, possam criar mecanismos adequados em suas práticas para o atendimento de crianças e adolescentes vitimizados, assim como para os adultos que convivem com a situação de abuso. Elege-se, portanto, o atendimento para toda a família.

Trabalho em equipe

Dentro das modalidades da atuação profissional, o trabalho em equipe, formado por representantes de diversas disciplinas, vem sendo encarado como um modelo ideal para instituições que realizam um atendimento ao público.

O trabalho em equipe com profissionais de várias áreas apresenta-se, de acordo com o local de trabalho, com modelos de intervenção que vão ao encontro dos objetivos da instituição, levando em consideração o setor em que ela atua (saúde, habitação, abrigos, entidades jurídicas, assistenciais etc.).

Sampaio (in Amaro e outros, 1997) escreve sobre o modelo *multidisciplinar*, cujo principal traço é a justaposição de conteúdos de disciplinas heterogêneas, com o objetivo da integração de métodos, teorias ou conhecimentos. Neste modelo, o autor ainda ressalta que a comunicação entre os profissionais baseia-se no diálogo paralelo entre as disciplinas.

Em uma variação do modelo multidisciplinar, surge o conceito do modelo *interdisciplinar*, que, segundo Japiassu, caracteriza-se pela noção de co-propriedade, de intercâmbio, podendo-se atingir o grau de incorporação dos resultados de uma especialidade por outras, com empréstimos mútuos de instrumentos e técnicas metodológicas, com integração real das disciplinas. Para esse autor a responsabilidade individual para com o coletivo consiste no trabalho interdisciplinar (in Amaro e outros, 1997).

Em meados dos anos 1990 surge uma nova conceituação para o trabalho em equipe – o modelo *transdisciplinar*. Segundo Munhoz (1996), essa prática profissional define-se como o nível mais alto das relações iniciadas no modo multi e interdisciplinar, ultrapassando efetivamente os limites que circundam a visão disciplinar, em que o trabalho é direcionado para finalidades que a todos pertençam, mas não são de ninguém. Konstantinovitch (in Azevedo e Guerra, 1996) também afirma que no processo transdisciplinar as diferentes intervenções são específicas para cada caso, não preestabelecidas. Os agentes se coordenam sem confusão de papéis, podendo as articulações ocorrer quase simultaneamente.

Mediante essas considerações, a proposta de atendimento a toda a família, na questão da violência intrafamiliar, requer um processo de investigação do qual participem vários profissionais da equipe.

Conhecimento, investigação, intervenção social

Ao tomarem conhecimento de um caso de violência intrafamiliar contra crianças ou adolescentes e perceberem sua gravidade, algumas instituições encaminham-nos para equipes que poderão oferecer um tratamento especializado em nível psicossocial. Essas equipes devem estar estruturadas, tanto em nível teórico como prático, para receber esses encaminhamentos.

Essas instituições que realizaram os encaminhamentos são chamadas de *fontes encaminhadoras*. Elas podem ser: Varas da Infância e da Juventude (ou outras instituições jurídicas), Unidades Básicas de Saúde, hospitais, escolas, creches, obras assistenciais, abrigos e demais instituições que destinam, principalmente, seus atendimentos a crianças e adolescentes.

Quando a equipe especializada recebe em sua instituição o encaminhamento e toma ciência de toda história relatada, de preferência por alguém responsável pela criança ou pelo adolescente, o assistente social inicia o processo de investigação com as fontes encaminhadoras, que podem ter os seguintes objetivos:

- Contato interinstitucional inicial – Acontece quando alguns dados importantes não são esclarecidos na entrevista com o adulto responsável pela criança ou pelo adolescente vítimas de violência intrafamiliar. Nesses casos, um contato com o profissional responsável pelo encaminhamento tem de ser acionado para a obtenção de mais informações ou esclarecimentos cabíveis. Ou, quando a família é agendada pela fonte encaminhadora e não comparece, a instituição que receberia o caso deve notificar sua ausência, por escrito, à instituição que encaminhou o caso para tratamento.
- Contato interinstitucional de acompanhamento – Quando o caso já está em atendimento psicossocial com a equipe, os contatos com a fonte encaminhadora visam obter dados mais recentes, de preferência quando a fonte também faz algum tipo de atendimento ou acompanhamento (como Varas da Infância e da Juventude, escolas, creches etc.).

Posteriormente, o acompanhamento social dessa família deve ampliar os espaços institucionais. Nesse aspecto torna-se importante o conhecimento dos recursos da comunidade onde esta família reside, iniciando-se assim outro estágio da intervenção social: o da construção de uma *rede* de recursos, que será muito importante no andamento do tratamento psicossocial de toda essa família.

A rede de recursos tem com objetivo o atendimento dessa família de modo integral, levando em conta sua inserção na comunidade local. Desconsiderar as relações sociais que são estabelecidas pelos integrantes dessa família, com o seu meio, acarreta a perda de informação que pode ser valiosa no andamento do caso, assim como são igualmente importantes as alternativas na integração social dessas pessoas que estão em processo de desestruturação familiar, com os fatores psicológicos e sociais frágeis e confusos. Conhecer, por exemplo, a escola da criança, reunir-se com o professor, recolher informações sobre o atendimento de saúde da região, saber como é o nível de violência urbana do bairro, realizar visita domiciliar (com intervenções pertinentes), estabelecer enfim alternativas de intervenção social que contribuam com o acompanhamento do caso, já em atendimento clínico pelo terapeuta. Todas as informações devem ser discutidas em equipe e os caminhos têm de ser planejados com base em dados obtidos por todos os profissionais envolvidos.

É importante observar que as crianças e os adolescentes que estão recebendo algum suporte terapêutico específico institucional para o tratamento do trauma sofrido, recorrente da violência intrafamiliar, também podem receber oportunidades na comunidade em que vivem, objetivando mecanismos de inserção, dificultando o isolamento que se torna tão comum nesses casos e tão prejudicial para o desenvolvimento desta criança e deste adolescente enquanto cidadãos responsáveis pela construção de uma sociedade mais justa e igualitária.

Centros de Juventude, cursos profissionalizantes, lazer, oficinas culturais no bairro, entidades esportivas comunitárias, enfim, recursos que destinem seus trabalhos à criança e ao adolescente, além da escola, representam para essas vítimas oportunidades que estão ao alcance delas como para qualquer criança ou adolescente. Facilitar encaminhamentos e parcerias com esses recursos pode ser uma ferramenta valiosa no tratamento psicoterapêutico das vítimas, lembrando que os encaminhamentos podem ser estendidos a todos os membros da família, quando necessário.

Cada caso representa a criação de uma rede específica e de uma intervenção coerente. O importante é não desprezar qualquer informação ou detalhe. O compromisso dos profissionais envolvidos de várias instituições representa, na maioria das ocorrências, a criação de um modelo funcional em que cada um se apropria de uma parte na responsabilidade de atuação de sua prática específica e todos estão juntos no combate a esse tipo totalmente injusto de violência contra crianças e adolescentes.

Referências bibliográficas

AMARO, S. A. et al. *Serviço social na escola.* Porto Alegre, Editora Sagra Luzzatto, 1997.

AZEVEDO, M. A. e GUERRA, V. N. A. *Crianças vitimizadas: a síndrome do pequeno poder.* São Paulo, Iglu, 1989.

__________. *Telecurso de especialização*, apostilas 3Be 4 A, LACRI, 1996.

CARVALHO, M. C. B. (org.). *A família contemporânea em debate*. São Paulo, EDUC, 1997.

DAMÁZIO, R. L. *O que é criança*. São Paulo, Brasiliense, 1991.

GUGGENBÜHL-CRAIG, A. *O abuso do poder na psicoterapia e na medicina, serviço social, sacerdócio e magistério*. Rio de Janeiro, Achiamé, 1978.

IAMAMOTO, M. e CARVALHO, R. *Relações sociais e serviço social no Brasil*. São Paulo, Cortez, 1983.

IANNI, O. e FERNANDES, *Marx*. São Paulo, Ática, 1980.

KNOBEL, M. *Orientação familiar*. Campinas, Papirus, 1996.

MUNHOZ, D. Trabalho interdisciplinar: realidade e utopia. *Revista Serviço Social e Sociedade*, nº 51, 1996.

PADILHA, M. D. *O compromisso profissional expresso na relação assistente social/cliente*. Recife, UFPE, 1988.

PASSETTI, E. *O que é menor*. São Paulo, Brasiliense, 1985.

PAVÃO, A. M. B. *O princípio da autodeterminação no serviço social: visão fenomenológica*. São Paulo, Cortez, 1981.

SAFFIOTI, H. I. B. *Violência doméstica: do privado para o público*. São Paulo, Presença da Mulher nº 32, 1998.

CAPÍTULO 11

O trabalho em sala de espera

Rosemary Peres Miyahara

Quem são os pacientes do CNRVV

A título de introdução, considerei importante a caracterização da demanda que atendemos para oferecer maior clareza sobre o que entendemos como suas necessidades. São elas que justificam toda estrutura de atendimento que propomos, estrutura na qual está inserto o trabalho em sala de espera.

Intercorrências na recepção e atendimento de pacientes

1ª) Terapeuta chega à sala de espera da clínica, procura por Carlos. É hora da sessão. Não o encontra. O educador da instituição onde Carlos mora refere que ele e outro menino que estava esperando atendimento foram até o banheiro. A terapeuta aguarda mais alguns minutos e, como nem Carlos nem o outro menino aparecem, segue-se uma busca pelos corredores da clínica. Logo são encontrados. Numa das salas de atendimento, com a porta entreaberta, estão Carlos, de oito anos, e Mário, de treze. Sentados entre almofadas, bem próximos um do outro, demonstram constrangimento com a chegada da terapeuta. Ela chama Carlos. Mário, um menino com grau de deficiência mental moderado, responde: "Agora não tia. Estamos tendo uma conversa de homem para homem" (*sic*). A terapeuta interfere referendando o horário de atendimento de Carlos. Indica a Mário que aguarde seu atendimento na sala de espera da clínica e entra para sessão para trabalhar com seu paciente o ocorrido.

2ª) A terapeuta sai de um atendimento e antes de entrar com o próximo paciente é abordada pela secretária que lhe informa que João, atendido por ela às 8 horas, foi pego, no elevador do Instituto, brincando com uma caixa de fósforo – provocou fogo com a queima do tapete. Funcionários do Instituto haviam "controlado" a situação. João e sua família já haviam ido embora. Quando João, seis anos, saiu do atendimento, seus pais ainda estavam em consulta, ficou sozinho; não agüentou esperar...

3ª) A sessão do grupo está em seus primeiros dez minutos, quando batem à porta insistentemente. A terapeuta abre e o educador da instituição onde Flávio mora pergunta por ele, que deveria ter participado da sessão do grupo no horário anterior. Ela responde que Flávio não compareceu ao atendimento daquele dia. O educador, responsável pelo menino de onze anos, fica ansioso, alegando ter trazido Flávio ao Sedes. Logo que chegaram, Flávio disse que "ia tomar chá e comer umas bolachas lá embaixo*" (*sic*) (*sala dos funcionários do Instituto!).

Flávio tomou o chá, comeu as bolachas e... fugiu!

Observação: Os nomes são fictícios, como forma de proteger a identidade dos pacientes.

Esses pequenos recortes de cenas ilustram o cotidiano de atendimento do CNRVV. Nossos pacientes são crianças e adultos que chegam ao serviço com uma dinâmica psíquica várias vezes difícil de ser contida de forma combinada à estrutura da instituição. Ansiosos, perdidos em seus parâmetros e valores, angustiados, abandonados, pressionados... Na maioria das vezes, em momentos de crise concreta – a família desagregada; o filho institucionalizado; o pai, muitas vezes provedor, afastado da casa, ora mostrando culpa, arrependimento, ora ameaçando; a mãe, dividida entre a perda do homem, companheiro e a proteção do(a) filho(a), a criança com total perda de referências de afeto, proteção e confiança.

De que necessitam os pacientes do CNRVV

Assim como o psicótico em surto, o alcoolista ou o dependente químico que já perderam ou estão em vias de perder os vínculos com os aspectos produtivos da vida (família, escola, trabalho etc.), pensamos que as pessoas vítimas da violência que acontece no lugar que deveria proporcionar maior proteção e segurança, precisam de um atendimento para além do *setting* psicoterápico.

Dessa forma, procuramos no CNRVV constantes formulações e reformulações sobre a abrangência do suporte psicológico que oferecemos aos nossos pacientes.

Uma das vertentes dessa abrangência é, a título de exemplo, o atendimento psicossocial, além de participar de triagem, aconselhamentos, grupo de orientação de mães, encaminhamentos que se dão mediante contatos diretos com técnicos das instituições que receberão as pessoas que estamos encaminhando. O serviço social acompanha as famílias mais disfuncionais que precisam resolver situações como mudanças repentinas de residência e escola (quando, após a denúncia da violência, sofrem perseguições e/ou ameaças de familiares e amigos do agressor); complementação ou geração de renda para o sustento da família; assessoria aos técnicos da Vara da Infância e Juventude no rastreamento da rede sociométrica de uma criança, como medida anterior ao abrigamento em instituição, bem como acompanhamento de familiares que aceitam a guarda da criança quando os pais se mostram sem as mínimas condições de mantê-la.

Outra vertente desse atendimento de múltiplas abordagens são os trabalhos em sala de espera.

O trabalho em sala de espera

O projeto surge para cumprir dois objetivos essenciais. Um, de ordem mais prática, visa atender a uma necessidade também do serviço – oferecer um espaço de acolhimento e continência às dinâmicas de nossos pacientes, que possa minimizar intercorrências que coloquem em risco os próprios pacientes ou o bom funcionamento de toda a clínica.

O outro objetivo versa sobre a abrangência do atendimento, já referida no texto. Cabe, então, explicar quais as concepções quanto a esses objetivos mais específicos e como está estruturado o trabalho.

A intervenção em sala de espera está pautada nos princípios básicos do funcionamento de uma *brinquedoteca.*

Por que brincar?

> Porque brincar é essencial à saúde física, emocional e intelectual do ser humano... Brincando nos reequilibramos, reciclamos nossas emoções e nossa necessidade de conhecer e reinventar. E tudo isso desenvolvendo atenção, concentração e muitas outras habilidades.
> É brincando que a criança mergulha na vida, sentindo-se na dimensão de suas possibilidades. No espaço criado pelo brincar, nessa aparente fantasia, acontece a expressão de uma realidade interior que pode estar bloqueada pela necessidade de ajustamento às expectativas sociais e familiares. A brincadeira espontânea proporciona oportunidades de transferências significativas que resgatam situações conflituosas. (Cunha, N. H. S., 1992.)

Assim, pelo brincar, várias facetas de uma proposta de atendimento se colocam: estimular o desenvolvimento global da criança; valorizar o brincar, as atividades lúdicas e criativas como essenciais a esse desenvolvimento; estimular hábitos de responsabilidades e trabalho; criar um espaço de convivência que propicie interações espontâneas e desprovidas de preconceitos; provocar um tipo de relacionamento que respeite as preferências das crianças e assegure seus direitos; favorecer o encontro que propicie trocas afetivas, as brincadeiras e a convivência alegre e descontraída; dar oportunidade às crianças de se relacionarem com adultos de forma agradável e prazerosa e, no caso específico da dinâmica comumente apresentada por crianças e adolescentes vítimas de maus-tratos e abuso sexual, que são o medo e a desconfiança do vínculo proposto por um adulto, poder resgatar essa função tão fundamental à vida deles, no sentido de que ainda precisarão de muitos adultos que auxiliem seu desenvolvimento.

Enfim, postulamos que a intervenção na sala de espera busca favorecer aos nossos pacientes o cuidado consigo e com o outro, lidar de forma mais adequada com limites e regras; observar e participar de um modelo de convívio social que lhe permita formas mais saudáveis de atuação em grupo. Ou ainda, citando Coutinho, Costa Jr. Quinteiro e Chaves (1997): "*O trabalho em sala de espera tem por objetivo estimular a aquisição de repertório de comportamento social e instrumental da criança e favorecer o desenvolvimento de enfrentamento de situações*".

Como está estruturado o trabalho em sala de espera

Está proposto como uma vertente de nosso serviço que é realizado por estagiários e supervisionado por profissionais do CNRVV.

Por que estagiários? Para contemplar com essa experiência outra área de atuação do CNRVV, que é a sensibilização de profissionais para o trabalho com a violência intrafamiliar. Assim, pensamos que esse estágio poderia favorecer uma aproximação com o tema de graduados das áreas de psicologia, pedagogia, serviço social, medicina, direito. Dessa forma, podem buscar uma formação mais estruturada e qualificada que lhes permita trabalhar de forma mais abrangente com essa demanda.

Estrutura formal do trabalho:

- Divulgação: Cartazes em faculdades com informações básicas sobre o serviço e estágio

- Seleção: Análise de currículo
  Entrevista, em que consideramos disponibilidade e interesse por estudos complementares aos acadêmicos

- Contrato: Período: 1 ano
  Carga horária: 4 horas p/atividade por semana
  2 horas p/supervisão quinzenal
  Compromisso: com freqüência e objetivos do trabalho
  Organização da sala

Registro de ocorrências
Com leitura indicada

- Dinâmica de atividades na sala de espera

  Contrato com novos (crianças e pais) – esclarecimento da proposta
  Regras de permanência (cartaz construído com as crianças)

- Atividades propostas – para aglutinar o grupo. Livres: (brinquedos/material gráfico)

- Permanência: Sempre dois estagiários – um que coordene a atividade de grupo e outro que supervisione o funcionamento geral, saídas e intercorrências individuais.

- Horários propostos: "Picos" de atendimento do CNRVV

  5ª – feira – manhã/tarde

  2ª – feira – tarde

- Pacientes que não são do CNRVV: Conversa com terapeuta sobre permanência da participação.

- Supervisão: Suporte teórico: discussão de textos

  Suporte institucional: solução de dificuldades práticas que surgem
  Discussão de caso (com supervisor ou terapeuta do caso): para melhor delimitar e aprimorar formas de intervenção quando surge a conflitiva do paciente. Aqui, temos trabalhado com as concepções de Mauer (1987) sobre a postura do acompanhante terapêutico. Assim como ele, o estagiário da sala de espera tem de descentrar-se das necessidades propriamente subjetivas do paciente e tornar-se útil como um promotor de atividades que acolha, acompanhe o pensar da criança, além de conseguir manter um relacio-

namento com o qual ela saiba que pode contar, sem perder o distanciamento crítico que lhe permite observar e avaliar a interação.

Consideramos também a teoria de Piaget e colocamos aos estagiários a função de educador que orienta e facilita demandas na construção de limites, valores e formação de opiniões.

Referências bibliográficas

COSTA JR., A. L. e COUTINHO, S. M. G. Programa de atendimento psicológico. In: *Psicologia, ciência e profissão* - Publicação dos Conselhos Federal e Regional de Psicologia, ano 18, nº 2, 1988.

FREIMAS, A. et. al. *O direito de brincar - a brinquedoteca*. São Paulo, Scritta/ABRINQ, 1992.

MAUER, S. K. e RESNIZKY, S. *Acompanhantes terapêuticos e pacientes psicóticos: manual introdutório a uma estratégia clínica*. Campinas, Papirus, 1987.

CAPÍTULO 12

Atendimento psicológico a casos de violência intrafamiliar

Dalka Chaves de Almeida Ferrari

Considerando que a situação da violência intrafamiliar na infância e na adolescência é algo inaceitável, os profissionais dedicados ao atendimento dessa população vêm criando estratégias de intervenção para combater este problema que já toma proporções sociais. No campo da psicologia, surgem estratégias tanto de intervenção psicoterápica quanto psicoprofiláticas ou preventivas. Assim, a psicoterapia do abuso na infância e na adolescência é considerada um dos procedimentos de intervenção adotados pelos especialistas em violência intrafamiliar neste problema social.

A especificidade desse tipo de psicoterapia é revestida de duas características fundamentais: a primeira diz respeito ao tema a que se destina – a violência intrafamiliar na infância e na adolescência – tema negado e escondido pelo complô do silêncio da sociedade por séculos e séculos; a segunda refere-se ao funcionamento interdisciplinar que se faz necessário: a psicologia/psicoterapia participa de um atendimento em rede, como um tratamento em sintonia com várias outras disciplinas, num trabalho integrado, de equipe. Neste são atendidos tanto crianças/adolescentes vitimizados de violência/abuso, quanto suas famílias e/ou responsáveis. O atendimento psicoterápico pode ocorrer nas modalidades familiar e/ou individual e grupal. O atendimento social atua com consultas interinstitucionais e visitas domiciliares.

Assim, no momento em que os profissionais desta equipe interdisciplinar intervêm em uma família abusiva, ela deixa de ser autônoma. Na medida em que se constata uma situação de violência intrafamiliar, nosso sistema legal e de proteção (ECA) garante amparo à/(ao) criança/adolescente e responsabiliza quem agride, penalizando-o e estabelecendo procedimentos para que agências externas e outros sistemas sociais sejam responsáveis por intervir. Desde que a violência intrafamiliar é revelada (confirmada ou sob suspeita), ela se torna um problema familiar e interdisciplinar, no qual profissionais de diferentes disciplinas, como das áreas médica, psicológica, social, educacional, jurídica, de segurança (e outras, se necessário), de serviços privados ou de instituições formam uma rede complementar à família. Nesse sentido, qualquer profissional que se defronte com um caso de violência intrafamiliar contra crianças ou adolescentes deve estar ciente que está diante de uma situação complexa, que exige uma intervenção interdisciplinar, envolvendo medidas protetivas. Tais medidas devem garantir assistência psicológica, social, médica, jurídica etc. Essa assistência múltipla é necessária, pois existe grande probabilidade de risco de vida e de conseqüências graves para o desenvolvimento tanto da criança quanto do adolescente.

Portanto, a abordagem ou intervenção terapêutica da situação de violência intrafamiliar na infância/adolescência envolve duas tarefas distintas e complementares – a tarefa de diagnóstico ou processo inicial de avaliação do grau de risco e a psicoterapia. Freqüentemente, os objetivos e as etapas básicas dessa intervenção são alcançados se o processo e o ambiente terapêuticos forem apoiados e favorecidos por medidas legais e protetivas.

Diagnóstico inicial ou avaliação sumária

Nessa fase estabelece-se o *grau de risco*. Quando se fala de fatores de risco, pergunta-se pelas diversas circunstâncias que favorecem com que crianças/adolescentes sejam vítimas de violência intrafamiliar. Constata-se que os fatores mais claramente associados com a violência (tanto física quanto sexual) são determinadas situações familiares, como ausência dos pais biológicos, incapacidade ou doença da mãe, seu trabalho fora de casa, conflitos entre os pais (indiferença, brigas, separações, divórcios), relações pobres com os pais (escassas ou deficitárias por algum motivo) e presença de padrasto. Quando presentes, tais fatores configuram situações que deixam as crianças mais vulneráveis, pois estão menos vigiadas, mais sujeitas a possíveis enganos e à mercê em grau maior de tornar-se dependentes de pessoas que têm menos razões para inibir seus impulsos sexuais.

Como já foi dito, assim que um caso de violência intrafamiliar é detectado, percebido, revelado, um pedido de ajuda/socorro pode adentrar por meio de qualquer instituição parceira, que integre a rede de assistência à/(ao) criança/adolescente: Conselho Tutelar, Delegacias de Polícia e da Mulher, IML, escolas, Varas da Infância e Juventude, hospitais, ambulatórios ou postos de saúde, consultórios ou clínicas psicológicas e/ou médicas particulares, serviços de psicologia/sociais de alguma instituição governamental ou não-governamental. Em geral, a notificação pode ser feita por qualquer indivíduo, de forma pessoal ou anônima. Há grande freqüência de denúncias, notificações efetuadas por vizinhos, familiares, professores, ou por profissionais que tiveram contato com a criança ou o adolescente e constataram o abuso.

Nesse primeiro momento da avaliação diagnóstica, o objetivo é estipular o grau de risco que essa criança/adolescente corre. Em função dele, definem-se as medidas protetivas a serem tomadas; opta-se pela separação do que agride sua vítima, ou pelo afastamento de quem foi vitimizado (retirando-o da residência comum) ou vice-versa. Observa-se, todavia, que em muitos casos quem é afastado da residência é a criança/adolescente. Em tais situações esse afastamento pode configurar um processo de revitimização de quem foi vitimizado. Nessa primeira etapa do caso, se ele é atendido em instituição, o diagnóstico normalmente acontece mediante uma triagem grupal.

Diagnóstico interdisciplinar

Num segundo momento ocorrerá o diagnóstico interdisciplinar, que definirá o caminho a ser percorrido pelo caso. Realizam-se entrevistas diagnósticas (psicológicas, psiquiátricas e sociais) com quem foi vitimizado, com quem agride e suas famílias/instituições, além de reuniões de equipe para discussão e tomada de decisões complementares e ações subseqüentes.

Em geral, há grande demanda de casos de violência intrafamiliar à procura de atendimento em instituições. Todavia, nada impede que sejam atendidos em consultório privado, desde que esse profissional também atenda em rede. Caso contrário, a qualidade do atendimento pode ser falha, bem como o profissional pode deixar de acionar as medidas protetivas necessárias a quem foi vitimizado.

Também são definidos os profissionais responsáveis pelas ações terapêuticas. Com base nas informações obtidas, encaminham-se e priorizam-se as ações. Os casos são assim qualificados:

- casos que exigem medidas de proteção, que envolvem situação de risco;
- casos que requerem medidas de investigação – a questão da violência não está clara;
- casos que exigem medidas de intervenção psicoterápica.

Atendimento psicoterápico

Em casos de violência intrafamiliar na infância/adolescência, realizam-se múltiplos e integrados atendimentos psicoterápicos, psiquiátricos e de serviço social destinados a quem foi vitimizado, aos que agridem e às famílias/instituições. Essa integração é fundamental para o processo psicoterápico de quem foi vitimizado. A nosso ver, a psicoterapia da violência intrafamiliar na infância e na adolescência – sob o enfoque psicodramático e/ou psicanalítico e/ou sistêmico – tem favorecido a compreensão e a intervenção desse fenômeno.

Assim, o tratamento psicoterápico psicodramático, psicanalítico ou sistêmico ocorre inicialmente com sessões familiares. Em seguida (posterior ou simultaneamente), por meio de sessões individuais e/ou inserção em grupos de pessoas que foram vitimizadas organizados por faixas etárias, grupos de orientação de pais, de casais e dos que agridem, todas essas modalidades ocorrendo com freqüência semanal. Essas formas concorrentes de diferentes tratamentos são utilizadas como complementos de terapia. O foco do trabalho terapêutico centra-se tanto no plano individual quanto no das relações interpessoais. É necessário que a violência intrafamiliar seja revelada e analisada dentro dessa família, para que num primeiro momento o pacto do silêncio seja desfeito. No decorrer do trabalho psicoterápico a progressiva resolução dos conflitos nas relações familiares facilita aos pais/responsáveis compartilhar suas experiências pessoais e as relações de casal, que os levará a assumir ou não a responsabilidade pela situação da violência, se houve conivência ou não por parte de um deles etc. Por outro lado, a terapia individual e o tratamento de grupo vão focalizar as necessidades particulares de cada membro – favorecendo com que a criança e o adolescente ou qualquer outro membro dessa família desenvolvam sua autonomia e individualidade –, o que lhes permitirá controlar aspectos básicos de seu próprio corpo, mente e ações.

- **Psicoterapia de família**

A intervenção terapêutica, nesses casos, visa favorecer a mudança das relações familiares, objetivando seguir os seguintes passos (Furniss, 1993, p. 116):

1. Bloquear a continuação da violência doméstica: pode requerer a separação do agressor e da vítima, aquele que agrediu saindo de casa.
2. O estabelecimento da situação de violência como um fato psicológico e uma realidade da família.
3. O agressor tem de assumir a responsabilidade total da violência durante os primeiros meses da terapia, pois a aceitação dessa responsabilidade leva aquele que agrediu a uma posição, a um papel da verdadeira paternidade, enquanto devolve à vítima sua posição, seu papel de criança/adolescente, alivia seu sentimento de responsabilidade. Isso deve ser apurado também nos casos em que o agressor é externo à família.
4. A continuidade da terapia deve centrar-se na relação dos papéis da vítima com as outras personagens da trama familiar – mãe, irmãos etc. Por exemplo, nas relações de mãe e filho, pode ser freqüente que surjam durante as sessões três questões principais:

- o papel desempenhado pela mãe (vítima);
- as próprias dificuldades de compreensão da mãe;
- a forte rivalidade que pode surgir entre a mãe e a vítima.

5. O trabalho psicoterápico com o abusador enquanto membro dessa família - caso ele seja compulsoriamente encaminhado pela justiça - pode permitir uma etapa da psicoterapia em que os problemas do casal possam ser tratados; em quase todos os casos de violência na infância/adolescência, o abuso sexual serve para regular o conflito conjugal.
6. Nesta etapa da psicoterapia familiar, pode ser eficaz o trabalho com a díade pai-criança/adolescente. A ambivalência de sentimentos de amor e ódio que a criança/adolescente tem em relação ao abusador (se ele é um parente próximo) gera a necessidade de se trabalhar com suas expectativas frustradas de um relacionamento bom e emocionalmente carinhoso em relação à figura do pai; o trabalho visa ao desenvolvimento de relacionamentos adultos abertos e confiáveis no futuro.

Quando aquele que abusa é externo à família, o grupo familiar em geral se une contra o que agrediu, dando maior apoio a quem foi vitimizado. A denúncia é feita prontamente. São os casos de estupro, de assédio sexual no trabalho etc. A adesão ao tratamento também é mais freqüente, a família colabora prontamente, pois a patologia da violência/abuso é externa ao grupo familiar.

• Psicoterapia individual

A psicoterapia individual nos casos de violência intrafamiliar (física, sexual e/ou psicológica) caracteriza-se como um trabalho que procura focalizar com a criança e o adolescente questões de identidade, seus sentimentos de revolta, de culpa e vergonha, seus sentimentos negativos e positivos em relação àquele que agrediu, ao que não agride, aos irmãos e a outras pessoas da comunidade. A criança e o adolescente vão perceber, ao longo da terapia, que a violência sofrida, que os traumatizou e transformou em vítimas, não foi de sua responsabilidade. O propósito desse tratamento é promover a expressão e a elaboração dos sentimentos associados ao papel de vítima, possibilitando que a criança e o adolescente superem o trauma revelando e elaborando a cena da violência mediante a expressão verbal, ludoterápica ou psicodramática.

No início do processo psicoterápico observa-se uma negação do problema. Em seguida há uma aproximação do tema. O psicoterapeuta concentra-se sobre os papéis sociais mais íntegros, o que leva criança/adolescente/pais/responsáveis/aquele que agride a poder criar um clima de revelação. Uma vez que esta acontece, garante-se a quebra do pacto do silêncio, tornando-se possível a criança/o adolescente desenvolver uma percepção mais clara do problema. Com base nessa fase espera-se que ocorra uma descarga, uma catarse acompanhada de sentimentos de revolta, de agressividade. Nesse momento, é a capacidade de continência do terapeuta que propiciará confrontos simbólicos ou reais dos protagonistas envolvidos nesse drama. Baseado nisso, crianças/adolescentes/pais/responsáveis/aquele que agrediu ressignificam seus papéis sociais, libertam-se da complementaridade patológica, refazem os vínculos afetivos, permitem-se a reparação, pois já conseguem tomar distância do problema. Adquirem nova visão da situação, mais real, mais distanciada; a espontaneidade e a criatividade podem acontecer, desbloqueando as amarras e fortalecendo sua auto-imagem.

- **Psicoterapia de grupo**

Num grupo social, as relações entre seus membros são definidas pelos papéis e pelas funções que eles desempenham. Normalmente, se esses papéis são complementares e favorecem um crescimento individual, observa-se então uma reação de equilíbrio grupal, de respeito mútuo entre as pessoas. Caso haja complementaridade patológica de papéis, com desenvolvimento inadequado de papéis sociais, notar-se-á uma mudança significativa no padrão do inter-relacionamento pessoal dentro do grupo. Detecta-se que, nesses grupos, o sentimento que une as pessoas, a *tele*, é negativa, ou seja, as pessoas rejeitam umas às outras, evitam-se, ou são indiferentes. Se permanecem juntas, desenvolvem entre si papéis complementares rígidos e estereotipados, podendo chegar a situações patológicas graves, das quais a violência é uma de suas faces.

Nos casos de violência intrafamiliar na infância/adolescência, logo após a triagem, a primeira indicação é feita para grupos de proteção. Nestes, trabalha-se com jogos dramáticos e técnicas de *role-playing* para que garanta a adoção de medidas protetivas a crianças/adolescentes/pais/responsáveis/aquele que agride. Tais técnicas visam que os envolvidos vislumbrem, por meio da dramatização, as ansiedades relacionadas a situações presentes e futuras disparadas por esse processo; objetivam também o acolhimento do impacto gerado pela revelação da violência, caso esta ocorra.

Em relação aos grupos terapêuticos, Moreno (1966, p. 27) diz: "Chamei de princípio de *interação terapêutica* a esta interação em que a autonomia dos indivíduos participantes não se perde, como na massa, e em que se aproveitam suas capacidades terapêuticas". Nesse aspecto, Moreno ressalta que num grupo cada indivíduo torna-se agente terapêutico do outro, graças ao princípio de interação terapêutica. De onde se conclui que, se um grupo adoece, o que adoece não é o ser grupal, mas a *relação* ou a coerência entre seus componentes.

O trabalho psicoterápico de grupo procura proporcionar às crianças e aos adolescentes um ambiente seguro no qual se possam discutir as questões da violência, dos limites, da manutenção da complementaridade de quem foi vitimizado/quem agrediu, aumentar sua auto-estima, prevenir a revitimização. Busca também proporcionar-lhes a introjeção de um novo modelo relacional, de papel adulto, prestar-lhes apoio para seu depoimento no julgamento, conscientizá-los da necessidade de proteger-se, facilitar-lhes a comunicação sobre a dinâmica da violência, criar um sistema de apoio no grupo, levando-os a diminuir suas ansiedades e sintomatologias.

Tem-se adotado a co-terapia como procedimento recomendável para a psicoterapia nesses grupos, pois ela facilita o estabelecimento da relação transferencial, acelerando o processo psicoterápico.

As sessões de grupo ocorrem semanalmente. Os grupos são abertos e compõem-se de seis a oito elementos (que podem entrar no grupo em momentos diferentes). Os grupos são distribuídos pelas faixas etárias de 3–5 anos, 5–7 anos, 8–10 anos, 11–13 anos, 14–18 anos.

- **Grupos de pais**

Oferece-se a todos os pais/responsáveis a oportunidade de se integrar em grupos. Há maior adesão de mães. As sessões são semanais. Nesses grupos o objetivo é sensibilizar mães/pais/responsáveis sobre seu papel dentro da família abusiva. Trabalha-se o quanto o filho necessita de sua ajuda, de proteção e de confiança, para que sua história possa ser confirmada e compreendida pelo adulto que não agride. Trabalha-se ainda a importância de este adulto não responsabilizar a criança ou o adolescente pela alteração na dinâmica familiar, decorrentes da separação dos pais, afastamento daquele que agrediu etc.

- **Grupos de casais**

Estes são oferecidos a casais que não se separaram, nos quais um dos cônjuges é (ou se suspeita que seja) o que agrediu. Aqui quem foi vitimizado pode ou não estar afastado.

O anseio irracional de domínio, de controle e de poder sobre a outra pessoa atua como a força principal que alimenta a violência intrafamiliar entre os casais. Nesses grupos, tais sentimentos estão muito presentes, e cada casal pode ver seu espelho em outros casais, o que favorece e acelera a percepção do problema.

As sessões acontecem uma vez por semana, são conduzidas em co-terapia e utilizam técnicas verbais e de ação, que permitam vivenciar o papel dos filhos, viver situações em que o nível da fantasia pode ser explorado, ampliando papéis familiares pouco desenvolvidos, focando não só a violência, mas também a questão dos limites, da autoridade, da complementaridade pessoa agredida/aquele que agrediu, do julgamento.

- **Grupos de pessoas que agrediram**

Oferece-se esse tipo de grupo aos adolescentes que agrediram – abusaram sexualmente, espancaram – e em muitos casos são infratores em liberdade assistida, já cometeram crimes, como assassinato, estupro, assalto à mão armada etc.

Esse atendimento psicoterápico é realizado em co-terapia, semanalmente, com quatro a seis elementos. Temos notado que é bem difícil a vinculação desses clientes, que sua permanência e adesão perpassam por questões institucionais, como transferências repentinas de unidade de abrigo, oscilação de freqüência etc. Todavia, utilizam-se técnicas de sensibilização e de jogos dramáticos que estimulem o desenvolvimento de símbolos, que permitam instrumentalizar o cliente a perceber sua realidade com novo olhar, a rever seus valores, suas crenças, seus apegos, seus vínculos familiares, a lidar com a rejeição familiar advinda da situação de violência/abuso cometida, a trabalhar com seu sentimento de culpa etc.

Avaliação de resultados/Desligamento e seguimento do caso

Nessa fase realizam-se entrevistas de avaliação da evolução do caso e/ou entrevistas de desligamento, além de contatos interinstitucionais, pelos profissionais responsáveis pelo caso. A equipe reúne-se para discussão dos encaminhamentos necessários e "fechamento" do caso.

• Caso clínico

M., de 13 anos, foi encaminhada para atendimento psicológico no Centro de Referência às Vítimas da Violência do Instituto Sedes Sapientiae por um psiquiatra da rede pública, que já vinha atendendo sua mãe. A cliente apresentou reações psicossomáticas semelhantes às crises epilépticas, os exames foram realizados e nada foi constatado. Nessas consultas, o médico ganhou a confiança da jovem, que lhe confidenciou estar sendo abusada sexualmente pelo padrasto há mais de um ano. A situação de violência/abuso caracterizava-se por toques, manipulações nas áreas genitais, atos libidinosos, não chegando à consumação do ato sexual.

M. relata que não conseguia contar à sua mãe, nem aos irmãos sobre a situação de violência/abuso por se sentir ameaçada pelo padrasto, por achar que poderiam duvidar dela e, ainda, por já se sentir culpada em relação à mãe. M. é filha de outro relacionamento afetivo da mãe quando solteira; seu padrasto sempre a considerou uma filha, casando-se com sua mãe. Quando M. estava com um ano de idade, sua mãe teve uma segunda filha (com dez anos na época da consulta); M. tem mais dois irmãos, de oito e seis anos.

A mãe de M. nunca percebeu a situação de violência/abuso. Conta que durante as crises, quando a filha caía no chão e se debatia, M. tentava falar algo, mas seu padrasto sempre cuidava para que a garota não "enrolasse ou mordesse a língua", colocando um pano entre seus dentes, dizendo que estava tendo uma crise epiléptica.

Esse caso já chegou ao Centro de Referência às Vítimas da Violência (CNRVV) do Instituto Sedes Sapientiae/SP com a situação de violência revelada. Todavia, no processo inicial de avaliação de risco, de diagnóstico, a mãe de M. pôde sentir-se acolhida, orientada quanto às medidas protetivas a adotar com sua filha. Fazia-se necessário acionar a área jurídica, buscando um respaldo legal para que o padrasto, agora denominado por aquele que abusou/agrediu, fosse afastado de quem foi vitimizado. O CNRVV, que trabalha em parceria com o órgão da Ordem dos Advogados do Brasil (OAB/SP), o Centro de Referência da Criança e Adolescente (CERCA), aconselhou a mãe a buscar assessoria de um advogado. O processo legal foi aberto, e no prazo de quinze dias um oficial de justiça notificou àquele que agrediu da decisão judicial: afastamento imediato do padrasto. Nesse espaço de tempo, o padrasto de M. ameaçou sua mãe de morte com um facão, tentou queimá-la com ferro elétrico etc. Segundo esta, foi uma fase muito difícil, pois sua revolta e indignação eram enormes, mas sentia que precisava proteger sua filha. Desde que a violência sexual foi revelada, M. não teve mais nenhuma crise. O sintoma foi decodificado, M. já se sentia compreendida e protegida.

Feito o diagnóstico de violência sexual, configurada pela presença de atos libidinosos sem conjunção carnal entre padrasto que agrediu e enteada que foi vitimizada, foi possível estabelecer um plano de intervenção. A paciente apresentava um quadro psicossomático com defesas e sintomas já estruturados, defesas histéricas do ponto de vista psicodramático. Definiu-se por uma psicoterapia familiar inicial, um seguimento, em parceria, do caso do ponto de vista jurídico, um encaminhamento para exames médicos e acompanhamento ginecológico.

Na psicoterapia familiar observou-se que todos os membros familiares apoiavam M. O padrasto não compareceu às solicitações feitas pelo psicoterapeuta. Aliás, quando recebeu a notificação judicial, mudou-se do ambiente familiar após quinze dias, acatou a decisão judicial, compareceu para prestar depoimento e iria aguardar o andamento do processo e o julgamento em liberdade, com a condição de não sair da cidade. Todavia, próximo ao julgamento, que ocorreria oito meses depois, ele fugiu para o norte do país. Seu julgamento aconteceu sem a sua presença. Foi condenado a oito anos de prisão.

Após dois meses de psicoterapia familiar, M. sentia-se bem com todos os membros da família, participava das mudanças na dinâmica familiar, dispondo-se a ajudar a mãe nas tarefas domésticas para que esta pudesse trabalhar fora, pois o sustento da família passou a ser assumido totalmente por esta, ainda que recebesse ajuda socioeconômica do CERCA (cesta básica etc.). Em seguida, M. passou a freqüentar psicoterapia de grupo e sua mãe foi integrada ao Grupo de Orientação de Mães. Nessa fase, M. já se sentia mais fortalecida com seu Eu mais identificado, conseguindo e querendo compartilhar suas experiências com outras jovens que também passaram pela situação de abuso. Sua mãe também pôde dividir seus sofrimentos, seus sentimentos de perda e revolta com outras mães e pensar em reestruturar sua vida.

Outros períodos de psicoterapia familiar foram necessários. A irmã de M., depois que completou doze anos, passou a manifestar problemas ligados ao relacionamento com rapazes, tornando-se muito liberal, desafiando as normas da família. Agredia freqüentemente M., responsabilizando-a pela perda do pai e dizendo que se fosse com ela nunca teria contado sobre o abuso, que M. foi egoísta, não pensou nos irmãos que sentiam agora, de forma muito intensa, a falta do pai etc. Estes passaram a receber também acompanhamento psicoterápico. Hoje, após quatro anos de psicoterapia, M. e sua família resgataram o afeto e o respeito mútuos, conseguindo uma comunicação sem segredos, sem bloqueios afetivos, encontrando um novo sentido para suas vidas.

O caso clínico relatado evidencia que a violência sexual dentro de uma família é um tema escondido, abafado, que às vezes só se evidencia por meio de sintomas. Mostra outro aspecto importante: uma família que vivencia o incesto pode repetir essa dinâmica, os sintomas podem surgir em vários membros da mesma família.

Revela também que o psicoterapeuta necessita de parceiros e da interdisciplinaridade para atender ao caso.

A repercussão psicológica, para quem foi vitimizado, do sentimento de que a justiça foi feita equivale à sensação de proteção que a família deixou de dar. O vitimizado percebe a falha no sistema protetivo familiar e passa a cobrar da sociedade, do Estado, esse papel protetor. Um vez que o vínculo de confiança é estabelecido quando o pedido de ajuda é ouvido, adquire características de um vínculo muito sólido e duradouro. A família fortalece-se mais sabendo que pode contar com essa porta aberta da instituição, pública ou particular.

Conclusão

A proposta anteriormente apresentada vem sendo discutida e aperfeiçoada dentro da equipe do Centro de Referência às Vítimas da Violência (CNRVV) do Instituto Sedes Sapientiae/SP ao longo desses seis últimos anos, com todas as implicações institucionais decorrentes.

Nosso maior objetivo é a luta e a defesa pelos direitos, pela cidadania de crianças, adolescentes e suas famílias.

Como já assinalado, a visão interdisciplinar é fundamental nesses casos de violência intrafamiliar. Assim, considerando-se a rede de parceiros, o diagnóstico interdisciplinar engloba o ponto de vista social, educacional, institucional, psicológico, jurídico, médico e de segurança. O planejamento da intervenção ocorre a quem foi vitimizada, a quem vitimizou, à família e à comunidade. Há um acompanhamento posterior da intervenção.

Diante dessa realidade que ninguém quer ver, mas está aí, pensa-se que somente com a sensibilização da sociedade e dos profissionais poderemos fazer alguma coisa para interromper esse ciclo. Quem sabe a questão da violência intrafamiliar na infância e na adolescência possa ser considerada um caso de saúde pública em São Paulo, podendo ser objeto de políticas públicas num futuro próximo?

Referências bibliográficas

EQUIPE NRVV. *Projeto do Centro de Referência às Vítimas de Violência.* Mimeo. São Paulo, 2001.

FERRARI, D. C. A. *A vitimização física e sexual na família e a formação da identidade.* Mimeo., trabalho apresentado em tema livre no 6º Congresso Brasileiro de Psicodrama, Salvador, Bahia, 1988

FURNISS, T. *Abuso sexual da criança. Uma abordagem multidisciplinar.* Porto Alegre, Artes Médicas, 1993.

KEMPE, R. S. e KEMPE, C. H. *Niños maltratados.* Madri, Ediciones Morata S.A., 1985.

MORENO, J. L. *Psicoterapia de grupo y psicodrama.* México, Fondo de Cultura Económica, 1966.

CAPÍTULO 13

Abuso sexual em crianças pequenas: peculiaridades e dilemas no diagnóstico e no tratamento

Gisela Oliveira de Mattos

Você não luta com fantasma[1].

Introdução

O abuso sexual de crianças, enquanto realidade produtora de impacto psicológico, é fenômeno bem conhecido e já bastante documentado na literatura médica desde o final do século XIX. Entre 1857 e 1879, Ambroise Tardieu, médico-legista francês, estudou 339 casos de estupro ou tentativas praticados contra crianças menores de onze anos, constatando a grande quantidade de incestos pai-filha e irmão-irmã em Paris (Mazet, in Gabel, 1997). Mais tarde, entre 1895 e 1897, Freud elabora a teoria da sedução, em que, pela primeira vez, atribui a traumas sexuais na infância a etiologia das psiconeuroses.

No entanto, é a partir da década de 1950 e especialmente dos anos 70 que diversos estudos passam a abordar não só a psicodinâmica e psicopatologia do abuso sexual de crianças e adolescentes, como sua incidência e prevalência.

Em 1994, foram registrados e confirmados 139.980 casos de abusos sexuais contra crianças e adolescentes nos Estados Unidos, mas entre agosto e setembro de 1995 uma pesquisa nacional com pais,

1. Marcos, três anos e oito meses.

conduzida pela Organização Gallup, revelou um número de abusos sexuais contra seus filhos dez vezes maior que os registros oficiais (in Finkelhor et al., 1997).

Esses e outros dados dessa pesquisa se assemelham aos de pesquisas feitas em outros países, como a França, por exemplo. Bouhet, Perard e Zorman (in Gabel, 1997), analisando três estudos quantitativos e retrospectivos, realizados entre 1988 e 1989, com um total de 2.331 adultos entre 18 e 89 anos que responderam a questionários, referem que entre 6,2 e 9% dos sujeitos relataram um ou mais episódios de abuso sexual na infância. Entre estes, a proporção era aproximadamente de três mulheres para cada homem, e menos de 40% do total de homens e mulheres revelaram o abuso. Esses autores ressaltam também que não houve diferenças significativas quanto à camada social ou profissão das vítimas, assim como à localização geográfica em que se realizou cada estudo.

Estes últimos dados reforçam as observações de Forjuoh e Zwi (1998), que, numa revisão acerca do fenômeno da violência contra crianças e adolescentes em países subdesenvolvidos e em desenvolvimento, concluem haver poucas diferenças na epidemiologia e nas conseqüências deste problema de saúde pública.

Quanto à idade de maior prevalência de abuso sexual contra crianças e adolescentes, as conclusões variam. Na maioria dos estudos, as crianças estão agrupadas em faixas etárias amplas, de acordo com a fase evolutiva em que se encontram. Um exemplo disso é o estudo de Friedmann (1960), citado por Ajuriaguerra (1980), que demonstra que 12% das vítimas de atentados ao pudor (violência sexual extrafamiliar – o autor exclui desse estudo o incesto) têm menos de sete anos, 16% estão na fase de latência, 50% na pré-puberdade e puberdade e o restante na adolescência. Outros autores relatam que os primeiros contatos abusivos acontecem em 14 a 33% das crianças de zero a seis anos, e em 25 a 30% das crianças de sete e oito anos.

Em relação aos agressores, os estudos americanos concordam que estes são conhecidos em 60 a 74% dos casos e são, predominantemente, homens.

Muitos concordam, entretanto, que os diferentes métodos de pesquisa, sejam baseados em recenseamentos, entrevistas retrospectivas, pesquisas de opinião, sejam apoiados em dados de notificação, apresentam limitações que favorecem erros. Nas pesquisas retrospectivas, os entrevistados podem não se lembrar de fatos ocorridos em tenra idade, enquanto pesquisas oficiais padecerão com a subnotificação.

No que se refere aos efeitos da violência sexual, muitos apontam para o fato de que o conjunto da sintomatologia apresentada por crianças abusadas sexualmente não difere de maneira significativa daquela apresentada por crianças que são levadas a serviços de saúde mental sem essa queixa específica. Já McLeer et al. (1998, pp. 1326-33) apontam que a síndrome do estresse pós-traumático, distúrbios do comportamento sexual e depressão com risco de suicídios ocorrem com maior freqüência entre crianças e adolescentes abusados sexualmente do que nos grupos de controle.

Tanto Friedmann quanto McLeer afirmam que crianças abusadas na idade pré-escolar e puberal sofrem menos desorganização do que as que sofreram abuso na fase de latência. Entretanto, Rouyer e Lamour (in Gabel, 1997) observam, na prática clínica, grande variedade de sintomas relacionados ao segredo e a sentimentos de culpa e medo em crianças pequenas.

No Brasil, os números oficiais acerca do abuso sexual contra crianças e adolescentes não são mais confiáveis que os de outros países. Tampouco o abuso sexual foi considerado, até muito recentemente, um problema de saúde pública. Assim, com raras exceções originadas no ambiente acadêmico, não há ainda suficientes incentivos a pesquisas quantitativas e estudos qualitativos neste campo, onde, também, há pouco tempo foram criados grupos de estudo e serviços especializados.

Mas a evolução dos costumes sociais e sexuais da sociedade, engendrada a partir dos anos 60, vem expondo cada vez mais, aqui, como em todo o mundo, essa realidade antes "seguramente" acobertada. Hoje se fala e discute mais em todos os meios de comunicação, revelam-se cada vez mais casos, enfraquecendo, assim, a peça principal na engrenagem da repetição histórica deste fenômeno: o *silêncio*.

Por outro lado, criam-se, paralelamente, mais polêmicas e dúvidas no lugar das antigas "certezas". As habituais frases prontas e fáceis como: "A família é sagrada", "Crianças fantasiam e mentem" ou "Ele/a jamais faria isso!" vêm sendo substituídas por questões como: "Como reconhecer sinais de abuso sexual em uma criança?", "Como diagnosticar?", "Em que nível o pediatra, psiquiatra ou psicólogo pode e/ou deve intervir?". Tais questões ocorrem a profissionais de diversas disciplinas, agora não só ocupados em desenvolver a interdisciplinaridade necessária à intervenção nesses casos, mas também um olhar e uma nova escuta da criança.

Em nossa prática no Centro de Referências às Vítimas da Violência do Instituto Sedes Sapientiae (CNRVV), onde um grande número de crianças abusadas sexualmente (Souza e Silva & Vecina, 1998) já foi atendido, tive a oportunidade de acompanhar sete crianças que haviam sido abusadas quando tinham entre um e quatro anos de idade, aproximadamente. Pude, então, observar a mesma multiplicidade de sintomas e distúrbios descritos por Rouyer e Lamour, particularmente intensos em alguns casos.

Agressividade ou forte inibição, mudança súbita de comportamento, com ansiedade e agitação, medos (do escuro, de ficar sozinha, de pai/mãe ou dos homens), distúrbios alimentares (vômitos e obesidade) e de sono (insônia e pesadelos), distúrbios do comportamento sexual (sensualidade em relação aos adultos, predominância de jogos sexuais na interação com outras crianças e masturbação compulsiva com ou sem uso de objetos para penetração anal e vaginal), enurese e encoprese estão entre os sintomas relatados pelos pais.

Essa diversidade na sintomatologia acompanha-se, ainda na nossa experiência, de grande variedade nos fatores que costumam interagir na produção desse fenômeno, quais sejam:

- **Socioeconômicos** – Estas crianças provêm tanto de camadas sociais carentes quanto da classe média, tendo os pais nível de escolaridade variando do primeiro grau ao ensino superior.
- **Familiares** – Embora a maioria dessas crianças provenha de famílias disfuncionais, com três mães solteiras e três casais separados, e vivendo com apenas um dos pais ou outros adultos (familiares ou não), também encontramos uma família constituída de pais e filhos e de valores morais rígidos. Apenas três das sete crianças eram filhos únicos. Em dois casos, as mães relataram experiências de violência física e/ou

sexual e abandono nas famílias de origem e um caso de drogadição.

- **Agressores** – Em seis casos, as pessoas que cometeram os abusos eram conhecidas (dois pais, padrasto, parentes, pessoas de confiança da família), todas do sexo masculino, tendo três deles menos de onze anos. Em apenas um caso foi relatado alcoolismo.
- **Vítimas** – São quatro meninas e três meninos.
- **Tipo de abuso** – Estas crianças experimentaram desde exibicionismo, beijos lascivos, manipulação dos genitais e região anal, até masturbação, felação e cunilíngua. Houve penetração, anal e/ou vaginal, com objetos e digital ou peniana em três casos. Em alguns casos o agressor utilizou-se apenas de sedução e em outros de ameaças e agressões físicas.
- **Duração do abuso** – Variou de um único episódio até abusos continuados por até dois anos.
- **Revelação** – Nos sete casos, em dois o abuso não foi revelado pela própria criança (num caso, o abuso foi revelado pela irmã e no outro por médicos que constataram uma DST[2]). Apenas uma criança revelou o abuso somente três anos após a cessação deste. A reação das famílias variou de impedir o contato entre a criança e o adulto até punir a própria criança. Só dois casos não tiveram repercussões judiciais. O tempo decorrido entre a revelação e o primeiro atendimento variou de poucas semanas até dois anos.

O objetivo de aprofundar o estudo desses casos responde à necessidade de trazer à discussão as complexidades da tarefa de compreender o fenômeno da violência sexual contra crianças pequenas e suas conseqüências, assim como contextualizar o diagnóstico e tratamento dessas crianças nas quais fantasias inconscientes de satisfação e aniquilação se misturam perigosamente à realidade.

---

2. Doença sexualmente transmissível.

Psicodinâmica do abuso sexual em crianças

Autores de diversas linhas de abordagem terapêutica concordam que a estrutura da família incestogênica se caracteriza por ser disfuncional. São famílias simbióticas e aglutinadas, sem limites intergeracionais, com dificuldades para lidar com mudanças (rígidas) ou ausência de regras (caóticas). Nessas famílias, em que a confusão de papéis manifesta-se em várias situações, o abuso é, muitas vezes, a única forma de contato entre o genitor e a criança. Também nos casos em que o adulto que abusa não é o genitor, mas um familiar ou conhecido, a mesma confusão de papéis se dá na medida em que os deveres de cuidado da criança são atribuídos pelos próprios pais a outrem, desobrigando-se aqueles de maiores atenções, podendo, ainda, estar também seduzidos pelas supostas qualidades do familiar ou conhecido.

Em 1933, Ferenczi, ao retomar a teoria da sedução de Freud, afirma, num texto contundente, que a imposição da sexualidade adulta, a linguagem da "paixão", cuja primazia está colocada na genitalidade, sobre a sexualidade infantil, a linguagem da "ternura", que perpassa todo o corpo da criança, provoca uma excitação bem além de sua capacidade de elaboração. Além disso, a dor e o medo intenso vivenciados pela criança "sufocam seus sentimentos naturais de recusa, ódio e repugnância", obrigando-a à submissão e identificação projetiva com o agressor, o que a leva a esquecer-se de si mesma, não reagir, sentir-se culpada (por introjeção da culpa do adulto), ansiosa e, pior, não confiar em seus próprios sentimentos. Ela, assim, desenvolve uma capacidade de mimetismo que a faz corresponder àquilo que ela supõe que o adulto espera dela.

Ainda segundo Ferenczi, nos abusos de longa duração, a repetição da dor física e do não-reconhecimento da subjetividade da criança leva-a a desconhecer a benevolência materna, o que provocará profunda aflição, resultando em clivagem psíquica.

Furniss afirma que o abuso sexual de crianças configura-se em uma síndrome de segredo para a criança e em uma síndrome de adição para o adulto. É o segredo que mantém fechado o ciclo do abuso. E é o adulto quem estabelece o segredo por meio da sedução, onde o jogo sexual é colocado como natural da relação entre adulto e criança e o segredo como forma de preservar a "aliança especial" entre eles.

Conforme Durrant & White, para manter o segredo, o adulto lança mão de diversas estratégias, como atribuir à criança a responsabilidade pelo abuso ("Você me provocou") ou pelas conseqüências prejudiciais à família (decepcionar a mãe, provocar a separação da família), a ele (ser preso, ficar doente ou morrer) e a ela própria (sofrer agressões físicas ou ser morta por ele), caso revele o abuso. Essas estratégias, além do uso de força, coação e ameaças, reforçam na vítima o medo e o sentimento de culpa.

A esses mecanismos agrega-se outro potente reforçador da desordem já provocada pela "confusão de línguas" e pelo paradoxo entre os papéis de pai/responsável e parceiro sexual: a anulação do abuso enquanto realidade. Furniss descreve a criação, pelo adulto, de um contexto que anula a realidade externa (escuridão, silêncio) e o transforma em outra pessoa ("namorado", "amigo especial"), utilizando os chamados "rituais de entrada e saída", que visam à transformação da relação pai-criança em outra-pessoa-criança. Assim, depois do abuso, adulto e criança cortam fora de sua realidade a experiência contida entre o início e o fim da interação abusiva, como se não tivesse acontecido.

A síndrome de adição do adulto, assim chamada por seu caráter de formação de hábito e dependência psicológica, também acaba sendo introjetada pela criança, levando-a a sentir excitação e ansiedade e buscar gratificação sexual com o adulto abusador ou outros, numa compulsão à repetição.

As conseqüências do abuso sexual na criança pequena

As conseqüências do abuso sexual em crianças variam segundo uma série de fatores:

- **Idade da vítima e do agressor** – Mais dependente do adulto, por natureza, a criança pequena é muito mais frágil tanto às armadilhas da sedução quanto às ameaças que ele lhe faz.

Além disso, por encontrar-se na fase edipiana, vivendo as vicissitudes da ambivalência entre as pulsões sexuais dirigidas a um dos pais e as proibições de um superego persecutório (Segal, 1975), o encontro desses desejos edipianos com os desejos de pai/mãe (ou de outros adultos) ocasiona excitação mútua e ansiedade excessivas para a criança. Isso pelo fato de ela ter menor capacidade de elaboração e menor estruturação de suas defesas, leva-a a um risco muito maior de clivagem psíquica do que crianças maiores.

- **Tipo de relação entre agressor e vítima** – Quanto mais íntima a relação entre eles (pai/mãe – filho/a), maior o paradoxo entre proteção e abuso.
- **Personalidade da vítima** – Crianças tímidas e inibidas tendem a comunicar menos seus sofrimentos. Agregando-se a isso a menor capacidade de expressão verbal da criança pequena, o resultado é que ela ficará mais tempo submetida ao abuso.
- **Duração e freqüência da agressão** – Quanto maiores a freqüência e a duração dos abusos, maior o dano, pela instalação de uma síndrome de adaptação, descrita por Summit em 1983 (in Gabel, 1997).
- **Tipo e gravidade do ato** – Para a criança pequena, a excitação não elaborada, a culpa e a ansiedade, agravadas pela dor física, pela impotência, pelo desamparo e pelo medo da morte podem ser mais prejudiciais que o ato sexual em si.
- **Reação do ambiente** – Os danos são muito maiores quando família, escola, médicos e agentes legais ignoram os apelos da criança, duvidam de sua palavra, responsabilizam-na pelas agressões ou obrigam-na a passar por exames malconduzidos e até dolorosos, depoimentos sem fim e acareações com aquele que a abusou.

Assim, os efeitos psicológicos da violência sexual contra a criança pequena estão relacionados à fase evolutiva em que ela se encontra e aos demais fatores anteriormente mencionados.

O medo e a perda da confiança e do controle serão os primeiros a se manifestar por meio, principalmente, da síndrome do estresse pós-traumático, das queixas somáticas (distúrbios de sono, mudanças nos hábitos alimentares, enurese, encoprese, afecções digestivas, como dores, diarréia e obstipação), mudança súbita do comportamento, inibição ou agitação psicomotora e fobias. São os efeitos imediatos.

O medo e a falta de controle contínuos promovem o aparecimento de distúrbios obsessivo-compulsivos, a confusão leva ao não-reconhecimento de seus sentimentos e desejos e à tendência à submissão e à revitimização ou à conduta abusiva ativa. O sentimento de culpa vai manifestar-se pelo senso de estigmatização, isolamento, baixa auto-estima e diminuição da atenção e concentração, com queda no rendimento escolar. A adição conduzirá a distúrbios sexuais: excesso de curiosidade, masturbação compulsiva, exibicionismo. A isso tudo pode ainda se acrescentar agressividade em geral ou dirigida a pessoas do sexo do adulto que abusou. Estes são os efeitos de curto e médio prazo, que ocorrem nos dois primeiros anos após o abuso e, com os efeitos imediatos, acometem 60-80% das vítimas.

Os efeitos a longo prazo (após dois anos do abuso) acometem cerca de 20% das vítimas e relacionam-se com a continuação do abuso ou com a ausência de tratamento psicológico nesse período. São as fobias crônicas, pânico, personalidade múltipla, depressão, revitimização pelo mesmo agressor ou por outros, prostituição ou repetição do padrão abusivo.

O diagnóstico no abuso sexual de crianças pequenas

O campo (1981) define psicodiagnóstico como uma situação bipessoal (psicólogo/paciente ou psicólogo/família) de duração limitada, cujo objetivo é conseguir uma descrição e compreensão mais profunda e completa possível dos elementos constitutivos da personalidade do paciente, sua dinâmica psíquica, seus aspectos adaptativos e patológicos, assim como do grupo familiar. Ela enfatiza também que a investigação deve abranger aspectos presentes, passados e futuros, assim como as variáveis em particular, segundo as caraterísticas da sintomatologia e da indicação.

Em casos em que a indicação específica para um psicodiagnóstico é a violência intrafamiliar contra a criança ou o adolescente, em geral, e o abuso sexual, em particular, temos, ainda, de avaliar o impacto da violência sobre o desenvolvimento da personalidade da vítima, detectar seus recursos defensivos, além de compreender o significado da violência nas relações familiares. A complexidade desse tipo de psicodiagnóstico reside no fato de que este deve compreender não só a representação psíquica do abuso e suas conseqüências para a criança como os próprios fatos do abuso e o grau de risco a que ela ainda está submetida, o que não apenas subsidiará a concepção de um projeto terapêutico para a criança e sua família, como, muitas vezes, a própria intervenção no ciclo do abuso.

Assim, por ser um fenômeno multideterminado, é essencial termos sempre em mente algumas das características do abuso sexual de crianças:

- o abuso sexual de crianças não é um acontecimento individual, mas familiar, podendo ser, em si mesmo, a conseqüência de um distúrbio nas relações familiares;
- a "síndrome de segredo" para a criança assim como a "síndrome de adição" para o adulto fecham um ciclo difícil de ser rompido; portanto, o abuso sexual não é um acontecimento necessariamente passado, ele pode estar ocorrendo ao longo de todo o processo diagnóstico;
- o "complô do silêncio" pode levar a boicotes ao enquadramento;
- a concomitância das investigações social, policial e judiciária cria ansiedade, e o medo das conseqüências do processo pode aumentar as resistências da vítima e da família. Entretanto, a integração entre serviços e profissionais de todas essas áreas é essencial para realizar uma intervenção verdadeiramente terapêutica.

Tais características levantam questões técnicas importantes que nos obrigam a rever nossos métodos habituais de trabalho de modo que possamos cumprir a contento a nossa tarefa.

1. Como devem ser as entrevistas com os responsáveis?

Os passos do psicodiagnóstico de crianças vítimas de abuso sexual não diferem do habitual. No CNRVV, as primeiras entrevistas acontecem na triagem e visam estabelecer o vínculo entre a instituição e a família, identificar os fatos e as pessoas envolvidas, conhecer o trajeto percorrido pela família até o momento, suas experiências ao longo desse trajeto e as marcas trazidas por essa experiência. Aqui é preciso, ainda, avaliar o grau de risco e gravidade e, se necessário, promover a intervenção imediata.

Na fase de diagnóstico as entrevistas com os responsáveis são mais longas e objetivam conhecer as características dos contextos cultural, socioeconômico e familiar. É essencial pesquisar a história familiar em busca de experiências de crises, rupturas e violência, não só na família nuclear, mas nas famílias de origem dos pais, bem como os traços pessoais de todos os membros da família, os papéis que desempenham e o tipo de vínculo estabelecido entre si.

Outro objetivo importante é estabelecer os fatos, ou seja, as circunstâncias do abuso e da revelação, utilizando linguagem sexual explícita e dando licença à família para que também a use, evitando expressões pouco claras como: "Ele mexeu na coisinha dela".

Entrevistas com pais que abusaram de seus filhos ou com aqueles que não os protegeram não são fáceis de realizar. Intimidados e recusando qualquer responsabilidade, alguns com freqüência ficam na defensiva, evasivos, dificultando o estabelecimento do contrato diagnóstico ou francamente agressivos. Quando se sentem culpados, deprimem-se e também podem evadir-se do processo diagnóstico, dessa vez por medo dos próprios sentimentos, porém alegando querer proteger os filhos de maiores traumas.

A melhor conduta, a meu ver, é que a entrevista aconteça antes como um diálogo do que como um interrogatório, favorecendo a fluidez e a possibilidade de que o conteúdo afetivo se manifeste e possa ser acolhido e avaliado, pois a mesma cultura adultocêntrica, sexista e falocrata, ainda vigente e bastante forte em nossa sociedade, permeia não só a experiência dessas famílias, mas a nossa própria enquanto pessoas e profissionais.

Além disso, muitas vezes, identificamo-nos com a criança-vítima e nem sempre toleramos ou sequer disfarçamos nosso próprio espanto e indignação que, apesar de serem a própria motivação para a escolha deste tipo de trabalho, podem embaçar nossa visão, impedindo-nos de enxergar para além do abuso que nos é apresentado.

2. Como proceder no primeiro encontro com a criança?

O primeiro encontro com uma criança que vem a um psicodiagnóstico é muito importante, pois é quando poderemos observar sua atitude diante de uma situação nova, um adulto desconhecido, num ambiente desconhecido. A criança pequena costuma ter dificuldade em se separar de seus pais nesse momento, requerendo, muitas vezes, ser atendida junto com seus pais. Em geral, isso é positivo porque nos permite observar como se dá a interação entre ela e o adulto. Nos casos de abuso sexual, essa situação é particularmente interessante, pois em geral o adulto que traz a criança é o primeiro a ouvir a revelação. Esse adulto, chamado por Furniss de "pessoa de confiança", é quem vai funcionar como protetor para a criança e ajudar na contextualização da situação de diagnóstico. Além disso, é nas primeiras sessões que se vão manifestar com mais intensidade o medo, a ansiedade e os sentimentos de culpa.

Marcos, de três anos e oito meses, abusado por um amigo da família por dois meses, estava muito inibido e assustado e precisou que sua mãe o acompanhasse. Ao lado dela, ele explora os brinquedos, demonstrando seu desenvolvimento cognitivo e verbal. Questionado sobre a razão de sua vinda, ele diz que é para "cuidar dos medos". É sua mãe, a quem ele havia feito a revelação, quem relata o abuso.

Ana Maria, três anos e seis meses, durante uma visita ao pai, sofrera um episódio de abuso por ele, ao qual havia reagido com recusa e revelado à mãe assim que chegou em casa. Em sua primeira sessão, com a mãe, diz quando pergunto por que havia vindo: "Tô doente!", e é também sua mãe quem faz o relato do abuso. Conforme vai ouvindo sua mãe falar, Ana vai sentindo-se mais segura e, de repente, diz: "O Manuel (o pai) pôs a mão no meu bumbum... lá dentro!".

Júlia, de três anos, cujos pais eram separados, viveu dos seis meses até os dois anos e três meses em casa de conhecidos. Foi abusada sexualmente por eles e pelo pai durante esse período e vinha, também, sendo agredida fisicamente por sua mãe em decorrência de seu comportamento sexualizado desde que fora viver com ela há nove meses. Ela, então, ao contrário do que seria comum, não se opôs a vir para a sala desacompanhada, já que nem mesmo sua mãe era percebida como protetora. Porém, como toda criança amedrontada, manteve-se distante e alerta a todos os meus movimentos, sempre calada.

Outro fator importante a ressaltar é que, ao contrário das crianças que nos são levadas ao consultório porque têm distúrbios de aprendizagem ou de comportamento sem que se saiba a "causa", no CNRVV elas chegam com "a causa", ou quiçá apenas ainda uma suspeita, colocada à sua frente. Em sua maioria, já passaram por médicos, juízes ou até delegados. Já contaram inúmeras vezes o que lhes aconteceu, já ouviram de uns que "não aconteceu nada" e de outros que seus agressores só poderiam ser presos se elas contassem "tudo direitinho como foi". Em outras palavras, uns desqualificaram suas experiências enquanto outros as responsabilizaram pelo que aconteceria com seus agressores, aumentando seus sentimentos de culpa. Na melhor das hipóteses, o agressor não é familiar ou afim e já foi afastado sem necessidade de a criança relatar, repetidas vezes, o que lhe sucedeu. Na pior das hipóteses, elas ainda vivem sob o abuso e lidam sozinhas com isso, apesar de parecem estar sob cuidados. Em todos os casos, estão assustadas, confusas e sentindo que fizeram algo errado.

Assim, o primeiro encontro com uma criança que se supõe ou de fato tenha sido sexualmente abusada deve essencialmente buscar a melhor forma de comunicação com ela. Devemos deixar claro que estamos abertos para ouvir o que ela estiver disposta a dizer, quando e da forma como puder fazê-lo, sem que nos apressemos a explicar, julgar ou, ainda, aplacar rapidamente nosso próprio incômodo.

3. Qual a melhor abordagem: a entrevista direta, a hora lúdica ou os testes projetivos?

É prática comum, nos psicodiagnósticos, o profissional optar por iniciar a avaliação com uma observação lúdica, ou seja, oferecendo uma gama de materiais lúdicos, num espaço adequado e, com base em uma posição de observação e cooperação, avaliar motricidade, criatividade, tolerância às frustrações, adequação à realidade, capacidade simbólica e qualidade do conflito. Isso porque o brincar é a atividade essencial da criança, por meio da qual ela apreende e elabora o mundo, expressa-se como indivíduo criativo e exercita sua capacidade de relacionamento e de percepção de si mesma e do outro.

A posição observadora e neutra do terapeuta, além de favorecer a espontaneidade da criança, tem a especial vantagem, nos casos de abuso sexual, de evitar rótulos e prejulgamentos do tipo: "Você foi vítima de abuso sexual e, portanto, já sei como você é", o que poderia inibir exatamente a expressão da parte de seu psiquismo não comprometida pelo abuso.

Essa postura foi particularmente interessante na primeira sessão de Carolina, que chegou ao CNRVV com quatro anos e cinco meses, mas havia sido abusada pelo companheiro da mãe entre um ano e meio e dois anos e meio. O abuso cessara havia já dois anos e ela não sabia por que estava vindo, pois não fora informada pelo pai, com quem agora vivia. Assim, acompanhou-me sozinha à sala de atendimento alegremente. Seu brincar foi bastante exploratório e rico e ela ocupava o espaço da sala com liberdade, expressando-se muito bem verbalmente. Assim, sem preconceitos, ela pôde apresentar-me a parte livre de ansiedade de seu psiquismo para, em seguida, mostrar o conteúdo de suas fantasias persecutórias e sexuais, quando ela desenha um "bicho" e depois fura o papel com a espada de brinquedo, dizendo: "Ele é um ladrão. Ele rouba, viu, tia, e come tudo. Ele não pede mesmo. A mulher dele amava ele tanto, só que ela morreu... de catapora. Monstro também morre de catapora.... Tia, agora, você era a namorada dele e eu vou te matar".

No entanto, e paradoxalmente, para uma criança abusada sexualmente, que, por um lado, sabe ou suspeita que sabemos o que ela revelou ou está tentando revelar, e, por outro, muito habituada a corresponder às expectativas do adulto, uma situação aberta demais e sem um mínimo de contextualização pode provocar imensa ansiedade.

Além disso, muitas vezes o diagnóstico não tem apenas finalidade terapêutica, mas também de coleta de evidências para fins judiciais.

Nessas situações, nem sempre bastam as interpretações do jogo simbólico ou de testes projetivos. A criança poderá ser solicitada a "relatar" os fatos da forma mais clara possível.

É produtivo e aliviador para a criança se indagarmos diretamente sobre o que lhe aconteceu, tomando o cuidado de não fazer perguntas cujas respostas sejam simples afirmativas ou negativas ou induzam a uma escolha e abrindo-lhe, ao mesmo tempo, a possibilidade de não responder senão quando se sentir à vontade para isso. Além disso, MacFarlane & Waterman (1986) são unânimes em que é preciso dar licença clara para o uso de linguagem sexual explícita e buscar conhecer a terminologia usada pela criança para designar as partes do corpo e os atos sexuais, e não corrigi-la. Dessa forma, algumas crianças serão capazes de relatar com facilidade o abuso que sofreram e, ainda, seus sentimentos a respeito do fato.

Ana Maria, em seu segundo encontro com a psicoterapeuta, chegou dizendo: "Vou falar do meu pai, que me machucou!". Ela então passa a relatar com detalhes a cena: "Ele abriu o meu bumbum e pôs o dedo lá", sua reação e seu desejo de não mais "ir lá". Só depois, aliviada, ela pôde brincar com os bonecos e comigo.

Marcos, quando se sentiu à vontade, expôs claramente os fatos e seus sentimentos de medo e de confusão: "O Carlos é malvado porque mostrou o pinto pra mim. Ele punha coisas sujas no meu bumbum. Ele dava banho em mim, mas eu não tava sujo, não!".

A maioria das crianças pequenas, porém, encontra grande dificuldade para relatar com tal nitidez.

Dada a pouca diferenciação entre fantasia e realidade, crianças pequenas podem referir-se a pessoas, animais, personagens de histórias ou bonecos da mesma forma. Assim, é necessário identificar com clareza quem é quem na família e no meio social e escolar da criança e tornar claro o significado de cada gesto, palavra ou desenho.

Para isso, podem-se usar fantoches, bonecos anatômicos, desenhos realizados pela criança ou livros, para ajudá-la a identificar as pessoas envolvidas no abuso, assim como os fatos. Esses objetos intermediários fornecem à criança uma distância confortável do entrevistador e do assunto. É mais fácil para ela apontar num desenho a parte de seu corpo que foi tocada ou mostrar com os bonecos como o abuso se deu do que contar com palavras. É mais fácil cochichar por intermédio do fantoche do que falar alto.

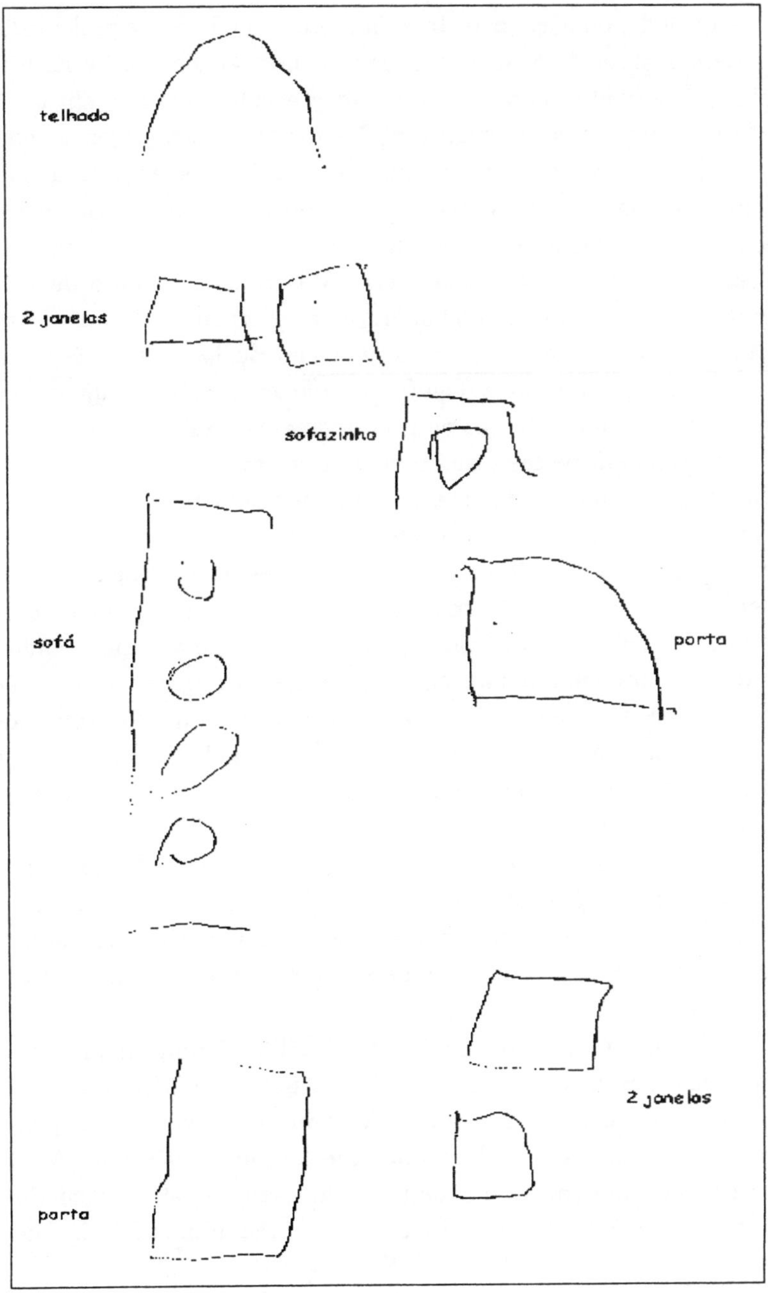

Figura 1

Quando, no entanto, o abuso inicia-se muito cedo e é prolongado, podemos observar os mecanismos descritos por Ferenczi e Furniss, em que o medo intenso, a confusão e a culpa levam à clivagem. Mesmo com o uso de objetos intermediários (testes projetivos com desenhos[3]), o conteúdo sexual manifesto, além das fantasias de aniquilação e destruição do objeto, provocou ansiedade intensa, que se expressou por agitação psicomotora, enurese e impediu um discurso coerente e, muito menos, um relato dos fatos. Do ponto de vista gráfico, os desenhos apresentaram as características da fragmentação do objeto e do ego, como alteração de localização espacial, desorganização gestáltica (Figura 1), características evacuativas, perseveração e limites abertos ou excessivamente exacerbados.

Carolina dispersa-se muito para fazer um desenho livre (Figura 2), fala o tempo todo, diz que, em casa, brinca "sem gritar, sem fazer barulho", que em seu trajeto até o CNRVV viu "o vampiro, lá no metrô, lá no escuro". (E o que você fez?) "Peguei a minha espada de verdade e matei ele... Quem me mostra a língua, eu dou um soco na cara... Eu não fui presa. Se a polícia, se ele me vê, me prende." "Aqui é o homem que morreu, os olhos dele, as pernas cresceram e ele morreu. Vou pintar ele de preto porque ele tá morto. Antes que eu brincasse de choim-choim (ela começa a pular na cadeira), ele morreu. Essa é a mulher dele, que tava no enterro dele... Ela ficou um pouco triste."

Nessa passagem, notamos as projeções de seus desejos agressivos e temores de retaliação, mas é no desenho da figura masculina (Figura 3) que o conteúdo sexual mais claramente simbolizado, a intensa ansiedade e confusão refletem-se no discurso verborrágico e desconexo.

"Posso desenhar o bigulim dele?... Ele já tinha namorada... Tem sete aninhos... Tá se coçando, na perninha" (Carolina mostra, coçando o próprio joelho) "A namorada dele tava beijando ele e a mamãe tava reclamando. Ele largou a mãe dele. Aí ele tava-se coçando no dodói dele, aí saiu sangue, aí o papai dele disse: 'O que cê tá fazendo com a minha filha??!!'." Quando

3. Desenho livre e Teste HTP (casa, árvore e figura humana).

começo a fazer perguntas para entender a situação, ela entra em grande ansiedade e confusão.

Figura 2

O primeiro desenho de Júlia (Figura 4) demonstra a característica evacuativa. Há "uma casa" (1), "uma mão" (2), "um negócio" (3), um "cachorrinho" (4), uma "boneca" (5), "um moço" (6), outro "cachorro" e um "brinquedo". O "moço", a princípio, é apenas um torso, e conforme vou interrogando a respeito das partes dele, ela vai desenhando os braços e as pernas. Quando pergunto o que é a parte assinalada do desenho (*), ela responde: "É uma chupetinha". (Para que serve?) "Pra chupar." Júlia levanta-se, vai até a pia, volta e diz: "Fiz xixi".

Para essas duas crianças, cada aproximação do tema do abuso provocava reações de angústia muito intensas. Júlia precisou de meses de silêncios prolongados, recusas em brincar, desenhos de casas quadradas, com limites muito exacerbados e distanciamento físico para poder assegurar-se da continência da terapeuta e falar sobre o abuso. Porém Carolina só pôde demonstrar claramente a estimulação sexual externa que havia sofrido após várias sessões em que, em jogos de faz-de-conta, ela assumia um papel, "a princesa" que possuía "um namorado", que tinha "de encostar o pipi aqui", disse ela, apontando para seu púbis à terapeuta que fazia o papel de irmã.

Foi apenas dessa forma, colocado numa personagem fictícia, que o material reprimido pôde manifestar-se sem excessos de ansiedade, permitindo, com o uso de técnicas psicodramáticas, uma compreensão maior a respeito de seus sentimentos de culpa, solidão e raiva da mãe.

4. Que sinais[4] e sintomas indicam a gravidade do dano?

Parece-nos claro que quanto mais invasivos os sintomas, ou seja, quanto mais áreas da vida psíquica e de relação eles comprometem, maior o dano. Sabemos que a síndrome de adaptação, que acontece quando o abuso é prolongado, leva a criança a "aceitar" a situação e sobreviver a ela mediante mecanismos de defesa da clivagem, das tentativas de controle e negação das partes ruins da expe-

4. Num empréstimo da medicina clássica, usarei o termo "sinais" para indicar o que o psicoterapeuta observa diretamente ou por meio dos testes e que, somados aos sintomas, dão subsídios ao diagnóstico.

riência (ego e objeto), e da idealização do ego e do objeto. Esses mecanismos aplacam a ansiedade e tornam os sintomas mais discretos, diminuindo as chances de interrupção do abuso.

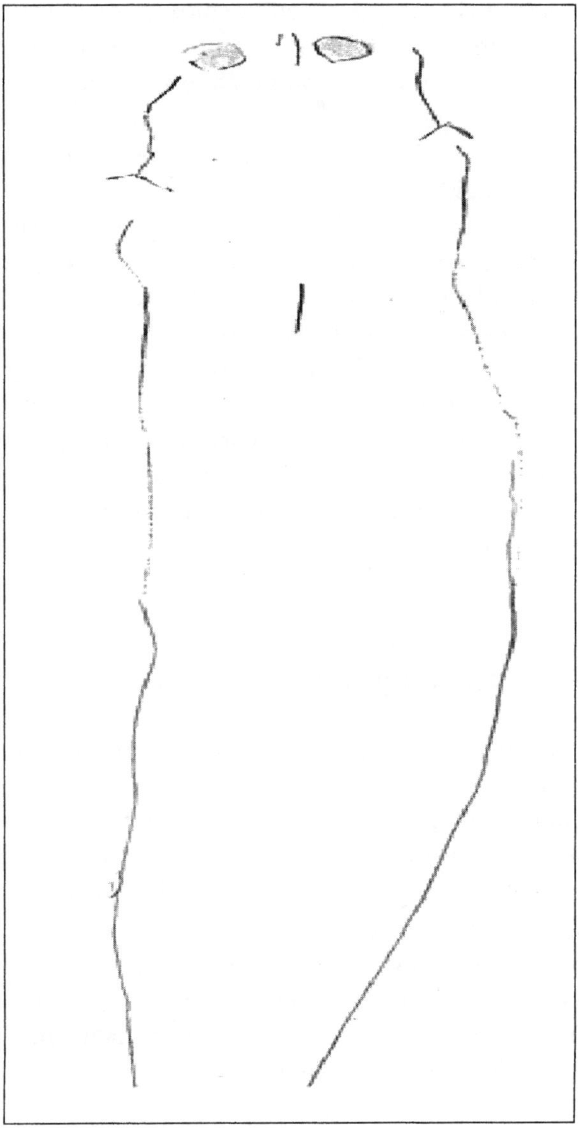

Figura 3

Quanto mais cedo esses mecanismos de defesas primitivos (ou psicóticos) instalam-se e mais tempo mantêm-se ativos, mais se fixam e mais comprometerão o desenvolvimento da criança. O comprometimento do reconhecimento do Eu, a consciência dos próprios impulsos, desejos e sentimentos, e do outro (Tu), enquanto objeto total e separado, levam ao comprometimento da capacidade simbólica, gráfica ou verbal e são, portanto, mais graves. É o que constatamos em Carolina e Júlia. Entretanto, não podemos atribuir seu comprometimento apenas ao abuso em si, como veremos mais adiante.

Já a crise da revelação (Furniss), também conseqüência da síndrome de adaptação e de um ambiente não continente às necessidades da criança[5], pode provocar, na fase imediatamente posterior a ela, a intensificação dos sintomas observados antes da revelação com acréscimo de outros. Contudo, se os sintomas e sinais guardam características neuróticas (inibição, repressão, deslocamento), com menor predominância de manifestações somáticas, podemos dizer que os danos serão menores. Ainda assim, sabemos que a repressão do trauma não garante que ele não ressurja mais tarde, na forma de uma neurose instalada.

5. Em que grau a relação entre a criança e seus pais influencia a capacidade daquela para revelar o abuso?

Foi possível observar que nas famílias em que a relação entre a criança e a mãe era afetiva, de atendimento às necessidades básicas, físicas e emocionais, o abuso foi revelado mais rapidamente. Carolina e Júlia, cujas mães logo após o nascimento das filhas deixaram-nas aos cuidados de terceiros, foram duas das crianças cujo abuso durou mais tempo (mais de um ano).

Carolina demonstrava claramente suas fantasias de abandono quando fala do desenho da figura feminina: "É Natália... tem dez anos". (O que ela faz?) "Bagunça. Pitanguinha também." (O que é pitanguinha?) "Tô com medo de falar..."

---

5. Descrédito, condenação ou superexposição da criança.

(O que aconteceu com ela?) “Fez muita bagunça. A mãe dela brigou e mandou ela arrumar tudo. Aí a mamãe falou que ia jogar tudo fora. Ela era brava. Daí a mamãe falou pra avó: ‘Eu não quero mais essa menina! Você quer ela?’. Daí a vovó ficou triste e criou ela.” (O que vai acontecer com a Natália?) “Ela tá chorando porque não ia arrumar o quarto dela. Depois ela ficou feliz.” (Depois?) “Ela morreu de três aninhos.” (Por quê?) “Porque ela tava fumando muito.” (Ela não era muito pequena para fumar?)

Figura 4

Carolina, segundo a mãe, nunca lhe contou nada. Ela contou o abuso à companheira do pai a quem visitava semanalmente. Júlia pouco falava com a mãe, mesmo depois de ter ido viver com ela aos dois anos e três meses, e sua mãe manifestava sua clara rejeição à filha. Podemos então suspeitar que seu comprometimento emocional também se deveu a falhas na maternagem e a um vínculo não empático com a figura materna.

Por outro lado, quando os pais que não abusaram e, sobretudo, as mães são vistos como protetores, o abuso é logo denunciado, como Ana Maria, por exemplo, ou após vencidos os receios quanto às conseqüências da revelação. Marcos precisou de algumas semanas e da insistência de sua mãe para revelar. João guardou segredo por anos depois de ter cessado o abuso e foi um acontecimento banal que lhe fez recordar e reviver o trauma, apresentar medos e pesadelos que, por fim, o levaram a denunciar o abuso que ocorrera quando ele esteve em casa de terceiros.

6. Os sentimentos dos pais após a revelação interferem no estado emocional da criança e no andamento do diagnóstico e do tratamento?

As mães de crianças pequenas não tendem a culpar a filha pelo abuso, como é comum quando a menina é mais velha. Mas nos casos de Carolina e Júlia a reação das mães provocou mais dano.

A mãe de Carolina nunca acreditou no abuso e quando lhe foi restituída a guarda da filha, abandonou o tratamento de ambas.

Devido ao comportamento sexualizado de Júlia, sua mãe acreditava que a filha "gostou" do abuso, castigando-a inclusive fisicamente.

Quando o abuso se dá com meninos, a reação mais comum é a de continência, como também preocupações quanto ao futuro de sua identificação sexual.

A reação mais comum entre os pais e as mães dessas crianças foi de susto, medo e culpa. O medo do agressor, da possibilidade de novo abuso e de suas conseqüências estava relacionado tanto à imaturidade e ao despreparo para o papel parental de alguns dos pais quanto com sua dificuldade em lidar com sentimentos agressivos e com conflitos acerca de sua própria sexualidade. Quando os pais eram jovens e despreparados, os avós da criança tiveram papel importante: apoiavam o desenvolvimento do papel de pais de seus filhos ou a manutenção da imaturidade e dependência destes. A culpa esteve sempre ligada à idéia de não-cumprimento do papel protetor. Em alguns casos esses sentimentos foram intensos e, mesmo que o sofrimento fosse bastante consciente, houve resistência ao engajamento em terapias que incluíssem o pai/mãe ou a família toda.

7. É possível fazer um prognóstico?

O prognóstico de tratamento dessas crianças depende, novamente, de vários fatores. Acredito que entre os mais importantes estejam a qualidade da evolução emocional da criança prévia ao abuso, a revelação (quem é a "pessoa de confiança", qual foi a reação do ambiente) e o grau do dano psicológico.

Entretanto, a qualidade das intervenções é fundamental na evolução do tratamento dessas famílias. Dois fatores são essenciais:

- a cessação do abuso sexual que muitas vezes necessitará de integração entre as diversas instituições envolvidas;
- o atendimento terapêutico ou de orientação cuja aderência só acontecerá se o vínculo entre a família e a instituição/terapeutas for mais forte que as resistências.

A terapia: possibilidades e limites

Todos os autores são unânimes em que nem todas as crianças que sofrem abuso sexual apresentam dano psíquico. Uma parte delas apenas fica confusa diante do que lhes parece um paradoxo ou assustada com a possibilidade de ser abusadas novamente. Para essas crianças, um trabalho de orientação e suporte acompanhado por orientação dos pais é suficiente para resgatar seu senso de segurança e prevenir novos abusos. A maioria, no entanto, necessita de trabalho psicoterapêutico para si e para a família.

No trabalho individual ou grupal com a criança pequena, o contexto em que ocorre a terapia assim como várias técnicas atendem a necessidades específicas.

Estabelecer um enquadramento adequado, com regras claras quanto a contatos físicos, horários e lugar; oferecer experiências com adultos que não abusem (sexual ou fisicamente), não imponham segredo ou ameaças, aceitem e compreendam a criança e sejam seguros, firmes e dignos de confiança; oferecer experiência com casal de terapeutas que não se deixem dividir; exercícios de força e controle e psicodrama, o qual propicia à criança ser autora de sua própria história, favorecem subsídios para o trabalho com o medo e a perda de confiança e de controle.

Com o passar do tempo, Marcos diminuiu seu distanciamento físico, mas antes de começar a brincar nas sessões construía uma "cerca" de almofadas à sua volta.

Reconhecer a grande capacidade perceptiva da criança e admiti-la "restabelece a confiança e estabelece o contraste entre presente e passado" (Souza e Silva & Vecina, 1998); conscientizar o material inconsciente (emoções "encapsuladas") e reconhecer seus próprios sentimentos (raiva, ultraje, dor e mágoa), discriminando-os dos sentimentos do outro e expressá-los sem medo de desagradar; discriminar pensamento/desejo de ação; apropriar-se da experiência, trabalhando reações à intrusão deslocadas diminui a confusão e desenvolve o senso de escolha da criança.

Os sentimentos de culpa cedem por meio da diferenciação entre a realidade da responsabilidade do adulto pelo abuso e os sentimentos de responsabilidade, culpa, vergonha e auto-acusação da criança e da discriminação entre sua necessidade de ternura e a resposta apaixonada do adulto. A conscientização da criança de seu comportamento sexualizado também favorece essa discriminação.

"Ser normal no contexto grupal" (Ferenczi, 1992) ajuda a romper o segredo e o isolamento e a descobrir aspectos saudáveis da personalidade e áreas de força e potência na criança e no grupo.

O trabalho com a fragmentação é delicado, exigindo tempo e tolerância à frustração do terapeuta. A elaboração deve ser em doses digeríveis, diminuindo a intensidade da ansiedade e das emoções relativas ao trauma. Para isso é preciso, também, trabalhar com as várias partes da experiência traumática separadamente (sensações e imagem corporal, emoções, ações) e reconstruir o equipamento mental com o qual pensar sobre a experiência. Em suma, trata-se de reunir as partes de si mesma (objetos internos) e reconstituir o senso de Eu, Você e Ele e as fronteiras que os separam.

Júlia, por exemplo, após muitas experiências de respeito à sua necessidade de distanciamento, pôde escolher aproximar-se e brincar.

A sua casa quadrada, tantas vezes desenhada, acabou por transformar-se numa casa com teto, paredes, janelas e portas.

Entretanto, como em qualquer processo terapêutico, é necessário desenvolver a parte não comprometida do psiquismo, a parte não vitimada da criança, ou seja, seus potenciais cognitivos e emocionais.

O treino de diferentes papéis em jogos dramáticos ou simbólicos (rei/súdito; caça/caçador; bruxa/fada; monstro/anjo) e dramatizações (inversão de papéis, interpolação de resistência) ajuda a desenvolver relações normais dentro do grupo de iguais para que a criança possa transpô-las para o ambiente social mais amplo.

Duas coisas são absolutamente essenciais na terapia com essas crianças: respeitar o tempo delas e possibilitar-lhes esquecer o trauma – superar é diferente de negar.

É claro que todos esses pontos serão trabalhados simultaneamente e ao longo de um tempo considerável, e esta foi apenas uma forma didática de compreender a dimensão da tarefa e do investimento de energia necessários tanto para o terapeuta como para a criança e sua família. Devemos ter em mente todas as resistências e boicotes ao tratamento que surgirão, em especial por parte dos pais. A maioria gostaria de "esquecer" tudo e voltar à "normalidade", sem passar pela dolorosa trilha de reviver e elaborar seus próprios sentimentos.

Este é o nosso maior desafio: *manter a criança pequena em terapia, apesar das resistências*, pois negar e reprimir o trauma não é esquecer. E esquecer só é possível depois que ele foi elaborado.

Sem a elaboração, restam as conseqüências tardias do abuso, crônicas, mais danosas e mais difíceis de tratar.

Referências bibliográficas

AJURIAGUERRA, J. *Manual de psiquiatria infantil.* Rio Janeiro, Masson do Brasil, 1980.

DURRANT, M. e WHITE, C. (orgs.). *Terapia del abuso sexual.* Barcelona, Editorial Gedisa, 1996.

FERENCZI, S. A confusão de línguas entre os adultos e a criança. In: *Obras completas, psicanálise*, vol. IV, Cap. IX. São Paulo, Martins Fontes, 1992.

FINKELHOR, D., MOORE, D., HAMBY, S. L.; STRAUS, M. A. Sexually abused children in a national survey of parents: methodological issues. In: *Child Abuse and Neglect – The International Journal*, vol. 21, nº 1, janeiro de 1997.

FORJUOH, S. N. e ZWI, A. B. Violence against children and adolescents. International perspectives. In: *Pediatric clinics of North America*, vol. 45, nº 2, abril de 1998.

FURNISS, T. *O abuso sexual da criança. Uma abordagem multidisciplinar.* Porto Alegre, Artes Médicas, 1993.

GABEL, M. (org.). *Crianças vítimas de abuso sexual.* São Paulo, Summus, 1997.

GONÇALVES, C. S. (org.). *Psicodrama com crianças: uma terapia possível.* São Paulo, Ágora, 1988.

MACFARLANE, K. e WATERMAN, J. *Sexual abuse of young children.* Nova York, Guilford Press, 1986.

MCLEER, S. V. et al. Psychopathology in non-clinically referred sexually abused children. In: *Journal of the American Academy of Child & Adolescent Psychiatry*, vol. 37 (12), pp. 1326-33, dezembro de 1998.

MORENO, J. L. *Psicodrama.* São Paulo, Cultrix, 1993.

OCAMPO, M. L. S. (org.). *O processo psicodiagnóstico e as técnicas projetivas.* São Paulo, Martins Fontes, 1981.

SEGAL, H. *Introdução à obra de Melanie Klein.* Rio de Janeiro, Imago, 1975.

SOUZA E SILVA, M. A. e VECINA, T. C. C. *Mapeando a violência doméstica.* São Paulo, Instituto Sedes Sapientiae, 1998.

CAPÍTULO 14

Do tabu à possibilidade de tratamento psicossocial: um estudo reflexivo da condição de pessoas que vitimizam crianças e adolescentes

Tereza Cristina Cruz Vecina

Tive muita violência quando criança.
Meu pai batia na gente de pau.
Com quinze anos eu tive uma violência com o meu pai
e eu quase matei meu pai com uma facada.
A gente apanha desde pequena e quando a gente cresce
parece que nossa força multiplica [...]
eu batia muito nela e minha consciência me acusava,
depois minha consciência já não acusava mais e
aí fiquei com medo[1].

O objetivo deste texto é relatar e refletir sobre a experiência como psicoterapeuta no atendimento às pessoas que vitimizaram crianças e adolescentes, física ou sexualmente. É importante ressaltar que no decorrer desses atendimentos muitos acertos e erros ocorreram, fatos que permitiram o início de uma trajetória pessoal, também apoiada na literatura existente, experiência objeto deste texto.

Tais atendimentos ocorreram em sua maioria em instituições (CNRVV e PAVAS)[2], procurando apenas alguns o atendimento espontaneamente (em geral em situação de consultório particular

1. Fala recolhida no decorrer de entrevista inicial com mãe que vitimizava fisicamente sua filha.

2. Centro de Referência às Vítimas de Violência do Instituto Sedes Sapientiae (CNRVV) e Programa de Atenção às Vítimas de Abuso Sexual (PAVAS) da Faculdade de Saúde Pública da Universidade de São Paulo.

quando a queixa principal expressa não se referia ao exercício do papel de vitimizador).

Este texto teve como base o atendimento a 26 casos de vitimização contra crianças e adolescentes, sendo quinze com queixa de violência física e treze de violência sexual[3]. Grande parte das pessoas atendidas teve acompanhamento jurídico (21 delas), uma vez que foram encaminhadas pelas Varas de Infância e Juventude, e somente dois desses casos eram egressos do sistema prisional em decorrência da vitimização cometida.

Um dos principais aspectos, e talvez o mais importante, a ser considerado nesse tipo de atendimento é a necessidade de não nos contaminarmos com dizeres do senso comum (ou mesmo de alguns profissionais) como: "Para tais pessoas não tem saída", "Eles devem ser punidos, senão castrados de alguma forma" (sobretudo nos casos de abuso sexual contra crianças e adolescentes), "Não adianta gastarmos tempo com psicoterapia, é necessário somente uma reeducação de controle de instintos", entre outras falas.

Aceitar esses pressupostos significa oscilar da impotência, de não podermos interferir para a quebra do ciclo da violência, até sentimentos de onipotência, quando nos atribuímos responsabilidades por mudanças que sabemos serem muitas vezes pequenas e lentas. Resta-nos então saber lidar com as limitações do trabalho terapêutico, cientes de que só será realizado o possível e muitas vezes, como alerta Furniss, saber que, apesar de todos os esforços, nosso trabalho pode não ser bem-sucedido.

Ainda é bastante comum, senão muito mais fácil, chamar as pessoas que vitimizam ou vitimizaram de "agressores", sendo esta a linguagem corrente de vários autores. Em nossa experiência clínica, cada vez que essa terminologia esteve presente, a direção do contato voltou-se para aspectos investigatórios, quase policialescos, dificultando o estabelecimento de um clima terapêutico em que aceitação, proteção e continência[4] estivessem presentes – aspectos que consti-

---

3. A presença de uma forma de violência não exclui a ocorrência de outros tipos de violência.

4. Sobre a necessidade de estabelecimento de um clima terapêutico de ajuda reporto-me aqui a obra de Víctor S. Dias, *Psicodrama: teoria e prática.*

tuem o alicerce do vínculo terapeuta-cliente e a peça fundamental do trabalho psicoterápico.

É sabido que o desempenho do papel de vitimizador(a) é o que trouxe o indivíduo para o processo psicoterápico, de forma espontânea ou compulsória (por meio de mandato judicial). Porém, considerar que estamos simplesmente *trabalhando com o(a) agressor(a)*, além de ser uma falácia – tendo em vista ser este um entre muitos papéis que o indivíduo desempenha –, é uma forma de reduzir a identidade humana a um só aspecto, alimentando estigmatizações e criando, cada vez mais, dificuldades para a ocorrência de mudanças. Trabalhar dessa forma implica estabelecer uma relação parcial, quando a relação Eu-Isso se sobrepõe ao estabelecimento de relações Eu-Tu[5].

Assim, uma das aprendizagens mais vivas obtidas no decorrer dos variados atendimentos é que o atendimento psicoterápico só se concretizou quando à nossa frente estiveram pessoas inteiras, capazes de desempenhar diferentes papéis, que carregavam um sofrimento intenso, seja pelo fato de terem desempenhado o papel de vítima ou de vitimizador.

Ravazzola bem define aquele que abusa sexualmente como alguém que " [...] não aprendeu a regular, a medir, a dizer, a escutar e respeitar mensagens de si mesmo e do outro ou encontra-se em contextos nos quais estas aprendizagens foram esquecidas, se diluíram ou perderam a força" (in Faleiros, 2000, p. 13).

Apesar de existirem dinâmicas diferentes nos casos de vitimização física e sexual, tal definição pode ser também estendida aos que vitimizam fisicamente crianças e adolescentes.

Sabe-se que a cultura existente em nossa sociedade pode ser considerada um dos principais fatores determinantes dessas diferenças. Muitas vezes o ato de "bater" é socialmente autorizado como medida disciplinar, enquanto aspectos da sexualidade são cercados de tabus.

---

5. Utilizamos aqui a terminologia psicodramática indicativa das diferentes formas de relações possíveis, quando a relação "eu-tu" indica a relação entre dois sujeitos com possibilidades de expressão de seus pensamentos, desejos, crenças e sentimentos, em contraposição à relação "eu-isso" em que o outro é visto como objeto, e não como elemento de uma díade.

Tal forma sociocultural de encarar a vitimização física e sexual leva aqueles que vitimizam a desenvolver sentimentos e julgamentos diversos, relativos a si mesmos e a seus atos. Medos, culpas e vergonha estão presentes em qualquer tipo de vitimização, porém existe um maior ou menor acobertamento e/ou mascaramento desses sentimentos conforme a permissão dada pela cultura da comunidade onde tais indivíduos estão insertos.

A literatura, assim como a experiência clínica, mostra que pessoas que vitimizam também foram invadidas, foram objeto do desejo de outrem – física, sexual ou psicologicamente – no decorrer de seu desenvolvimento. Isso nos leva a pensar no desenvolvimento psicossocial dos que vitimizam mediante suas vivências como vítimas. É possível observar que essas pessoas não tiveram oportunidade (ou tiveram oportunidades insuficientes) de vivenciar, no decorrer do processo de formação de sua identidade, cuidados e proteção que permitissem o desenvolvimento dos papéis de protetor e de cuidador para com o outro.

A criança que sofre a vitimização, além de apresentar sentimentos de ódio, repulsa, resistência e nojo, revela sentimentos de medo e impotência que a impedem de resistir e evitar a vitimização e a revitimização. Esses sentimentos contraditórios levam-na à submissão ao poder e ao desejo do outro, além do esquecimento de si mesma.

Surgem daí mecanismos de identificação com aquele que a vitimiza e a introjeção da figura daquele que a vitimizou. Não podendo reagir ou sentir ódio, e vivendo em um "complô do silêncio", a criança não tem a oportunidade de compreender ou questionar o que vivencia.

Ainda, no decorrer do processo de vitimização, são transmitidas mensagens de que aquele que está sofrendo a vitimização "é merecedor de castigos" (inclusive com a presença de atos violentos), "não é merecedor de afeto", "só tem valor na medida em que é útil e objeto de outrem". Cria-se, assim, uma auto-imagem que pode ser traduzida como: "Sou uma pessoa sem valor", "Sou uma pessoa má", entre outras. Tais mensagens também estarão interferindo na formação da identidade e embasarão o desempenho de papéis de cuidadores e protetores na vida adulta.

Já na vida adulta, quando aparece a necessidade de exercer os papéis de proteção e de cuidados para com o outro – em geral crianças, ou mesmo os próprios filhos –, surgem sentimentos de medo e incompetência, podendo desenvolver-se comportamentos de negligência e abandono. Essas crianças, em vez de serem cuidadas e protegidas, são deixadas em situação de risco, inclusive de outros vitimizadores.

Tais vivências de vitimização ocorridas na infância, cercadas do emudecimento e da não-elaboração, muitas vezes não se encontram acessíveis ao consciente ou precisam ser negadas como um mecanismo de evitação da dor. Assim, nesse estado de inconsciência e negação da dor, resta a essas pessoas desempenhar o papel de vitimizador(a) mediante a repetição de ações violentas – a atuação[6] como forma de alívio de uma possível dor da revivência.

Somente quando compreendemos essa dinâmica e a Matriz de Identidade dos que vitimizam é que se torna possível iniciar um processo psicoterápico, e não apenas investigatório ou classificatório[7]. Quem hoje vitimiza, por meio da ação ou omissão, ao fazê-lo revivencia sua própria vitimização com os mesmos sentimentos de "sem saída". Cabe ao processo psicoterápico um trabalho no sentido da rematrização[8].

Ainda é possível perceber nas pessoas que vitimizam ou vitimizaram dificuldades no estabelecimento de vínculos afetivos saudáveis nas diferentes relações. Em nossa experiência, poucas foram as pessoas atendidas que mantiveram relações constantes com o emprego, escola, entre outras situações, apresentando dificuldades de relacionamento social, sobretudo com autoridades.

Acreditamos que tais dificuldades de relacionamento social decorram, em grande parte, de vivências em que essas pessoas foram

---

6. O termo "atuação" é utilizado aqui para expressar o "atuar/agir para fora" o que está dentro do sujeito.

7. Chamamos aqui de processo classificatório a ânsia que alguns profissionais têm em fechar um quadro diagnóstico que englobe todos os que vitimizaram. Corre-se aí o risco de chegarmos a conclusões reducionistas que não dão conta da pessoa em atendimento.

8. Quando nos referimos ao termo "rematrização", reportamo-nos ao processo de questionamento e elaboração da aprendizagem emocional ocorrida na primeira infância perante o grupo social/familiar que acolheu a criança (suprindo ou não suas necessidades fisiológicas, psicológicas e sociais), isto é, a Matriz de Identidade.

transformadas em objetos de uso de outrem, exercendo o papel de vítima, o que possibilitou o desenvolvimento de sentimentos de medo, desconfiança e de "sem saída".

Em concordância com essas vivências, também se observou o aparecimento de queixas voltadas para a dificuldades de relacionamento com amigos, colegas de escola ou de trabalho, familiares e companheiros. Notam-se nesses relacionamentos dificuldades na percepção do outro como alguém distinto de si mesmo, assim como na introjeção de padrões, regras e limites sociais de convivência.

Nesse mesmo sentido, o atendimento psicoterápico, assim como as demais relações, constitui tanto um momento ameaçador – pela possibilidade de vinculação, revivência de situações traumáticas e medo da acusação – como uma oportunidade de confirmação de sua identidade. Existe a dificuldade de exposição como pessoas que foram vítimas e como pessoas que vitimizaram. O medo das conseqüências (reais ou imaginárias) encerra-os em um mundo de mentiras, negações e silêncios.

Muitas vezes, sem o reconhecimento de limites, tentam ultrapassar os limites do *setting* terapêutico na ânsia de se verem aceitos e merecedores de "atenção especial", com dificuldades em obedecer ao contrato terapêutico e com constantes atuações. Não parecem reconhecer os limites Eu-Tu nas diferentes relações.

A necessidade de utilizar o espaço psicoterápico como um "'álibi" é também bastante comum – sobretudo quando a realização desse processo é determinada judicialmente, de forma compulsória. Nesses casos, o comparecimento às sessões, em particular no início do processo, pode reduzir-se a um acúmulo de provas judiciais de "bom comportamento" e ao cumprimento de uma medida legal (quando o registro do atendimento no cartão de comparecimento constitui uma das partes mais importantes do encontro), descaracterizando a função do atendimento psicoterápico como um espaço de autoquestionamento e elaboração de vivências.

Bastante freqüente, no decorrer dos atendimentos, é a presença de um discurso repetitivo de reafirmação, para si e para o outro, de conceitos de identidade, isto é, a necessidade de se mostrar como uma "pessoa boa e digna de confiança" e não conseguir entender o porquê de estar sendo acusado. Não consegue perceber as contradições de seu discurso, não agüentando entrar em contato com a avaliação que o outro faz dele. Aparece aí, novamente, um mecanismo de evitação, talvez decorrente da baixa auto-estima alimentada no decorrer de sua história de vida.

Outro fato comum é a necessidade premente de culpabilizar os outros na busca de se desresponsabilizar por seus diferentes atos, sobretudo no início do processo psicoterápico. Tal mecanismo é bastante compreensível como uma defesa de acusações legais e também como uma defesa intrapsíquica para manutenção de uma autoimagem compatível com o seu desejo. É muito difícil poder enxergar em si mesmo a responsabilidade pelos atos e ainda a desproteção de que vem experienciando no decorrer de sua vida.

Apesar de percebermos diferentes mecanismos de evitação na assunção de responsabilidades por seus atos e culpabilização de outros, devemos também estar atentos ao fato de que a vitimização dificilmente é obra de um só indivíduo. Em geral, para que ela ocorra, é necessário estabelecer uma rede de cumplicidades e silêncios, quando os que vitimizam ocupam diante do núcleo familiar/social posição de destaque e prestígio, podendo ser provedores de carências desse meio (materiais ou afetivas), o que lhes garante obter um espaço no grupo social e manter a situação de vitimização.

Ao analisarmos o comportamento dos que participam ou participaram do processo de vitimização por meio da omissão de proteção e cuidados para com a criança, pudemos constatar que essas pessoas ocupam grande parte de seu tempo acusando e/ou executando "pequenas perseguições" àquele que vitimizou (geralmente no ambiente social e de trabalho).

À primeira vista, tais acusações parecem ser movimentos tardios de proteção e reparação. Contudo, tais acusações/culpabilizações poderiam ser consideradas "pequenas vinganças" (em geral pouco efetivas) que, além de não protegerem as crianças e os adolescentes, também não constituem reais enfrentamentos ao que vitimizou. Com esses movimentos parecem desresponsabilizar-se por sua co-participação na vitimização e em identificar um único culpado.

Também bastante comum na fala dos que vitimizam é a presença de conceitos religiosos rígidos que possibilitam a construção do conceito de uma identidade. Isso nos remete a uma compreensão da dinâmica daquele que vitimiza por meio de construções teóricas, como a da constituição do superego.

Nesse sentido, falar de culpa e perdão, bem ou mal, é referir-se a uma instância moral que num primeiro momento é externa ao sujeito e, no decorrer do desenvolvimento, internaliza-se, fazendo com que o indivíduo reconheça e respeite leis/proibições, possibilitando a renúncia aos desejos e o respeito às exigências sociais e culturais.

Observamos que essas pessoas que vitimizaram parecem estar fixadas nesse primeiro momento, quando a censura e a crítica ficam sob a responsabilidade do mundo externo e muitas vezes projetada em preceitos religiosos severos e punidores. Parece-nos que somente essas formas de controle possibilitam a renúncia ao desejo ou à descarga. Além disso, a fé e a crença acabam por acobertar – de si mesmos e de outros – suas "partes más".

Quando remetemos essa dinâmica à relação terapeuta-paciente, observamos que muitas vezes o primeiro é colocado no papel de detentor dessa moral e/ou proibição, constituindo (voluntária ou involuntariamente) um elemento externo de contenção de futuras vitimizações. O delegar ao terapeuta a função de colocação de limites, se bem compreendida e trabalhada pelo terapeuta, pode vir a ser um momento favorecedor para o questionamento de vivências do passado, além de possibilitar, de forma imediata, a interrupção do ciclo da vitimização.

Aspecto importante a ser ressaltado é a necessidade de que o trabalho terapêutico se dê no âmbito transdisciplinar e interinstitucional, ou seja, que os profissionais que atendem quem vitimizou possam contar com uma equipe que dê suporte e complemente ações.

No tocante às intervenções judiciais, vemos que são as determinações jurídicas para o comparecimento ao tratamento psicossocial, a chamada "terapia compulsória", que possibilitam a esses indivíduos, mesmo a contragosto, entrar em contato com a equipe de tratamento. Apenas por meio da introdução da lei como elemento organizador surge a possibilidade de construção de vínculos terapêuticos que auxiliarão esses sujeitos a se questionar no desempenho de seus diferentes papéis e a buscar a realização de mudanças em suas relações.

Cabe esclarecer ainda que, para o atendimento dos que vitimizam, o profissional deve poder contar com uma equipe multidisciplinar e o apoio de diferentes instituições para a condução mais completa e integrada de seu trabalho. Isso também lhe permitirá lidar com sentimentos que surjam no decorrer do atendimento, como onipotência/impotência, medo e expectativas sobre o outro, julgamentos morais, impaciências e enfrentamentos simétricos, entre outros.

Finalizando, procuramos aqui expor, de modo mais sistematizado, como se deram os atendimentos realizados, indicando alguns movimentos dos pacientes, tecendo algumas considerações que acreditamos serem importantes para destacar no que se refere ao trabalho psicossocial, conforme quadro a seguir.

Focaremos, principalmente, as questões da vitimização, identificando quatro etapas básicas ao processo de tratamento, a saber:

1ª) Estabelecimento da aliança terapêutica – Resistências *versus* vinculação;
2ª) Autoquestionamento – O papel de vítima;
3ª) Busca de aceitação – O papel de vitimizador;
4ª) Reconstrução – Nem vítima nem vitimizador.

Sabemos, de antemão, que as observações deste quadro são um primeiro esboço do trabalho e não esgotam a necessidade de um processo psicoterápico mais amplo em que outros focos possam ser trabalhados.

À equipe terapêutica cabe encontrar a melhor forma de abordar o problema, saber lidar com as negações e as resistências, reconhecer as dinâmicas envolvidas caso a caso, estar atenta à presença de uma rede de vitimizações, além de manter-se coesa e integrada para a realização de ações eficazes.

Nosso objetivo é, portanto, permitir que os sujeitos envolvidos no processo de vitimização possam constituir-se como pessoas livres dos estigmas de "vítimas" ou "vitimizadores". Conforme carta escrita por um paciente de 34 anos, que assume ter vitimizado sexualmente crianças e adolescentes sob sua guarda: "Quando você me chama de criminoso, sinto que não há salvação para mim. Sinto que devo abandonar tudo. Se você reconhece em mim um potencial de amor, que está temporariamente transviado de seu caminho, me enche de esperança".

Etapa I – Estabelecimento da Aliança Terapêutica – "Resistências *versus* Vinculação"

MOVIMENTOS OBSERVADOS NO PACIENTE
• Busca um "álibi" no atendimento • É hostil em relação ao processo de tratamento – considera a indicação despropositada e a intervenção inútil • Evita a realidade e nega os fatos relativos à vitimização (ausência de angústia) • Minimiza as conseqüências decorrentes dos fatos da vitimização • Culpa os outros pela vitimização ou por qualquer outro dano sofrido contra ele próprio (inclui terapeuta e a própria vítima) • Seduz o terapeuta ou os demais membros do grupo (por exemplo, são os *bonzinhos, dão pensão, cuidam* etc.). Em situação de grupo tenta aliar-se ao terapeuta contra os "demais malvados" • Mostra-se necessitado de limites externos na vida (de preferência rígidos), geralmente associados à religiosidade • Tem dificuldades em obedecer a limites dentro do espaço terapêutico (físico e temporal), testando a disponibilidade e a aceitação da equipe • Justifica seus atos de vitimização • Quando admite os atos de vitimização, demonstra "falsos remorsos" – induzindo o profissional a realizar julgamentos • Faz queixas psicossomáticas desfocando a intervenção e possibilitando a evitação de angústia • Demonstra dificuldades de entrar em contato com emoções e/ou negação de emoções
TRABALHO TERAPÊUTICO A SER REALIZADO
• Trabalhar integrado à equipe multidisciplinar e interinstitucional (fato a ser comunicado ao paciente) • Garantir o suporte legal necessário, evitando abandonos/fugas • Explicitar os objetivos do atendimento (auxiliar nas mudanças de relacionamento) • Compreender os motivos e a função da negação • Trabalhar com o desmonte da negação e o desastre temido – medos reais e ansiedades inconscientes

- Estabelecer limites/regras claras no espaço de atendimento
- Aceitar e dar continência, sem a desresponsabilização pelos atos de vitimização
- Reconhecer o sofrimento (pelo segredo, história atual e/ou passada)
- Estabelecer empatia e compreender as vivências
- Reconhecer e distinguir admissão e assunção de responsabilidades
- Reconhecer papéis preservados (estabelecer vínculos terapêuticos por meio desses papéis)
- Diferenciar entre a postura investigatória e a de tratamento – trabalho no *como se*, visando questões como acusação, culpa, participação e responsabilidade
- Facilitar o rompimento do segredo e da banalização no tocante à vitimização
- Auxiliar na internalização de limites e regras familiares e sociais
- Mobilizar angústia

Etapa II – Autoquestionamento – "O Papel de Vítima"

MOVIMENTOS OBSERVADOS NO PACIENTE
• Traz por si só a vitimização de que está sendo acusado, questionando os diferentes papéis e colocando-se como vítima (na atualidade e no passado) • Faz relatos referentes aos eventos de vida predisponentes à vitimização (as vitimizações sofridas) – papel de vítima
TRABALHO TERAPÊUTICO A SER REALIZADO
• Possibilitar o autoquestionamento mediante diferentes técnicas • Permitir a discriminação Eu-Tu (quando vitimizador e vítima ainda simbiotizados) • Favorecer a expressão de sentimentos (raiva, tristeza, vingança, impotência etc.) • Possibilitar o reconhecimento do papel de vítima • Permitir a visualização de saídas para autoproteção

Etapa III – Busca de Aceitação – "O Papel de Vitimizador"

MOVIMENTOS OBSERVADOS NO PACIENTE
• Já pode falar de si enquanto alguém que vitimizou • Reconhece sua participação na vitimização (papéis desempenhados por ele e pelos demais) • Manifesta um conflito – auto-imagem de vítima e vitimizador • Enfrenta quem o vitimizou

TRABALHO TERAPÊUTICO A SER REALIZADO
• Possibilitar reconhecimento do papel de vitimizador • Permitir melhor autopercepção, reconhecendo a presença de papéis distintos em diferentes estágios de desenvolvimento • Possibilitar enfrentamento de figuras internalizadas que o vitimizam/vitimizaram • Auxiliar na identificação de desencadeadores dos impulsos para vitimização e na busca de saídas e de autoproteção

Etapa IV – Reconstrução – "Nem Vítima nem Vitimizador"

MOVIMENTOS OBSERVADOS NO PACIENTE
• Desenvolvimento de novos papéis (nem vítima, nem vitimizador) nas diferentes relações sociais: família, amizades, trabalho etc. • Busca de reparação (real ou simbólica) perante a vítima, o que implica proximidade ou mesmo afastamento desta • Procura de diferentes formas de relacionamento e padrões de comportamento – novos companheiros, amigos etc.
TRABALHO TERAPÊUTICO A SER REALIZADO
• Auxiliar a compreender o significado da reparação perante a vítima • Trabalhar novos papéis identificando repetições

Referências bibliográficas

DIAS, V. R. C. S. *Psicodrama: teoria e prática.* São Paulo, Ágora, 1987.

FALEIROS, Eva T. S. *Repensando os conceitos de violência, abuso e exploração sexual de crianças e adolescentes.* Brasília, Thesaurus, 2000.

FURNISS, T. *Abuso sexual da criança: uma abordagem multidisciplinar.* Porto Alegre, Artes Médicas, 1993.

SÁNCHEZ, F. L. *Prevención de los abusos sexuales de menores y educación sexual.* Salamanca, Amarú Ediciones, 1995.

SORÍA M. Á. e HERNÁNDEZ, J. A. *El agressor sexual y la víctima.* Barcelona, Boixareu Universitaria, 1994.

CAPÍTULO 15

Posicionamento ético dos psicólogos no atendimento dos casos de crianças e adolescentes vitimizados

Irene Pires Antônio

Este artigo visa levar os profissionais a uma reflexão sobre o papel do psicólogo no atendimento de casos de violência intrafamiliar, tendo em vista o Código de Ética, o sigilo e a necessidade de proteger as crianças e os adolescentes vitimizados de novas agressões.

A postura dos profissionais que receiam procurar ou atender aos pedidos da Justiça, seja para denunciar ou esclarecer fatos, pode levar à impunidade daqueles que agridem e deixar as vítimas em nova ou permanente situação de risco. Esses profissionais têm, muitas vezes, se baseado na questão ética para manter o sigilo dos atendimentos, porém o resultado dessa postura pode levar a um papel de omissão, em que a ética, invocada erroneamente, provoca o inverso, ou seja, pode levar a uma postura perversa e antiética. Assim, a alegação do sigilo, amparado pelo Código de Ética, poderá levar a um novo quadro de violência intrafamiliar, perpetuando-a de maneira cruel.

O Código de Ética pode deixar de ser um instrumento eficiente para o profissional (e para os usuários dos serviços de um psicólogo), se utilizado de forma inadequada, atendendo apenas aos interesses individuais do próprio psicólogo, que muitas vezes teme ser processado por quebra de sigilo, e acaba colocando seu paciente em risco de integridade física e psíquica.

Max Weber, sociólogo, faz uma diferença entre dois tipos de ética: ética da convicção e ética da responsabilidade. Essa diferenciação é fundamental para entender-se o agir individual, que se justifica apenas em cima daquilo que o indivíduo entende como justo (para ele), e o agir de um grupo ou de um indivíduo, mas com ações voltadas para o grupo.

> Há uma diferença insuperável entre o agir segundo a máxima da ética da convicção, que em termos religiosos soa assim: 'O Cristão age como justo e deixa o resultado nas mãos de Deus', e o agir segundo a máxima da ética da responsabilidade, conforme a qual é preciso responder pelas conseqüências previsíveis das próprias ações (La política come professione, in *Il lavoro intellettuale come profissione*, Torino, 1948, p. 142, citado por Bobbio, 1986).

Assim, se nossa postura basear-se na ética da responsabilidade, veremos que nossas ações e omissões terão conseqüências não só para nós, como também para os outros. Um simples ato em deixar de comunicar um fato a algum órgão competente, quando atendemos uma criança ou adolescente vítima de violência intrafamiliar que se encontre em situação de risco, poderá provocar tragédias imensas a essa criança/adolescente.

Há uma enorme diferença entre a ética da convicção e a ética da responsabilidade. A primeira é vista como ação de um indivíduo, enquanto a segunda como a ação de um indivíduo perante a sociedade, levando-se em conta que seus atos terão conseqüências e que será necessário assumi-las (perante a sociedade e a si mesmo).

Segundo Thomaz Hobbes, filósofo, "O homem é movido por instintos e paixões". Assim, há a necessidade da implantação de normas e condutas sociais, bem como de estudar se essas "normas" são eficientes para garantir-se a "sobrevivência" de todos. Se vivêssemos sem qualquer tipo de ética, há muito teríamos nos extinguido, pois cada qual viveria e resolveria seus conflitos da maneira que melhor lhe aprouvesse.

A conduta em que o profissional se mantém absolutamente fechado tem colocado crianças e adolescentes em perpétua situação de risco. Muitos desses profissionais têm demonstrado dificuldade em pensar na questão da ética, da forma como a estamos abordando, porém é bastante possível que isso se dê pela falta de discussão em torno desse tema.

Muitos psicólogos têm colocado que seus pacientes (crianças e adolescentes vitimizados, e por vezes a família inteira) desejam que seus relatos sejam mantidos em sigilo. De fato, a maioria das vítimas de violência sofre ou sofreu ameaças para não contar os abusos a que são submetidas, daí a necessidade em manterem o sigilo de suas conversas. Nestes casos, caberia ao psicólogo trabalhar a necessidade de revelação/notificação, ajudando, inclusive, a internalizar em seus pacientes a noção de proteção e de direitos que lhes cabem.

Em sete anos de atendimentos diários a crianças e adolescentes vítimas de violência, em vários momentos me deparei com a necessidade da revelação/notificação. Muitos desses pacientes, hoje, são pessoas livres dessa violência diária que lhes era imposta e, inclusive, já conseguem não só se proteger, como auxiliar outros que se encontram na mesma situação. Assim, percebemos que houve um desenvolvimento pessoal intenso, em que finalmente a noção de proteção e de direitos foi internalizada de maneira plena.

No Estatuto da Criança e do Adolescente, art. 18, vemos que: "*É dever de todos* velar pela dignidade da criança e do adolescente, pondo-os a salvo de qualquer tratamento desumano, violento, aterrorizante, vexatório ou constrangedor" (grifo nosso).

No art. 5º também observamos: "Nenhuma criança ou adolescente será objeto de qualquer forma de negligência, discriminação, exploração, violência, crueldade e opressão, punido na forma da lei qualquer atentado por ação ou *omissão*, aos seus direitos fundamentais" (grifo nosso).

De maneira ainda mais clara, no art. 13, notamos que: "Os casos de suspeita ou confirmação de maus-tratos contra criança ou adolescente serão obrigatoriamente comunicados ao Conselho Tutelar da respectiva localidade, sem prejuízo de outras providências legais".

Assim, percebemos que essa questão não é só ética, mas igualmente legal.

Não é intenção deste artigo, aterrorizar os psicólogos com questões legais ou possíveis punições para quem não seguiu as normas. Os artigos citados servem apenas para que se saiba que hoje é previsto em lei a garantia dos direitos das crianças e dos adolescentes. É *durante os atendimentos psicológicos* que muitas vezes é exposto, pela própria vítima, o risco de integridade física e psíquica que ela corre.

Se nos basearmos pela ética da convicção, de fato seria possível permanecer em sigilo sobre tudo o que ouvimos e avaliamos, porém, se pensarmos nas conseqüências de nossos atos, teremos que nos conduzir pela ética da responsabilidade, em que colocamos o dever como cidadão acima de qualquer interesse da categoria dos profissionais de psicologia. Se muitos psicólogos, por simples ingenuidade, se mantêm silenciosos, acreditando que estão cumprindo o código de ética, muitos outros, meramente para preservar-se, também se silenciam. Interessante observar que esses últimos alegam a ética da convicção, mas se analisarmos a situação, verificaremos que sua postura é antiética e perversa. De qualquer forma, ambas as situações são perpetuadoras da violência, o que é inconcebível, quer por ignorância, quer por comodismo.

Assim, convidamos os psicólogos a refletir sobre qual é a postura ética que temos adotado, e se essa postura de fato representa o real interesse em manter um atendimento digno, rico e responsável para com os nossos pacientes.

Referências bibliográficas

BOBBIO, N., MATTEUCCI, N., PASQUINO, G. *Dicionário de política*. Editora Universidade de Brasília, 1986, verbete Política, pp. 954-62.

Lei Federal nº 8069 de 13/6/1990 – Estatuto da Criança e do Adolescente.

CAPÍTULO 16

Pressupostos teóricos e formação de pólos no trabalho de prevenção

Arlete Salgueiro Scodelario

Grande parte de nossa população vive privada dos direitos básicos, sem expectativa de cidadania política, convivendo com questões de desigualdade, injustiça, corrupção, impunidade e violação dos direitos humanos.

Nas relações interpessoais a violência vem banalizando-se, e o diálogo é cada vez menos presente como instrumento na resolução dos conflitos.

A violência contra crianças e adolescentes é a expressão social dramática dessa situação. O adulto se autoriza a violar a criança e o adolescente na sociedade, na rua, nas instituições e dentro de suas próprias casas.

A violência intrafamiliar, fenômeno histórico e universal que atravessa todas as classes sociais, deve ser desvelada e desconstruída.

Diante da complexidade desse tipo de violência e da dificuldade em interromper seu ciclo por meio de ações isoladas, acredita-se que um trabalho de prevenção seja imprescindível.

Mas o que seria prevenir a violência, em especial a intrafamiliar?

Etimologicamente, prevenir, vir antes, tomar a dianteira, provém do latim *praevenire.* Entre as definições dadas em dicionários, uma delas é antecipar-se, preparar-se, outra é impedir que aconteça, proibir, evitar, interromper.

Como se preparar em relação às situações de violência intrafamiliar ou interromper os processos que levam a ela?

Não podemos pensar que a prevenção implique uma única prática ou que as práticas estejam embasadas nas mesmas concepções teóricas ou ainda ideológicas e filosóficas. Considerando as transformações históricas das ações preventivas, observamos que para os alienistas o asilo tinha o objetivo de preservar a cidade dos insanos, sendo ainda uma instituição social complexa, na medida em que recolhia não somente os loucos, mas toda a população marginalizada, dos mendigos aos criminosos.

Em 1982, Foucault coloca que as estruturas asilares harmonizavam as exigências da ordem social, que pedia proteção contra a desordem dos loucos, e as necessidades da terapêutica, que requeriam o isolamento dos doentes. Acrescenta que, para justificar o isolamento dos loucos, Jean E. D. Esquirol dava cinco razões principais: garantir a segurança pessoal dos loucos e de suas famílias; liberá-los das influências externas; vencer suas resistências pessoais; submetê-los a um regime médico; impor-lhes novos hábitos intelectuais e morais.

Em seu texto, encontramos ainda a seguinte citação:

> Sabemos sobre a sua doença e sua singularidade coisas suficientes, das quais você nem sequer desconfia, para reconhecer que se trata de uma doença; mas desta doença conhecemos o bastante para saber que você não pode exercer sobre ela e em relação a ela nenhum direito.

É impressionante como uma medida que considerava estar oferecendo segurança, proteção e cuidados, podia submeter o doente ao médico, diminuindo ou tirando seu poder, saber e direitos de cidadão. A psiquiatria social já vai considerar a importância das influências biopsicossociais com a tônica posta na ação do ambiente. Vai empregar a própria comunidade como instrumento nas ações preventivas ou reabilitadoras, levantando a bandeira da comunidade terapêutica.

Nos dias atuais pode haver muitas formas de prevenção com o argumento de preservar a vida ou promover melhor qualidade de vida.

Um tipo de prevenção normativa ou adaptativa está apoiada pela filosofia positivista que deseja uma sociedade cientificamente ordenada e mantém o dualismo entre saúde e doença, estando esta ligada ao patológico, ao desvio da normalidade. Busca por meio de ações planificadas pela equipe e pelos técnicos diminuir as tensões e a volta ao equilíbrio, devendo as pessoas envolvidas colaborar com o que está sendo proposto pela equipe e pelos técnicos que idealizaram o plano das intervenções.

Para Gerald Caplan, doença é um desvio da norma ou desajuste a respeito da ordem social.

Leo Kanner comenta que para alguma pessoa ocorreu que a saúde mental e a conduta podiam ser objeto do trabalho de prevenção. Afinal, se era possível tomar medidas para evitar a varíola e a tuberculose, também se podiam encontrar formas de prevenir a loucura e o crime.

Na área da saúde mental acerca da prevenção encontramos supostos como a organização do trabalho em programas executados por equipes multidisciplinares por meio de ações biopsicossociais em nível primário, secundário e terciário, entendendo-se que no primário as ações são dirigidas à população para reduzir a ocorrência de casos novos, no secundário o objetivo é o diagnóstico precoce e o tratamento oportuno, e no terciário as ações sobre a doença avançada visam diminuir as conseqüências do que é considerado patológico.

O desafio é que na (re)produção da violência intrafamiliar estão engendrados aspectos políticos culturais e educacionais, ficando cada vez mais claro que ações em qualquer um dos sistemas sociais, de modo isolado, não conseguem dar conta da interrupção do ciclo da violência, confirmando a importância de um trabalho de prevenção.

Podem-se levantar alguns questionamentos a respeito de como, onde e quando será realizada essa intervenção.

A seguir, a proposta é refletir sobre as ações para maior conscientização social, dirigidas à população que está envolvida direta e/ou indiretamente em situações de violência intrafamiliar.

Os princípios e as estratégias relacionados a seguir são fundamentados na literatura e em vários anos de experiência no trabalho com a comunidade.

Princípios e estratégias gerais

Os programas devem incluir ações que envolvam crianças/adolescentes, pais/responsáveis e profissionais dos serviços das diferentes áreas: educação, saúde, jurídica e social, por meio de suas instituições que têm a função de proteger e socializar crianças e adolescentes.

Assim, os profissionais de diferentes instituições que têm relação com a infância e a adolescência, como escolas, creches, postos de saúde, Varas de Infância e Juventude, delegacias, associações culturais e religiosas, bem como autoridades e líderes comunitários, podem contribuir propondo ações de diversas naturezas. Os profissionais da mídia podem propor matérias em jornais ou revistas, programas como mesas-redondas ou discussões de filmes que forneçam informação e favoreçam a conscientização e a reflexão sobre o tema da violência intrafamiliar ou de suas causas e conseqüências.

As estratégias podem ser planejadas segundo algumas referências:

- **Onde?**

A escolha dos locais contribui de forma especial para a realização do trabalho. As ações devem ser desenvolvidas, de preferência, em espaços onde sejam amplamente irradiadas, propiciando uma transformação cultural no que se refere à valorização da infância e da adolescência, bem como ao não-uso da violência para solucionar conflitos ou educar.

O espaço educacional é um lugar privilegiado, na medida em que é possível desenvolver ações com crianças/adolescentes, com suas famílias e com os profissionais que com eles trabalham. É também onde os jovens passam muitas horas, possibilitando aos profissionais observá-los cuidadosamente e, assim, identificar situações de violência ou risco pessoal e realizar os encaminhamentos necessários, bem como o acompanhamento posterior que se faz imprescindível.

Ter um local estável que seja acessível e reconhecido pela comunidade pode ser o ponto de partida, podendo ser a escola, a creche, um centro de juventude ou comunitário. A este se agregam as ações desenvolvidas em outras instituições que estarão interagindo de forma articulada. Assim, com base em um núcleo original as ações vão se irradiando e formando um pólo de referência nas questões relacionadas à violência intrafamiliar. Esse pólo também passa a ser uma referência para a população local e para as de outras comunidades, em especial no que diz respeito aos serviços especializados oferecidos por profissionais de diversas áreas.

- **Quando?**

As ações são dirigidas desde o início a crianças/adolescentes, aos pais e aos profissionais.

Os temas podem ser desenvolvidos de forma paralela ou trabalhados primeiro com os profissionais para que esses estejam preparados no momento em que os temas são apresentados aos pais. Essa forma de introduzir os temas muitas vezes possibilita uma seqüência mais dinâmica, na medida em que os pais e as crianças procurem os profissionais para continuar a discussão sobre algum assunto que lhes preocupe ou estejam interessados em obter mais informações. O profissional, por sua vez, precisa estar em condições de responder ou sensibilizado para dar continuidade à pesquisa, se não souber ou tiver a informação que está sendo solicitada.

- **Com quem?**

Acredita-se que as ações devam ser desenvolvidas não exclusivamente com as crianças e os adolescentes, mas com todos os que fazem parte de seu universo existencial e são responsáveis por sua proteção e socialização.

Os profissionais muitas vezes não tiveram uma capacitação em relação ao fenômeno da violência intrafamiliar ou assuntos a esta relacionados direta ou indiretamente, como desenvolvimento emocional ou sexual da criança e do adolescente. Dessa forma, pode-se pensar em um trabalho mais freqüente e sistemático com profissionais que têm contato mais direto com crianças e adolescentes, complementado com o envolvimento de outros, como os profissionais da mídia, que podem participar de várias maneiras.

Com a família, além do trabalho sistemático de oficinas mensais, a própria direção da instituição pode propor outras formas de orientação e acompanhamento das demandas que surgem no decorrer do processo e precisam ser atendidas para que os adultos dessa família tenham melhores condições no desempenho de suas funções.

• Como?

Montando uma equipe com metodologia transdisciplinar que desenvolva uma proposta de forma participativa e intersetorial, baseada na população em questão.

Essa forma de trabalhar estimula o exercício da criatividade, da autonomia e da consciência crítica dos participantes, formando-se agentes multiplicadores, transformadores de suas realidades e, essencialmente, parceiros na realização das ações.

Assim, fomentar a realização das ações por meio de grupos de crianças/adolescentes, pais e profissionais vai propiciar que o exercício de estar junto e compartilhar certas tarefas respeite as diferenças, divergências e maior condição de conviver em grupos com organizações e dinâmicas próprias.

Nossa proposta

Nossa estratégia para desenvolver um trabalho de amplo alcance na comunidade é a formação de "pólos de profilaxia", que contemplem instituições como creches, centros de juventude, escolas e espaços organizados em instituições articuladas com movimentos da população local. Nesses espaços organizados de atividade são desenvolvidos programas comunitários de sensibilização coletiva, possibilitando ao profissional orientar crianças/adolescentes e suas famílias no que se refere a questões específicas do desenvolvimento e suas manifestações no relacionamento interpessoal criança/adolescente/adulto.

Neste pólo a proposta é:

- Desenvolver a consciência de direitos e responsabilidades de cidadãos, para que possam exercer a cidadania e ser agentes transformadores de sua própria realidade, sobretudo em relação à violência e suas múltiplas expressões.
- Resgatar a fala e a subjetividade de crianças e adolescentes, pais e agentes educacionais atendidos, possibilitando a elevação da auto-estima e da autoconfiança.

- Estimular a atitude participativa da comunidade no questionamento de seus problemas.
- Sensibilizar para a possibilidade de reformulação de valores, resgate e fortalecimento dos vínculos, com enfoque nas relações interpessoais e familiares, para que possam buscar a solução dos conflitos e educar sem o uso da violência.
- Capacitar crianças e adolescentes, de sete a dezoito anos, pais, responsáveis e profissionais, para que sejam agentes multiplicadores de informações sobre violência intrafamiliar – conceituação, causas, conseqüências, incidência, fatores de risco –, cidadania, questões de gênero, sexualidade, consciência de limites e deveres, preconceitos etc.
- Orientar pais e familiares para que contribuam no processo educativo de crianças e adolescentes.
- Capacitar os profissionais a responder adequadamente diante de confidências e denúncias, saber identificar, notificar, encaminhar e acompanhar crianças e adolescentes em situações de violência doméstica e risco pessoal.
- Otimizar a utilização dos serviços e recursos da comunidade pela população por meio da aproximação entre ambos.
- Favorecer a articulação entre os recursos e os serviços disponíveis na comunidade, fortalecendo a rede de atendimento.
- Capacitar os agentes multiplicadores a criar projetos de prevenção que possam ser implementados na comunidade e veiculados na mídia falada, escrita ou televisiva.
- Criar um espaço de aprofundamento e reflexão sobre a questão da violência intrafamiliar, de modo que a produção de conhecimento e as ações de prevenção acerca desse fenômeno possam ser discutidas, questionadas, aperfeiçoadas e superadas.

A metodologia adotada é participativa e fundamenta-se nas abordagens teóricas psicodramática e psicanalítica, nas quais crianças e adolescentes, pais e profissionais serão o foco das intervenções, tendo o trabalho em grupo como eixo principal. O grupo é visto como cenário privilegiado para a emergência das multiplicidades em cada um, criando novas singularidades.

Os grupos de crianças e adolescentes entre sete a dezoito anos, de pais/responsáveis e outros adultos das famílias e de educadores e demais profissionais da comunidade são trabalhados diretamente em oficinas distribuídas na freqüência a seguir especificada.

- semanais, com crianças e adolescentes;
- mensais, com pais e responsáveis;
- mensais, com técnicos/educadores.

As crianças com menos de seis anos são atingidas indiretamente pelo trabalho realizado com os adultos com os quais convivem.

Nos encontros com os grupos utilizam-se dramatizações, jogos dramáticos, jornal vivo, dinâmicas de grupo, oficinas de arte e expressão, teatro espontâneo, entre outras estratégias didáticas.

Também são realizados fóruns de debates bimensais com o objetivo de integrar e articular a rede de serviços e a comunidade.

A implantação dos pólos segue as seguintes fases

• Fase A – Planejamento

Realiza-se um mapeamento das regiões, levantando-se as que possuem maior índice de violência e exclusão social.

Após o diagnóstico, decide-se a região e inicia-se o contato com os equipamentos para definição dos locais onde serão desenvolvidas as ações do projeto. Estes constituem o pólo de prevenção daquela comunidade.

Aqui também tem início a elaboração do equipamento de trabalho, do material educativo – agendas para jovens, calendário para famílias e manuais interativos para os profissionais – e de questionários que permitam o conhecimento do perfil da população-alvo quanto aos aspectos psicossocioculturais.

• Fase B – Vinculação

Neste começo de trabalho é fundamental estabelecer uma parceria com a direção das instituições para que se esclareça qual a demanda inicial e o que poderá emergir no decorrer do processo, requerendo um trabalho específico.

Além da aproximação dos profissionais das instituições, busca-se o conhecimento da população-alvo – crianças/adolescentes, pais/responsáveis –, aplicando jogos dramáticos e questionários que auxiliem no levantamento do perfil, de problemas e questões que angustiem e gerem conflitos.

O contato com profissionais da mídia (rádio e jornal), em especial com os da comunidade, pode acontecer desde o início, facilitando a comunicação e a divulgação de informações sobre temas específicos para conscientização e reflexão por parte da população. Também podem ocorrer convites para atividades especiais, como o Fórum de Debate, do qual participam profissionais de diferentes áreas e a comunidade para discutir determinado tema ou ação a ser implementada.

- **Fase C – Integração Grupal**

A integração entre a equipe de profissionais do CNRVV, a equipe de profissionais das instituições, os grupos de crianças/adolescentes, pais/responsáveis é fundamental para que os grupos de trabalho formados sejam continentes das inibições, tensões e medos próprios do início da dinâmica grupal, criando um clima de confiança necessário para essa etapa e para as posteriores.

- **Fase D – Sensibilização Temática**

São realizados encontros com o objetivo de sensibilizar os profissionais a respeito do fenômeno da violência intrafamiliar, do grau de risco a que está submetida essa população e da responsabilidade deles na proteção e na promoção da cidadania.

O levantamento de temas de interesse dos grupos (crianças/adolescentes, pais e agentes educacionais) propicia o surgimento de questões referentes às interações sociais em situação de violência, como necessidades básicas, relacionamento entre pais e filhos, sexualidade, discriminação/preconceito, consciência de limites, direitos e deveres.

- **Fase E – Produção/Execução de Projetos**

A organização dos conteúdos expressos na fase de sensibilização temática favorece a realização de diversas atividades, como entrevistas com outros jovens; discussão do ECA entre eles, com seus pais e com os profissionais; produção de programas de rádio e/ou matérias em jornal do bairro com a participação ativa da população atendida, capacitando-os a vencer a barreira da indiferença e possibilitando a conscientização da comunidade no sentido de privilegiar o combate à violência.

Esta é a etapa em que os profissionais colocam em prática a capacitação recebida, realizam visitas às instituições da comunidade, contatando seus representantes para uma efetiva articulação da rede – debates e palestras para crianças, adolescentes, pais e outros profissionais da comunidade –, e planejam como se dará continuidade às ações de prevenção.

- **Fase F – Avaliação**

A avaliação contínua permite compreender melhor o fenômeno da violência intrafamiliar, seus determinantes e suas conseqüências, assim como a reflexão sobre os diferentes modos de intervenção realizada nas diversas fases. Além disso, faz-se necessária a elaboração teórica acerca das práticas efetivadas, uma vez que estudos realizados em uma comunidade não devem ser transportados sem crítica e reflexão para outra que pode ter uma realidade sociocultural distinta.

As atividades desta fase podem ser:

a) aplicação de questionário avaliativo a pais e agentes educacionais/profissionais e do teste sociométrico a crianças e adolescentes;
b) organização das observações efetuadas no decorrer das etapas do trabalho (que subsidiaram possíveis mudanças em seu seguimento);
c) apresentação de trabalhos pelos grupos atendidos no final do ano para todo o equipamento, tanto de forma expositiva quanto com recursos cênicos;
d) elaboração de relatório final.

Este trabalho na comunidade tem como perspectiva conscientizar, sensibilizar e dar subsídios para a instalação de novos pólos de prevenção em violência intrafamiliar contra crianças e adolescentes, bem como comprometer e auxiliar os setores públicos no sentido da formulação e da implantação de políticas públicas que contribuam para a ruptura do ciclo da violência.

Referências bibliográficas

AZEVEDO, M. A. e GUERRA, V. *Guia prático para prevenir o fenômeno.* Laboratório de Estudos da Criança (LACRI). PSA/IPUSP.

CAPLAN, G. *Princípios de psiquiatria preventiva.* Rio de Janeiro, Zahar, 1980.

FOUCAULT, M. *Microfísica do poder.* Rio de Janeiro, Graal, 1982.

KANNER, L. *Psiquiatria infantil.* Buenos Aires, Paidós, 1971.

SÁNCHEZ, F. L. *Prevención de los abusos sexuales de menores y educación sexual.* Salamanca, Amarú Ediciones, 1995.

CAPÍTULO 17

Oficinas de prevenção

Beatriz Dias Braga Lorencini
Dalka Chaves de Almeida Ferrari

A banalização da violência, a erotização da infância, a genitalização da sexualidade infantil, a cultura do consumismo, da eliminação da humanidade da pessoa, do desrespeito, do uso da força e da coerção para o exercício das relações de poder e de autoridade e a brutal desigualdade social são alguns dos fenômenos mais evidentes na constituição do fenômeno da violência intrafamiliar contra crianças e adolescentes. Diante de uma das mais cruéis formas de violência, cria-se um segredo familiar, um "pacto do silêncio" – cabe a parentes/responsáveis, amigos, vizinhos, professores, enfim, a quem tem o dever de proteção dessa criança/adolescente, romper esse pacto, denunciar o fato aos serviços de notificação existentes na comunidade: Conselhos Tutelares, Juiz da Infância e da Juventude, Serviços Especializados e Centros de Defesa da Criança e do Adolescente, SOS Criança. Todavia, para efetivar essa rede de proteção à criança/adolescente e conseguir detectar que eles possam estar correndo risco de vida, é imprescindível cessar o ciclo da violência para que novos riscos não ocorram – é necessário que a sociedade seja informada, esteja ciente do fenômeno da violência intrafamiliar. Como posso agilizar uma rede de proteção se desconheço o fenômeno em questão, se não sei nada sobre esse tipo de violência? Como poderei ajudar?

É justamente nesse ponto que o trabalho da *prevenção* é fundamental. É preciso intervir antes que uma família se torne abusiva, violenta contra suas crianças e seus adolescentes.

A Organização Mundial da Saúde e a literatura internacional reconhecem a *prevenção* como o meio mais eficaz para combater a (re)produção da violência intrafamiliar contra crianças e adolescentes. Recentemente, no Brasil, o Plano de Combate ao Abuso e Exploração Sexual contra Crianças e Adolescentes vem colocando grande ênfase nessa questão – traduzido de forma cada vez mais clara por meio de projetos, como o Projeto Sentinela, do Ministério da Previdência e Assistência Social, em parceria com outros ministérios e secretarias estaduais de governo.

Se considerarmos que a *prevenção* pode ser vista como um caminho da prática ao (re)descobrir e ao despertar do descobrimento, podemos constatar que o ato de prevenir não é um fim em si mesmo. Ele faz parte de outra série de atitudes que o antecedem. É possível constatar essa realidade com base em uma prática na qual o ato de reviver ou viver em "primeira mão" promove inúmeras emoções em que o indivíduo possui o privilégio de reencontrar-se e descobrir o outro numa perspectiva humana – é a tentativa de humanizar as relações, de valorizar a vida.

Conscientização social

São três os níveis de prevenção reconhecidos:

a) *Primária* – Todas as estratégias dirigidas à população num esforço para reduzir a incidência ou o índice de ocorrência de novos casos. As estratégias adotadas incluem, de modo geral, programas informativos para pais e/ou responsáveis sobre os processos de desenvolvimento da criança e do adolescente, desde a fase pré-natal, abordando as temáticas evolutivas e reforçando os vínculos pais-filhos; sensibilização de toda a população e, principalmente, dos profissionais da saúde, da área jurídica e da educação – mediante campanhas pelos meios de comunicação, fóruns de debates, de palestras, seminários, congressos, de programas para pais e educadores em escolas, creches, centros de juventude – sobre:

- indicadores da violência intrafamiliar, fatores de risco, violência física, sexual, psicológica, negligência e abandono contra crianças e adolescentes;
- exploração comercial de crianças/adolescentes por meio do turismo sexual, tráfico, pornografia e prostituição;
- direitos da criança e do adolescente – a violência intrafamiliar e em especial a sexual, crimes sexuais dentro da perspectiva do ECA e das normas internacionais; batalhando para criação de legislação e normatização de controle das redes de internet para fins de violência sexual contra crianças e adolescentes;
- turismo sexual – inclusão da temática da violência sexual nas faculdades de turismo; informação aos turistas sobre as leis vigentes (inclusive a de extraterritorialidade em relação à violência sexual);
- prevenção e combate à violência sexual, com ênfase nas consequências, como DST/AIDS e gravidez precoce;
- agilização e esclarecimentos sobre notificações, denúncias.

b) *Secundária* – Envolve a identificação precoce da chamada população de risco. As estratégias incluem capacitação de profissionais que lidam diretamente com essa população; visitas domiciliares para prover cuidados médico-sociais aos pais do grupo de risco; linha telefônica SOS Criança para recorrer-se nas situações de crise, nos momentos difíceis, buscando e recebendo ajuda, orientação e encaminhamento de serviços especializados; recepção de ajuda material; programas de creche para as crianças do grupo de risco.

c) *Terciária* – Voltada tanto para os indivíduos agressores ou vítimas quanto para suas famílias, objetiva diminuir conseqüências nocivas do fenômeno. "As estratégias incluem intervenções terapêuticas de diversas modalidades e esforços para organizar infra-estrutura para as vítimas" (Azevedo e Guerra, 1993). Como exemplos de estratégias podemos citar:

- implementação de programas de acompanhamento psicológico, social e jurídico para crianças/adolescentes vitimizados, seus familiares, incluindo o agressor;
- inserção de conteúdos curriculares especializados em violência sexual, drogas nas escolas;
- prevenção do abandono escolar de crianças/adolescentes vitimizados;
- implementação de programas de orientação e apoio sociofamiliar;
- implantação/implementação de abrigos e/ou serviços de proteção a crianças e adolescentes e famílias em situação de grave ameaça;
- implantação/implementação de serviços de saúde sexual gratuitos.

Como já foi citado, a implantação do Centro de Referência às Vítimas da Violência ocorreu oferecendo, em seu primeiro ano de funcionamento, um Serviço de Atendimento Psicossocial especializado às vítimas da violência intrafamiliar. Iniciou seu trabalho pelo processo da prevenção terciária, ou seja, trabalhando com a prevenção dentro das famílias que já estavam vivendo a situação de violência intrafamiliar e procurando evitar que crianças/adolescentes fossem revitimizados, bem como o processo de vitimização atingisse outras crianças/adolescentes da mesma família.

Todavia, logo no ano seguinte, a equipe do CNRVV já criava seu primeiro pólo de profilaxia na cidade de São Paulo, dando início aos processos de prevenção primária e secundária, respectivamente.

O CNRVV optou por Programas de Prevenção que utilizassem a *prevenção primária*, num primeiro momento, trabalhando com a *educação e a mídia,* considerando todo tipo de imprensa, meio de comunicação. Para nós, *educar é prevenir*. E é dentro dessa perspectiva que a *prevenção* deve centrar-se:

- na formação de uma cultura de direitos humanos;
- na educação integral da criança e do adolescente com enfoques especiais na sexualidade e na colocação de limites por

parte dos pais (disciplinamento) e educadores enquanto aspectos da construção da identidade;

- no combate a todas as formas de violência;
- na luta contra todas as formas de desigualdade social e de discriminação.

A *prevenção* perpassa os diversos serviços e políticas públicas com diferentes alcances e níveis específicos. A articulação das instituições é um pressuposto fundamental para efetivação do paradigma da proteção integral – Estatuto da Criança e do Adolescente (ECA).

Portanto, destacamos como objetivos gerais:

1. promover um sentimento positivo em relação à infância, um combate a padrões de relacionamento abusivos na família e a toda forma de violência;
2. evitar e interromper o ciclo da violência intrafamiliar garantindo os direitos fundamentais do cidadão (criança, adolescente, família);
3. construir uma cultura de direitos humanos;
4. efetivar o sistema de garantias de direitos.

Como objetivos específicos, ressaltamos:

1. mobilizar diferentes setores da sociedade, incluindo a mídia defendendo a ética;
2. criar programas psicossociais, educativos e culturais voltados para crianças/adolescentes, pais e agentes educacionais/de saúde/comunitários que visem a perspectiva do exercício e da formação para a cidadania, objetivando a construção do sujeito de direitos e agentes de transformação social, bem como toda a organização coletiva;
3. batalhar por uma política de capacitação em todos os níveis de organização (governamental e não-governamental);
4. seguir uma programação que possa ser desenvolvida no âmbito da família, da escola e da comunidade e contemple, entre outros temas, relacionamento pais-filhos; ser criança –

desenvolvimento afetivo-emocional e intelectual; disciplinamento – limites, direitos e deveres; sexualidade – questão de gênero, desenvolvimento da sexualidade; violência intrafamiliar – psicológica, física, sexual, fatal; recursos da comunidade – formação de rede.

Como método, optamos pelo uso de oficinas, por ser uma modalidade de trabalho mais ampla e abrangente. Em muitas oficinas, utiliza-se a metodologia do sociodrama tematizado; em outras, do grupo operativo. Em ambas as situações, temos um evento tematizado, pois o grupo será formado em torno de uma preocupação coletiva, ou seja, a violência intrafamiliar. Caracteriza-se por ter como objeto de trabalho não a individualidade de cada componente, mas questões comuns ao grupo que são focalizadas. Nas duas abordagens, a etapa de aquecimento do grupo se faz presente de forma imprescindível. Assim, lança-se mão de várias das técnicas de aquecimento para trabalhos grupais visando chegar ao tema proposto, como jornal vivo, jogos dramáticos (verbais, corporais e psicodramáticos), dramatização de contos, vídeos, teatro espontâneo e de reprise, dinâmicas de grupo, recursos de arte/educação etc.

Oficinas de pais/educadores/crianças/adolescentes

As oficinas são voltadas para pais e educadores, crianças e adolescentes de instituições sociais, como creches e centros de convivência (sejam centros comunitários, centros de juventude ou espaço Gente Jovem). Normalmente, o CNRVV atende à demanda que surge da rede de parceiros, que vem se estabelecendo ao longo de sua existência, desde 1994. Já atendeu, por exemplo, a demandas do SESI, SESC, SENAC, secretarias de Estado para atendimento de pais/educadores/técnicos.

Sabe-se que creches e centros de convivência são equipamentos que lidam com crianças/adolescentes em um bom período do dia, funcionando como instituições representativas na formação desses jovens. Reconhece-se, todavia, que um trabalho como esse, desenvolvido pelo CNRVV, de prevenção e combate à violência intrafamiliar contra crianças e adolescentes dentro da rede escolar, pública ou privada, atingiria um contingente populacional bem mais extenso e abrangente.

Como já foi dito, é dentro dessa perspectiva que se pretende objetivar as ações futuras do CNRVV – um trabalho preventivo de grande amplitude e alcance. Para isso depende da articulação com políticas públicas, seja para implantação de um trabalho direto de prevenção primária/secundária mais abrangente, seja para atingir a população mediante um trabalho de prevenção primária que utiliza publicações, cartilhas, revistas, mídia, por meio de campanhas constantes que enfocam a violência intrafamiliar contra crianças/adolescentes.

Assim, as oficinas de pais, educadores, crianças/adolescentes aqui referidas dizem respeito a oficinas já realizadas em seis pólos de profilaxia na cidade de São Paulo, trabalho que foi desenvolvido pelo CNRVV, inicialmente em parceria com o UNICEF e, porteriormente, com a Secretaria de Assistência e Desenvolvimento Social do Governo do Estado de São Paulo (atualmente, em fase de negociação, também em parceria com o Conselho Municipal dos Direitos da Criança e do Adolescente (CMDCA) da cidade de São Paulo.)

Oficinas de pais/educadores

Ao iniciar as atividades, a equipe de trabalho se apresenta com dois profissionais do CNRVV na função de diretores da atividade, numa co-direção, em parceria com as coordenadoras de creche e centro de juventude, contando, quando possível, com a diretora do equipamento e alguns educadores. Enquanto os pais estão nessa atividade, os educadores atuam com as crianças/adolescentes. Quando se fazem oficinas de educadores, considera-se que todos os funcionários estão implicados, todos são agentes educacionais, do diretor ao faxineiro.

Já no primeiro encontro, sugerimos uma dinâmica de apresentação mais informal, o que facilita sobremaneira o início da primeira etapa dos trabalhos – *a vinculação.*

De início, fala-se em linhas gerais o que será visto, discutindo a proposta de temas a serem desenvolvidos ao longo do ano. Desde o princípio, já existe como intenção a quebra de formalidades. Explica-se ao grupo que todo esse trabalho visa criar um projeto de combate à violência intrafamiliar, comunicação dentro do grupo, sensibilização e discussão de questões importantes para a compreensão e desenvolvimento do papel de pais e educadores, produção de conhecimento do grupo sobre as questões da infância/adolescência – promovendo um sentimento positivo, de respeito em relação à infância/adolescência, um combate a padrões de relacionamento abusivos na família e a todo tipo de violência; garantindo os direitos fundamentais do cidadão (criança, adolescente, família); enfim, construindo uma cultura de direitos humanos, efetivando para esta comunidade o sistema de garantias de direitos.

As oficinas seguem a metodologia sociodramática para trabalho com grupos tematizados. Ao chegarmos, reunimos o grupo e realizamos um aquecimento inespecífico (percebem-se as demandas do grupo, o interesse dos participantes, suas expectativas, "o momento emocional" do grupo etc.). Em um segundo momento, promovemos um aquecimento mais específico – estabelecendo uma ligação, uma ponte entre o clima percebido no grupo e o tema a ser desenvolvido na oficina – por meio de jogos dramáticos, vídeos educativos, dinâmica de grupo. Em seguida, o grupo passa a trabalhar o tema específico da oficina dentro de uma proposta em consenso entre os diretores da atividade e o grupo, que pode ser "encenada", dramatizada ou apresentada por meio de imagens ou de uma peça de teatro, jornal vivo. Finaliza-se reunindo novamente o grupo e conversando sobre a atividade desenvolvida – é a etapa do compartilhar, dos comentários.

O sociodrama tematizado permite trabalhar tanto com a informação de temas quanto com o aspecto vivencial, ou seja, o grupo expressa o significado que cada tema tem para si, para seu contexto social, enfim para sua comunidade. Também possibilita que cada integrante do grupo vivencie o tema, garantindo assim um efeito psicoprofilático, sensibilizando os que necessitam de um atendimento psicossocial a buscar ajuda, apoio.

À medida que o tempo passa, é possível observar o desenvolvimento do grupo e a diferença comportamental de uns diante dos outros. Pequenos problemas passam a ser resolvidos com maior naturalidade. Aqui já estamos na segunda etapa, que é a da *integração grupal*. Logo em seguida, passamos para a terceira etapa, a *sensibilização para temas*. A entrada em cada fase pressupõe que o grupo esteja suficientemente abastecido para a introdução dos assuntos a serem abordados.

Nas relações pais-filhos, nota-se desde a formação da família até o papel dos pais, os primeiros cuidados com o filho, a alimentação, o desenvolvimento da criança – suas etapas mais marcantes, suas necessidades afetivo-emocionais, seu desenvolvimento intelectual –, a colocação de regras, de normas, de limites na educação, de direitos e deveres de crianças, adolescentes, pais e educadores. O desenvolvimento da sexualidade, suas diferentes etapas e as necessidades dos pais de conhecerem essas fases, as noções ligadas à violência intrafamiliar e física, negligência, abandono, violência psicológica, violência de gênero e sexual, os recursos e serviços públicos de ajuda da comunidade, a formação da rede de proteção e combate à violência intrafamiliar, a transformação dos participantes em multiplicadores na prevenção da vitimização de crianças e adolescentes são questões também presentes. Os conteúdos oferecidos são sempre respaldados pelo ECA, cartilhas interativas (*A criança cidadã*), confecção de cartazes, jogos, recortes, colagens e dramatizações que promovem maior proximidade dos participantes com o tema existente. Em cada oficina é distribuído aos participantes um texto produzido pela equipe de prevenção do CNRVV, que aborda o tema.

É importante ressaltar que o universo de recursos utilizados nas oficinas é ilimitado, visto que tudo pode ser aproveitado. Pode-se ter um planejamento, mas sempre se acrescenta a esse tema a situação trazida pelo grupo. Uma temática do que acontece na comunidade, na família ou no próprio equipamento pode, por exemplo, ser aproveitada, para que todos tenham a possibilidade de refletir sobre os acontecimentos do dia-a-dia. Essa trajetória facilita a introdução dos pais/educadores na comunidade, de modo que eles passem a se interessar por ela, motivando-os a conhecer os recursos que oferece. Muitas vezes, lugares que pareciam inacessíveis passam a ser vistos como uma possibilidade de freqüência, e até mesmo a qualidade do serviço pode ser questionada, com melhorias sugeridas a partir de então. Pais/educadores passam à fase da *elaboração e execução de projetos na comunidade*. São os pais e os educadores intervindo na comunidade! A partir desse momento, faz-se a oficina de avaliação do projeto – o grupo discute sua trajetória, sua evolução, faz sua autoavaliação e, principalmente, apresenta estratégias para continuar desenvolvendo o projeto na comunidade enquanto agente multiplicador. Depois apresenta a pesquisa realizada sobre os recursos da comunidade, sobre a formação de uma rede articulada que dará sustentação às ações. A equipe do CNRVV continua assistindo o trabalho do equipamento por meio de assessorias, monitoramentos.

Optou-se por apresentar dois modelos de oficina de pais: um em que o sociodrama tematizado acontece com a utilização da técnica do jornal vivo, e outro, no final, com a utilização do sociodrama público.

Exemplo de Oficina de Pais

1º Tema: Relações Pais-filhos

No início, a equipe se apresenta, já que alguns pais não haviam participado do primeiro encontro.

Após alguns avisos gerais, começamos o aquecimento com uma música. Foi solicitado que todos ficassem de pé e, quando a música iniciasse, procurassem sentir a música e ir caminhando pela sala. À medida que o grupo começou a se movimentar, solicitou-se, aos participantes, que se imaginassem em uma floresta onde existiam muitos bichos e cada um representasse o animal que mais desejasse. Surgiram várias espécies, como cobra, lince, elefante, macaco, pássaros, galinhas, leão entre outros (ver foto).

Para os que tiveram dificuldade em se manifestar, foi sugerido que se agrupassem com o animal que lhes parecesse mais simpático. Desse modo, foi possível envolver todo o grupo e atingir o objetivo do aquecimento: formar uma família.

Em seguida, cada grupo fez uma dramatização, caracterizando a família de bichos que tinham escolhido representar. Apareceram as mais diversas caricaturas e o grupo se divertiu bastante.

Cada "família" formou um subgrupo. Em conjunto com um educador, os pais se dividiram de acordo com o número de educadores presentes ao encontro. Formaram-se cinco subgrupos. A tarefa consistia em que cada grupo confeccionasse um cartaz com imagens, frases, textos que retratassem a relação familiar.

• Apresentação dos Cartazes

1º Cartaz

Sonhar, viver, carinho, amigos, companheiro e unidos

2º Cartaz

Casamento, casa, carro, casamento, médico, homem, lazer, religião, escola, educação dos filhos, segurança dos filhos, telefone, trabalho

3º Cartaz

Amor e religião = casamento
Casa, lazer, frutas
"Faca precisa na cozinha mas sem violência"
Banheiro
"Comunicação acima de qualquer coisa"
Fazenda (campo)

4º Cartaz

"Aqui nós colocamos tudo o que é essencial para uma família"
"Casa porque é o essencial"
"Amigos. Hoje a gente precisa de amigos mesmos falsos ou verdadeiros"
"Filtro porque é muito importante"
"Amor é muito importante para transmitir aos nossos filhos"
"Os filhos precisam sentir esse amor"
"Telefone para a comunicação"

5º Cartaz

"Contato de família"
Saúde, casa para morar, alimentação, carro, ônibus, religião, computador, plano de saúde
"Amigos, com uma chuva daquelas a gente precisa de amigos"
Telefone, higiene, casa
"Ser amigos uns dos outros"
"Pais e filhos amigos"
"Família reunida"

No fechamento, foi pedido a cada grupo que resumisse seu cartaz em apenas uma palavra. Surgiram as seguintes palavras: amor, força de vontade, fé, religião. Como só essas palavras não eram suficientes para representar efetivamente uma família, foi sugerido que o grupo complementasse com o que lhe conviesse. Assim foi feito: educação, saúde, humildade, solidariedade, segurança, trabalho, escola, dinheiro, lazer, paz, emprego, crianças, pai e mãe. Essas representações reunidas formaram uma roda. Os demais membros formaram um grande círculo em volta dos pais que faziam parte da família. A tarefa consistia em ninar essa família com uma cantiga infantil e logo começaram a girar e a cantar: "Boi, boi, boi...". Depois a família retribuiu com outra canção de ninar. Finalizou-se com o aplauso de todos.

Como se vê, a oficina visou alcançar uma sensibilização dos pais para o tema "Relações Pais-Filhos". Todos participaram intensamente desde a fase do aquecimento inespecífico. Entraram no jogo dramático inicial, na fantasia do grupo, agruparam-se em pequenos grupos associando-se pelo tema proposto, convivendo entre si de forma lúdica, descontraída, permitindo-se sorrir, entregar-se à tarefa, esquecendo a realidade lá fora, vinculando-se, integrando-se, jogando papéis, construindo estratégias, propondo soluções sobre o relacionamento com os filhos. A possibilidade de criarem, de construírem uma família imaginária, de se incorpararem nela, de vivenciarem os cuidados, a proteção, o carinho que ela merece possibilitou que se atingissem os objetivos propostos – estabelecer uma vinculação satisfatória, sensibilizá-los para o trabalho, despertando a reflexão e uma nova postura diante dos filhos.

Pólo de Profilaxia Paraisópolis – Oficina de Pais

Pólo de Profilaxia Sapé –
Fórum Debates Comunidade e Rede Transdisciplinar

Pólo de Profilaxia Rio Pequeno "Sinhazinha Meirelles" –
Oficina de Educadores

Pólo de Profilaxia Jaguaré –
Oficina de Crianças e Adolescentes

Pólo de Profilaxia Bela Cintra –
Oficina de Crianças/Adolescentes

A equipe se apresenta; diretor e quatro egos-auxiliares.

Aquecimento inespecífico:

Andar, relaxar, pensar no lugar onde mora, como são os serviços, os atendimentos.

Equipe distribui etiquetas com os papéis a serem jogados, aleatoriamente. Cada integrante recebe uma etiqueta que é colocada em suas costas, sem quem ele saiba qual é sua personagem.

Aquecimento específico:

Os integrantes se inter-relacionam sem ver o próprio papel e sem falar explicitamente ao outro qual o seu papel. Congelamento de cenas. Quem já imagina qual é sua personagem tira a etiqueta para verificar. Depois de um tempo todos vêem sua personagem.

Dramatização:

Os grupos dividem-se conforme as cores das etiquetas, que já designava cada recurso da comunidade com uma cor. Interagem nesses subgrupos, compartilham como descobriram qual era sua personagem, como a reação do grupo ajudou ou não a perceber qual era seu papel.

Subgrupo 1 – Saúde	Subgrupo 2 – Educação	Subgrupo 3 – Justiça/Segurança
Cor verde	Cor vermelha	Cor amarela
Médico	Educador de creche	Policial
Enfermeira	Educador de CJ	Delegado
Atendente de p. de saúde	Professor	Mulher espancada
Diretor de hospital	Aluno	Ladrão
Paciente	Mãe de aluno	Traficante
Mãe de paciente	Diretor de creche	Adolescente drogado
	Secretária	Escrivão de delegacia
	Atendente de cozinha	Homem assaltado
		Conselheiro tutelar

Subgrupo 4 - Transporte	Subgrupo 5 - Social
Cor violeta	Cor azul
Motorista de ônibus	Administrador regional
Cobrador de ônibus	Desempregado
Perueiro	Assistente social
Passageiro adulto	Desabrigado por enchente (perdeu a casa)
Passageiro criança	Fiscal da administração regional (rapa)
Passageiro idoso	Vendedor ambulante sem licença
Passageiro portador de deficiência	Presidente da Sociedade Amigos do Bairro

Montagem da cena:

O grupo discute seu "recurso, seu serviço"; cria o "serviço ideal", trabalha no plano do imaginário, da realização simbólica. Reformula os sentimentos de cada papel, criando o "equipamento ideal". Monta a imagem, a cena. Apresenta a imagem, monta a cena para o grupo.

Compartilhar:

Todos os grupos compartilham as cenas vividas no imaginário. Fantasiam como estarão daqui a quatro anos, no futuro. A equipe compartilha seus sentimentos para com o grupo, enfatizando que, do real para o ideal, imaginário, existe um percurso feito com a participação de todos. O grupo se mobiliza, começa a pensar em estratégias de intervenção na comunidade, em mobilização social, em como planejar a continuidade desse trabalho, agendamentos futuros para atuarem como multiplicadores.

Observação: Apresentam-se aqui, a título de exemplo, as sugestões colhidas no subgrupo Educação.

O grupo se propõe a batalhar para ter:

1. mais educação entre os adultos;
2. melhor salário e mais preparo para os professores;
3. transporte escolar e vales-transporte, passes;
4. educação dentária;

5. mais parceria entre escola-família;
6. que os governantes não desviem as verbas da educação e sejam mais honestos.

Anexos – Roteiros para Discussão nas Oficinas com Pais/Educadores Textos Produzidos pela Equipe de Prevenção do CNRVV

Acompanhe e Estimule o Desenvolvimento de seu Filho

Desde o nascimento a criança passará por diferentes etapas de desenvolvimento. Fique atento e procure estimulá-la em cada fase.

1º mês

- Abre e fecha os braços em resposta à estimulação (reflexo de moro)
- Olha para a pessoa que observa

Orientação aos pais

- Converse, cante em voz baixa
- Movimente suas articulações
- Aconchegue-a ao seu corpo e a acaricie

2º mês

- Colocada de bruços, levanta a cabeça momentaneamente
- Sorri espontaneamente
- Fixa e acompanha objetos em seu visual

Orientação aos pais

- Continue os estímulos anteriores, pendure objetos em seu campo visual
- Pendure objetos de cores variadas em frente de sua cama a um metro dos olhos
- Sorria e brinque com ela

4º mês

- Colocada de bruços, levanta e sustenta a cabeça, apoiando-se no antebraço

- Alcança e pega objetos pequenos
- Emite sons (vocaliza)

Orientação aos pais

- Pegue-a no colo, repita os sons que ela fizer
- Cuidado! Já pode rolar da cama e cair
- Ofereça-lhe objetos para segurar (argolas, chocalhos etc.)

6º mês

- Levanta-se pelos braços, ajuda com o corpo
- Segura e transfere objetos de uma mão para a outra
- Vira a cabeça na direção de uma voz ou objeto sonoro

Orientação aos pais

- Coloque-a sentada com apoio, dê-lhe uma caixa com objetos e estimule-a a tirá-los
- Chame-a pelo nome
- Evite discussões e violências na presença dela
- Dê-lhe bons exemplos, ela imita você

9º mês

- Senta-se sem apoio
- Arrasta-se ou engatinha
- Conclui que é separada da mãe – primeira noção de identidade
- Responde diferentemente a pessoas, familiares e estranhos
- *"No primeiro ano eu só me sinto seguro(a) se souber onde minha mãe está. E sem alguém da minha família por perto não tenho coragem de me aproximar e conhecer pessoas novas."*

Orientação aos pais

- Deixe-a fora do berço com alguns brinquedos, dê-lhe espaço para movimentar-se, cuidado com objetos fáceis de engolir, ou que possam ferir, queimar ou envenenar

12º mês

- Dê-lhe espaço livre e sem perigos
- Leve-a para passear
- Faça movimentos para ela imitar, como bater palmas

- Mostre as partes de seu corpo, nomeando-as
- Invente brinquedos com objetos que encontra em casa
- Costuma ser tímida nas relações com pessoas fora da família
- *Conclusão:* Existe uma necessidade de conhecer o outro, os objetos e de se sentir segura próximo de um adulto da família, pois é a segurança deste que vai facilitar o conhecimento. A criança não tem capacidade de reter a imagem na memória, um adulto significativo (mãe, pai, avós, tios, irmãos...) representa a segurança no conhecimento do que está fora (outras pessoas, objetos...)

18º mês

- Anda sozinha, raramente cai
- Combina pelo menos duas palavras
- Fixa qualquer peça do vestuário

Orientação aos pais

- Brinque e converse com ela
- Dê-lhe papel para rasgar e amassar
- Ensine-a a usar o penico, com paciência
- Use roupas fáceis de tirar

2 anos

- Corre e/ou sobe degraus mais baixos
- Em companhia de outras crianças, brinca isoladamente
- Diz seu próprio nome
- Resiste na hora de dormir
- Começa a perceber as necessidades do outro – início de um processo de sociabilização – realidade *versus* desejo. Não precisa, por exemplo, sentar-se na frente do coleguinha para ouvir uma história, pode sentar-se ao lado, o que permite ao amigo também compartilhá-la em igualdade de condições

Orientação aos pais

- Ensine-a a dizer o próprio nome ou a cantar, imitar pessoas, animais, carros e brincar de "casinha". Estimule a troca de papéis de mamãe e filhinho(a), médico e paciente, ocorre um exercício constante de diferenciação e construção da identidade

3 anos

- Fica sobre um pé momentaneamente
- Usa frases
- Veste-se com auxílio
- Só a partir dos três anos é capaz de fazer amigos
- Aos três anos depende menos do adulto para a satisfação de suas necessidades. Dentro de suas limitações, é capaz de alimentar-se, vestir-se, ir ao banheiro sozinha. Essa independência coincide com o interesse pelos jogos de faz-de-conta, que ajudam a entender experiências que observa ou das quais participa

Orientação aos pais

- Escute a criança com atenção e converse com ela falando as palavras corretamente
- Ensine-a a vestir-se e a calçar-se

4 anos

- Pula sobre um pé só
- Brinca com outras crianças
- Reconhece mais de duas cores
- Tende a ser mais agitada – Quer experimentar "tudo"
- Adora brincar de contos de fada
- A menina gosta de fazer coisas em companhia da mãe, como ir ao cabeleireiro, ajudá-la a fazer um doce, e os meninos programas com o pai, como ir ao campo de futebol. É nesta fase que o interesse dos meninos e das meninas começa a se diversificar, ou seja, tornam-se diferentes

5 anos

- Pula alternadamente com um e outro pé
- Veste-se sozinha
- Pede ajuda quando necessário

- Chegou o momento de os pais intensificarem a amizade com o(a) filho(a), abrindo espaço para o diálogo e para a troca de experiência

Orientação aos pais

- Deixe-a colaborar em tarefas simples de casa – facilita o convívio com a família
- Dê papéis ou retalhos de tecidos para recortar e colar

6 anos

- Menos egocêntrica (voltada para ela mesma). É capaz de fazer amigos de verdade
- No convívio com os outros troca informações, aprende a respeitar as regras e amadurece

  "Agora eu sei das coisas, inclusive quem sou eu e os outros ao meu lado. O chato é que nem tudo o que eu quero eles querem. O legal é que somos muitos e cheios de idéias diferentes."

7 a 9 anos – *"Colocando ordem no caos com cuidado e amor"*

- É necessário que a criança seja orientada no estabelecimento da rotina: horários, regras e organização do espaço
- Necessidade de exemplos dos pais
- O pensamento é absoluto. O "não" é sempre "não"
- Estende as concepções humanas até para os objetos. Tudo é feito pelo homem, como a árvore, os animais etc.

10 anos

- Começa a descobrir a causalidade e a relatividade (desenvolvimento da lógica), deixando de ser tão subjetiva e egocêntrica (só pensar em si)
- O pensamento deixa de ser analógico "como se" e passa a ser mais dedutivo – "É assim, pois..."

11 a 13 anos

- Púbis vem do latim (*pubis*) e significa penugem, pêlo. Puberdade é o conjunto das transformações psicológicas ligadas à maturação sexual, é a passagem progressiva da infância para a adolescência

- A maturação sexual se caracteriza pela maturação e pelo desenvolvimento de vários órgãos e da produção de hormônios (testosterona nos meninos; estrogênio e progesterona nas meninas)
- Essas mudanças corporais acompanham modificações psíquicas, como oscilação de humor, tristeza, isolamento, confrontos, insegurança, ataques de rebeldia e raiva, exacerbação da emotividade ou agressividade
- Adquire capacidade de coordenar uma série de relações múltiplas
- Consegue resolver problemas abstratos de pensamento puro
- A regra que parece seguir é: "Não concorde com nada, discuta tudo, principalmente se o seu interlocutor for um adulto"
- Cada membro da "turma" funciona como referência

14 a 16 anos

- Adolescer vem do latim (*adolescere*) e significa crescer, engrossar, tornar-se maior. Etapa do nascimento à morte em que o ser humano sofre maiores modificações em seu processo vital
- Corpo adulto: em torno dos 16 anos. Para a sociedade, adulto é o que se mantém socioeconomicamente sem depender dos pais ou responsáveis
- Maturidade psicológica: liberta-se psicologicamente das figuras paternas; tem capacidade de amar e trabalhar, independência psíquica

A importância do brincar

Brincar é coisa séria... *Brincar* é muito importante para o desenvolvimento emocional da criança. Os adultos devem ajudá-la a brincar, pois é dessa maneira que ela exercita a mente, o corpo e aprende lições básicas sobre o mundo.

Você sabia?

Pesquisas recentes revelam que 80% da capacidade mental (potencial) do ser humano consolida-se antes dos oito anos. Por volta dos quatro anos, cerca de 50% dela já terá se desenvolvido. Após os oito anos, por melhores que sejam os esforços, restam apenas 20% de desenvolvimento mental.

Portanto, embora a maioria dos adultos ignore, a fase mais importante na consolidação de nossos hábitos é do zero aos seis anos, seja na aquisição dos mecanismos de raciocínio, seja no modo de enfrentar situações, seja na maneira de nos relacionarmos com os semelhantes.

Para concluir:

"A criança adquire experiência brincando. A brincadeira é uma parcela importante da sua vida. As experiências tanto externas como internas podem ser férteis para o adulto, mas para a criança essa riqueza encontra-se principalmente na brincadeira e na fantasia. Tal como as personalidades dos adultos se desenvolvem mediante suas experiências da vida, assim as das crianças evoluem por intermédio de suas próprias brincadeiras e das invenções de brincadeiras feitas por outras crianças e por adultos. Ao enriquecerem-se, as crianças ampliam gradualmente sua capacidade de enxergar a riqueza do mundo real. A brincadeira é a prova evidente e constante da capacidade criadora, que quer dizer vivência."

É importante lembrar:

- Que a criança deve brincar pelo prazer de brincar.
- Que a criança deve ter espaço para ter iniciativa, pois o prazer de descobrir as coisas é uma experiência muito valiosa.
- O brinquedo ou a brincadeira devem estar sempre de acordo com a idade e o interesse da criança.
- Não há necessidade de brinquedos em excesso. O ideal é a qualidade, e não a quantidade.
- Procure participar das brincadeiras sempre que possível. Essa é uma boa oportunidade de você aproximar-se de seu(sua) filho(a) e compreendê-lo(a) melhor.

Adolescência

A maior parte dos problemas que as crianças enfrentam para crescer e tornar-se autônomas aparece, simplesmente, porque os pais querem protegê-las. Qual o limite da liberdade de um adolescente e quando deve começar a usufruir dela são questões que geram muitos dos conflitos entre pais e filhos.

Os pais têm, entre outros, o dever de dar aos filhos liberdade suficiente para que conheçam a vida do lado de fora do círculo familiar, mas, ao mesmo tempo, devem impedir que se machuquem demais na experiência. "Por que vocês me tratam como criança?", "Por que se metem na minha vida?", "Por que não me deixam em paz?", são algumas das perguntas, profundamente sinceras, que muitos pais ouvem a cada nova tentativa bem-intencionada de chegar ao equilíbrio entre orientar e interferir.

Uma das dificuldades que os pais enfrentam é que a maturidade emocional nem sempre acompanha o desenvolvimento físico. Há pais que, desde muito cedo, delegam ao filho um excesso de responsabilidade, na esperança de que um adolescente, que já é mais alto que eles, por "parecer um adulto", aja como tal. Outros se recusam a acreditar que um adolescente menos desenvolvido fisicamente que outro da mesma idade possa ser responsável pela própria vida. Ainda que imbuídos de toda boa vontade, é muito difícil, para os pais, encontrar o nível correto de preocupação.

Cada família tem seus próprios critérios para definir a "idade certa" na qual os filhos podem começar a fazer várias coisas.

Quando dizer não

É da natureza dos adolescentes exigir maior liberdade do que pensam que vão conseguir – muitas vezes, até mais do que realmente desejam. Não se preocupe se, uma vez ou outra, tiver de responder com um definitivo "não". Há ocasiões em que a proposta está tão fora dos limites que não faz sentido sequer fingir que o assunto possa ser discutido. Muitas vezes, quando isso acontece, o adolescente quer apenas testar os pais e o que menos deseja é que seu pedido seja atendido.

Julgue cada exigência de liberdade conforme as circunstâncias – Os pais costumam referir-se sempre a determinado caso em que o filho mostrou-se imaturo ou irresponsável e usam-no para justificar ou reforçar a posição que adotaram em situação bem diferente.

Não espere que seu adolescente seja perfeitamente coerente – O crescimento não é um processo homogêneo. Um jovem de catorze anos, por exemplo, pode ser perfeitamente capaz e responsável em certas coisas e extremamente infantil em outras.

Ouça seu filho – Se a maior parte das brigas entre vocês começa com reclamações (dele) do tipo "Por que você me trata como criança?", é possível que o tema "independência" ainda não esteja bem equacionado entre vocês. Você talvez esteja demorando para soltar-lhe as rédeas.

Faça com que ele assuma sua própria responsabilidade financeira – A quantia de dinheiro que o seu adolescente poderá dispor depende das condições da família. Contudo, por menor ou maior que seja, é importante que a mesada seja paga regularmente para que ele possa planejar seus gastos. Como aprendizado é muito mais importante do que, por maior que seja a disponibilidade da família, dar dinheiro a um adolescente cada vez que ele pede.

Encoraje o relacionamento (com amigos e o envolvimento do adolescente em atividades que nada tenham a ver com a vida familiar) – Se você teme os riscos das más companhias e reluta em permitir que ele tenha uma vida social própria, é provável que seu adolescente comece a esconder os amigos de você, ou se separe completamente da família.

Estimule excursões com a escola.

Envolva seu adolescente em algumas das responsabilidades domésticas – Não precisa enchê-lo de trabalho, mas dê-lhe alguma tarefa regular e necessária. Um adolescente mais velho pode ser encarregado de organizar uma das refeições semanais da família.

Estabeleça setores nos quais poderá "dar palpite" (andamento dos estudos, por exemplo, ou lugares que ele pode freqüentar quando sair sozinho) e pelos quais o próprio adolescente deverá responsabilizar-se (arrumação do quarto ou gastos pessoais).

Aceite seus próprios limites – Ninguém pode obrigar um adolescente a trabalhar mais do que ele quer ou a fazer um dever escolar que ele tenha decidido não fazer. No máximo, você pode ensiná-lo que suas decisões sempre têm conseqüências.

Deixe o adolescente tomar suas próprias decisões, mesmo quando achar que a decisão dele não é a melhor possível.

Deixe-o arcar com as conseqüências das decisões que todos tenham concordado em deixar sob a responsabilidade deles – Se o adolescente não encontra as chuteiras que desapareceram na desarrumação do quarto, não se ponha a procurá-las – nem que ele peça.

Esteja disponível quando pedir conselhos ou orientação, embora ele não queira que "se meta" em seus problemas. Ele espera que o ajude e conta com seu apoio.

Protestos como "Você está sempre se metendo!" atingem o auge no período médio da adolescência. Se continuarem muito freqüentes, é quase certo de que você esteja exagerando.

Seu filho é um indivíduo. Não espere que ele tenha os mesmos sonhos e as mesmas ambições que você, muito menos que tenha o dever de lutar por eles.

Não jogue sobre os ombros de seu filho (principalmente se for único) o peso do sentimento de que ele é "tudo para você". É responsabilidade demais.

Não tente limitar os contatos de seu filho com os amigos e fora da família – O momento em que os amigos passam a ser importantes como fonte de apoio emocional (papel que, durante a infância, é desempenhado pela família) faz parte do processo de crescimento. Se os pais insistem demais ou por muito tempo, o adolescente pode sentir-se obrigado a um rompimento radical doloroso que pode vir a alterar para sempre o relacionamento familiar.

Demonstre interesse pelas coisas que o seu adolescente faz – Contudo, não espere que ele lhe conte tudo ou divida com você os seus pensamentos, como costumava fazer quando era menor. Os segredos fazem parte da adolescência.

Mostre que você não depende dele. Aproveite que seu filho está crescendo e já não precisa tanto de você e comece a pensar na sua vida pessoal ou profissional, para que haja outras fontes de satisfação para você, além dos seus filhos e do que possam oferecer (ainda que eles possam continuar a ser, para sempre, uma das mais importantes).

Não faça papel de vítima – Não diga, por exemplo, "Você não vai mais sair outra vez... vai? Você nunca fica em casa!". Nada mais fácil do que explorar a tendência, natural nos filhos, de não ferir os pais. É fácil, mas não é justo.

Pais que não conseguem separar-se dos filhos

O momento de dar aos filhos responsabilidades sobre suas próprias vidas é uma ocasião de mudanças também para os pais. Em alguns casos, a mudança parece ser extremamente difícil.

Se a idéia de ser pai ou mãe sempre foi bastante importante para você, se sempre se orgulhou muito disso, talvez seja difícil aceitar que, em certo sentido, você agora "está sobrando". Os adolescentes ainda precisam dos pais, mas não da atenção constante que lhes dedicou na infância. Certos pais ressentem-se muito com a separação dos filhos adolescentes por motivos ocultos em sua própria vida pessoal – o casamento talvez não tenha sido feliz e os filhos podem ter preenchido grande parte das carências afetivas dos pais. Outra hipótese é que, no caso de um pai ou mãe solteiros, o filho tenha se tornado o centro de sua existência. Em casos como esses, vários pais e mães conservam a esperança de ainda ser o centro da vida dos filhos, mesmo depois de eles terem crescido, casado, constituído família própria. Em outros casos, separar-se afetivamente dos filhos adolescentes marca, para os pais, o momento em que perdem o controle sobre eles, e essa perda pode parecer bem grande e dolorosa.

A idéia de que pai e mãe podem determinar a vida dos filhos é ilusória e, quanto mais os pais insistirem nela, maior o risco de que os filhos se afastem definitivamente. "Mamãe vive reclamando que não faço o que ela quer. Mas por que tenho de fazer o que ela quer?" Boa pergunta. Uma criança que saiba autopreservar-se, que tenha construído satisfatoriamente sua identidade pessoal, encontrará forças para resistir se sentir que está sendo pressionada a satisfazer expectativas que não correspondem às suas. Entretanto – porque os filhos sempre querem agradar os pais –, há o risco de que escolham satisfazer ao desejo dos pais, mesmo que tenham de contrariar os seus e esquecer as razões que os levaram a decidir de outro modo.

Indicadores de Violência

- **Indicadores de violência física intrafamiliar na conduta da criança ou adolescente**
    - Contusões, queimaduras ou fraturas inexplicadas
    - Desconfiança contínua de qualquer contato físico, permanecendo sempre alerta e em defesa
    - Comportamento agressivo ou excessivamente tímido com dificuldades nos relacionamentos
    - Fuga de casa

- **Indicadores de violência física na conduta dos pais ou responsáveis**
    - Demonstração de pouca preocupação e interesse pelos filhos
    - Culpabilização dos filhos pelos problemas na casa e na escola
    - Exigência de perfeição e desempenho superior às possibilidades do aluno
    - Explicações contraditórias em relação aos ferimentos dos filhos
    - Defesa da disciplina corporal severa
    - História de violência familiar na infância

- **Indicadores de violência sexual intrafamiliar na conduta da criança ou do adolescente**
    - Mudanças extremas, súbitas e inexplicadas no apetite, humor e desempenho escolar
    - Regressão a comportamentos infantis, como chorar excessivamente, chupar dedos etc.
    - Uso de roupas rasgadas ou sujas de sangue
    - Hemorragia vaginal ou retal, dor ao urinar, genitais inchados ou com secreção
    - Comportamento agressivo, pesadelos, gritos ou agitação noturna

- Interesse súbito e incomum sobre questões sexuais, brincadeiras sexuais persistentes, masturbação compulsiva
- Fuga de casa

- **Indicadores de violência sexual na conduta dos pais ou responsáveis**
    - Postura insinuante, extremamente protetora ou zelosa
    - Existência de problemas conjugais
    - Abuso de álcool ou outras drogas
    - História de abuso familiar em sua infância

Reunião de Educadores

- **Violência física**

A violência com maus-tratos físicos acontece quando os pais ou responsáveis tentam educar e disciplinar seus filhos por meio da força. Eles acabam batendo, queimando, mordendo, empurrando, jogando ou até mesmo agredindo com objetos, podendo causar danos físicos à criança ou ao adolescente. Muitas vezes essa violência pode levar à morte.

Pais violentos dificilmente admitem que o são. Eles acabam culpando as crianças pelo que acontece, dizendo, por exemplo: "Esse menino tem o gênio ruim". Às vezes também negam o problema, dizendo: "Ele vive caindo e se machucando, não é a gente que bate não".

Toda e qualquer pessoa que maltrate ou saiba que uma criança está sendo maltratada e se omite pode ser penalizada pela lei, segundo o art. 5º do Estatuto da Criança e do Adolescente:

> Art. 5º Nenhuma criança ou adolescente está objeto de qualquer forma de negligência, discriminação, exploração, violência, crueldade e opressão, punido na forma da lei qualquer atentado por ação ou omissão aos seus direitos fundamentais.

- **Reconhecendo uma criança maltratada fisicamente**

Geralmente a criança maltratada fisicamente apresenta machucado ou marcas como:

- manchas roxas (hematomas) antigas ou recentes, em lugares variados do corpo;
- queimaduras de cigarro, de água fervente, de óleo quente, ou outros objetos;
- fraturas muito freqüentes;
- ferida na boca, nos lábios, nos olhos;
- arranhões no rosto, nas mãos ou pernas;

Precisamos ficar atentos a algumas situações ou comportamentos da criança:

- falta constante às pesagens;
- não ganha peso;
- está com as vacinas atrasadas;
- tem poucos amigos;
- é tímida;
- faz muito xixi na cama;
- agride-se sozinha (autoflagelação);
- tem dificuldade de concentração;
- é medrosa, desconfiada, distraída, inquieta, agressiva ou rebelde;
- não demonstra alegria e felicidade;
- vive assustada.

Mas é preciso cuidado! Não é porque uma criança apresenta um ou outro machucado ou atitude agressiva e rebelde que podemos afirmar que está sendo maltratada. É importante, quando suspeitar de alguma situação de violência, ficar atenta(o) e pedir ajuda a outras pessoas ou órgãos públicos locais, para confirmar sua suspeita e evitar que a criança sofra danos maiores.

(A paz começa em casa – CNBB).

- **Violência sexual**

A violência sexual, principalmente contra crianças, é uma das piores formas de agressão que pode existir. Ela acontece quando uma criança é usada para a satisfação sexual de um adulto ou de um adolescente. Tanto as meninas como os meninos são vítimas desse tipo de violência.

Essa violência pode acontecer com ou sem contato físico, com ou sem uso de coação. Vai desde palavras insinuantes, carícias, beijos, toques e exibição dos órgãos genitais até a violação, ou seja, o ato sexual em si.

Na maioria dos casos, o abusador é uma pessoa que a criança conhece, confia e, muitas vezes, ama. Geralmente é o pai, padrasto ou namorado da mãe. Mas pode ser qualquer membro da família ou um responsável que aproveita da dependência afetiva e econômica da criança. Essa relação de confiança em que os agressores se encontram e a posição indefesa da criança na família tornam mais fácil encobrir o ato e assustar a criança para que se mantenha calada.

As crianças portadoras de deficiências também são vítimas freqüentes da violência sexual. Por não poderem reagir ou por serem total ou parcialmente dependentes do adulto, têm ainda mais dificuldade para denunciar.

- **Violência sexual sem contato físico**
  - Violência sexual verbal – É a conversa sobre atividades sexuais para despertar o interesse ou chocar.
  - Exibicionismo – Situação em que uma pessoa mostra seu corpo com a intenção de chocar a outra.
  - Voyeurismo – Prática em que uma pessoa gosta de observar outra pessoa sem roupa, ou mexendo em suas partes íntimas, ou ainda mantendo relações sexuais.

- **Violência sexual com contato físico**
  - Ato sexual – O adulto acaricia os órgãos genitais de outra pessoa, masturba-se na frente dela, mantém relação sexual com penetração vaginal, anal ou oral.
  - Sadismo – Violência sexual que inclui tortura e surras.
  - Pornografia – Forma de violência sexual na qual principalmente crianças e adolescentes são usados como atores/atrizes ou modelos, em vídeos, fotografias, gravações ou filmes pornográficos.

- Prostituição infantil – Venda do corpo de crianças para atos sexuais com adultos, com o uso da força física ou da coação. Alguns pais que vivem em situação miserável acabam vendendo seus próprios filhos para ganhar dinheiro.
- Incesto – Qualquer relação de caráter sexual entre pessoas da mesma família. Acontece sobretudo entre pai e filha.
- Estupro – O adulto usa da violência e obriga uma pessoa a ter relações sexuais, contra a vontade dela.

Geralmente, a adolescente prostituta teve sua primeira relação com o próprio pai, dos dez aos doze anos de idade.

• Identificando as crianças vítimas de violência sexual

As crianças vítimas de violência sexual podem apresentar:

- manchas roxas no pescoço, nas coxas ou em outras partes cobertas do corpo;
- dificuldade para andar e sentar;
- dor ou coceira nos genitais;
- infecção urinária (dor ao fazer xixi);
- dores no estômago;
- roupas íntimas destruídas, sujas ou manchadas de sangue;
- corrimento ou feridas nos genitais (que podem ser sinais de doenças venéreas ou doenças sexualmente transmissíveis).

Geralmente tais crianças e adolescentes não se dão bem com crianças e adolescentes da mesma idade. Apresentam também atitudes muito infantis. Podem ter um forte sentimento de inferioridade, uma necessidade grande em agradar, idéias e atitudes sexuais estranhas e precoces e muito medo ao chegar em casa. Também podem isolar-se, ter poucos amigos e viver chorando sem causa aparente.

Essas crianças podem apresentar tiques nervosos, gagueira ou outras manias que não tinham antes da agressão. Podem ainda ser irritadas e sentir medo dos adultos, procurando se esconder deles.

• Conseqüências da violência sexual

Crianças ou adolescentes que foram sexualmente violentados por seu pai, tio, irmão, avô ou algum outro amigo ou conhecido de confiança da família poderão ter uma visão muito diferente do mundo e dos relacionamentos. Podem sentir grande dificuldade em confiar e acreditar nas pessoas.

Crianças que são violentadas sexualmente por seus parentes são levadas, várias vezes, a sentir que a culpa foi delas ou foram elas que provocaram a situação. Podem ter dito a elas frases do tipo: "Todos os pais fazem isso", "Estou somente te ensinando coisas importantes para a vida" etc.

Algumas vezes nem é preciso nada; a atividade sexual começa simplesmente quando a criança é muito pequena, podendo estender-se pela adolescência e vida adulta.

A violência sexual pode trazer sérias conseqüências físicas e psicológicas para crianças e adolescentes, como lesões nos genitais e no ânus, gravidez não desejada, doenças sexualmente transmissíveis, dificuldades na área afetiva, na sexualidade e na socialização.

• Por que ocorre a violência sexual?

Hoje se sabe que toda forma de violência sexual está relacionada a sentimentos doentios e de perversão, e não a sentimentos naturais e inofensivos.

As situações de violência sexual relacionam-se sobretudo à violência doméstica e às crises no meio familiar. O abusador pode ter sido vítima de violência sexual quando criança.

A violência sexual é favorecida pelo uso de álcool e drogas. Pais e mães muito ausentes, que deixam seus filhos com pessoas que não conhecem bem, também contribuem para que a violência seja facilitada.

Criança violentada sexualmente hoje pode tornar-se um violentador amanhã.

CAPÍTULO 18

Oficinas com crianças e adolescentes: uma experiência psicodramática na prevenção à violência intrafamiliar

Rosemary Peres Miyahara

Introdução

São tantas as idéias que surgem ao parar para escrever sobre esta experiência que se faz necessário privilegiar alguns recortes da muitas reflexões sobre como tem sido este trabalho e que frutos temos conseguido colher ao longo desses cinco anos.

Dessa forma, o texto pretende apresentar como as ações preventivas inseriram-se no trabalho do Centro de Referência às Vítimas de Violência (CNRVV), as bases teórico-práticas que têm norteado a intervenção e, com base no relato circunscrito de algumas vivências, trazer reflexões e conclusões, que já de antemão coloco como preliminares, considerando as dimensões éticas, políticas e socioculturais que envolvem o fenômeno da violência intrafamiliar e, conseqüentemente, os limites de uma proposta de intervenção.

Tendo a perspectiva do compromisso profissional como fundante, o percurso de minhas idéias pretende apresentar uma possibilidade de enfrentamento da situação de violência em que vivem muitas de nossas crianças e adolescentes, que busca também a formulação de um saber baseado em reflexões e questionamentos sobre uma prática constante.

Segundo Eduardo Mourão Vasconcelos, citando Coutinho (1991:16), "a produção de verdades nas ciências sociais é atravessada pelos valores e concepções de mundo, que são objetivados ao ser compartilhados intersubjetivamente por conjuntos substantivos de pessoas" (Vasconcelos, E. M., 2000, p. 38). Tomo esta colocação como premissa básica deste texto e convido os colegas leitores a compartilhar as inquietações, os paradigmas e as satisfações profissionais, dos que abraçam a causa da infância e da juventude em situação de violência.

Um breve histórico sobre as ações de profilaxia no CNRVV

O projeto de profilaxia, ou a "área de prevenção", surgiu em 1996, logo após o primeiro ano de funcionamento do CNRVV, quando éramos um núcleo de serviços da Clínica Psicológica do Instituto Sedes Sapientiae.

Nossas inquietações, ao recebermos para atendimento crianças e adolescentes tão adoecidos, com as seqüelas de anos a fio sob violências, maus-tratos e abusos, bem como famílias tão desagregadas diante do caos de ter de lidar com as conseqüências e de revelar seu fracasso enquanto estrutura de sustentação para o desenvolvimento saudável de seus filhos, foram causando um crescente incômodo, visto que precisaríamos intervir nesse fenômeno, antes que tomasse a proporção que a nos chegava.

Já sabíamos de antemão que não seria tarefa fácil pensar na profilaxia da violência nas relações familiares, dada a concepção multicausal do fenômeno (Azevedo e Guerra, 1993). Contudo, acreditávamos também ser este um fenômeno histórico, socialmente construído, tal qual nos trazem alguns teóricos do assunto, como Odália (1985), Girard (1990), Lasch (1986) e Costa (1988), entre outros. Assim, como não investir na possibilidade de sua desconstrução?

Essa passou a ser a base maior de nosso projeto – a concepção participativa integral, pensando num "sujeito socialmente ativo, que constrói coletivamente um processo de reflexão, conscientização e transformação de sua realidade" (Projeto Rede Criança – Construindo a Cidadania).

Eixos conceituais e metodológicos que norteiam nossas ações de prevenção: jogos dramáticos e psicodrama como instrumentos básicos de intervenção

Dentro da concepção participativa integral, já mencionada, nosso projeto tem alguns eixos norteadores, mas a elaboração de cada etapa de intervenção deve se dar em conjunto com a *instituição* e com todos os *sujeitos envolvidos* no trabalho.

A instituição, local ou conjunto de locais onde as ações serão desenvolvidas serão peças fundamentais. São pontos de contato com a comunidade, espaços já instituídos na região como *locus* onde objetivos educativos, culturais e sociais são aglutinados. Nesses cinco anos temos trabalhado em creches e centros de juventude, hoje conhecidos como Espaços Gente Jovem dos bairros de Jaguaré, Rio Pequeno, Paraisópolis e Bela Vista, região oeste, sul e centro de São Paulo.

Os sujeitos envolvidos são todos os que, direta ou indiretamente, têm contato com a instituição. Podemos compreender aqui as crianças e os adolescentes que freqüentam a instituição e seus familiares, os profissionais que ali trabalham (agentes educacionais, coordenadores pedagógicos, diretores, pessoal operacional e administrativo). Podem ser incluídos os profissionais parceiros que trabalham em outras instituições da região e acabam atendendo às famílias nas áreas de saúde, lazer, social etc., bem como líderes comunitários que de certa forma lutam pelos interesses comuns daquela região (presidentes de Sociedades Amigos do Bairro, líderes religiosos etc.). É importante ressaltar que essas inclusões devem acontecer sempre de forma engajada e discutida com o grupo de indivíduos que compõem o coletivo da "instituição-sede".

Os primeiros contatos de nossa equipe buscam analisar e compreender, em conjunto com os profissionais que trabalham na instituição, as demandas daquela região, em seu contexto histórico, econômico, social, político e cultural. Falar uma linguagem mais próxima, saber sobre as reais condições de vida e conflitos daquela população são instrumentos preciosos para *vinculação* e desenvolvimento de todas as etapas de intervenção. Na verdade, o investimento nos vínculos já acontece nesses primeiros contatos, pois sensibilizar os profissionais da instituição para a co-direção do trabalho tem se mostrado um dos primeiros desafios e alicerce essencial para a fluência dos processos.

Dois outros importantes norteadores de nossas respostas são a necessidade de criar um *clima afetivo e de confiança*, de forma a garantir aos envolvidos *ações processuais e continuadas* que apontem para a melhoria de suas condições subjetivas de vida. A "aprendizagem significativa", tão proclamada por vários teóricos da educação, entre eles Emília Ferreiro e Paulo Freire, está sempre pautada em relações de confiança que respeitam o processo de cada indivíduo em seu crescimento profissional dentro do grupo.

Bruno Bethelheim, em seu livro *Uma vida para seu filho: pais bons o bastante*, traz uma valiosa citação do filósofo francês Joseph Joubert: "As crianças precisam mais de modelos do que de críticos" (Joubert, J. *Pensées*, 1942). E acrescenta, referindo-se à preocupação de pais quanto à educação de valores aos filhos, estarem aqueles "mais prontos a criticar e fazer sermões do que confiar em sua própria eficácia como modelos para os filhos. E, de fato, a curto prazo a correção pode produzir resultados mais imediatos, entretanto esses resultados tendem a ter a vida efêmera, se comparados aos que os modelos paternos conseguem" (Bethelheim, B. 1988, p. 110).

Dentro dessas perspectivas e ampliando as idéias de Bethelheim para o conjunto dos adultos significativos da vida de uma criança ou adolescente, penso que se temos qualquer pretensão em reinscrever ou ressignificar padrões de relacionamentos promotores de saúde e desenvolvimento, devemos ter claro e em constante reflexão que modelos estamos sendo ao nos relacionar com cada um deles. Nesse sentido é que os dispositivos de processamento e cada atividade nos diferentes grupos e também entre os coordenadores desses são instrumentos sem os quais o trabalho ficaria bastante prejudicado. Assim, conversamos sobre cada atividade com os elementos dos grupos e refletimos sobre o andamento do trabalho de forma sistemática, tanto entre os coordenadores (profissionais do CNRVV e da instituição), como em reuniões semanais dos profissionais do Centro que coordenam os diferentes grupos.

A confiança e o processo também são garantidos pela integração temática das diversas oficinas que compõem o todo do projeto, isto é, seguimos uma seqüência de discussão dos temas, o mais semelhante possível, nas oficinas com crianças e adolescentes, nas oficinas com pais e responsáveis e com agentes educacionais, guardando, é claro, os limites de caracterização e o tempo de assimilação de cada grupo. Com essa estratégia, incentivamos que o tema em discussão reverbere nos distintos contextos de vivência e relacionamento dessas crianças e adolescentes.

O jogo dramático e o psicodrama: buscando os padrões não-violentos de se relacionar, com base no resgate do indivíduo espontâneo e criador

Meus colegas de equipe que têm outra abordagem ou linha de pensamento que não o psicodrama que me perdoem se peco ao enfatizá-lo. Faço-o não apenas porque o tenho como formação e crença, mas acima de tudo por vivenciar em cada dia de trabalho as possibilidades de mudança que ele propicia.

J. L. Moreno, o criador do psicodrama, percebeu em seus estudos que muitas pessoas eram despojadas de criatividade e espontaneidade, principalmente por estarem aprisionadas em valores e regras de uma sociedade inquestionável. Propõe, então, com sua teoria inovadora, a quebra das "conservas culturais[1] e o resgate da espontaneidade[2] e criatividade como fatores primordiais de uma existência saudável (Moreno, J. L. *Psicodrama*, 1975).

Penso no quão contemporâneas são as percepções e reflexões de Moreno acerca dos padrões de relacionamento estereotipados e tantas vezes deturpados que encontramos nos diferentes desempenhos de papéis dos indivíduos dentro de seus grupos. Seja no contexto familiar, escolar, ou mesmo no grupo de amigos, a marca está na cristalização ("o agressivo", "a vítima", "o delinqüente", "o bonzinho") ou na complementaridade patológica ("explorador – explorado", "agressor – agredido"). No psicodrama, os papéis podem ser experimentados, trocados, invertidos, e ao olhar a mesma situação com os olhos e sentimentos do outro, posso realmente rever minha posição, estimular minha criatividade na busca de uma "resposta para uma situação nova ou de uma nova resposta para uma situação velha" (Moreno, J. L., 1975, p. 101). Esta é a semente mais preciosa da teoria de Moreno, que procuro frutificar no dia-a-dia de meu trabalho.

---

1. Entende-se por conserva cultural o produto acabado de um esforço criativo, fazendo parte do acervo cultural da sociedade. Moreno entende que o homem saudável é aquele que não vive aprisionado às conservas de sua cultura, mas empreende em sua vida um constante movimento criador.

2. Espontaneidade para Moreno é "a resposta de um indivíduo ante uma situação nova e a nova resposta a uma situação velha" (Moreno, J. L. 1975, p. 101).

O jogo dramático, como uma das formas de aplicação do psicodrama, "é uma atividade que propicia ao indivíduo expressar livremente as criações de seu mundo interno " (Monteiro, R. F., 1994, p. 7). Assim, permite-nos avaliar e desenvolver o grau de criatividade e espontaneidade de cada indivíduo dentro de um grupo, considerando algumas características como: emoções na resolução de conflitos, participação e envolvimento com temas e questões, sustentação ou defesas em situações tensas, entre outras.

Podemos também, pelo jogo dramático, criar um campo lúdico, relaxado, desenvolvendo nos indivíduos liberdade de ação e atuação e conseqüente melhoria na amplitude de suas respostas.

Outro importante ganho no uso dos jogos dramáticos é o de incentivar outras formas de comunicação que não a tão condicionada verbalização, ou mesmo o investimento em novas formas de se verbalizar uma mesma mensagem.

Enfim, acredito que os jogos dramáticos e as dramatizações propiciam, de forma lúdica e acolhedora, o resgate da possibilidade, de criar, expressar, discordar, discutir, refletir sobre determinadas posturas ou atitudes, quem sabe, de mudar. Tudo isso já marca por si só uma busca importante de nossa intervenção: rever os modelos preestabelecidos, apresentados no decorrer da vida dessas crianças, adolescentes e adultos, no que se refere ao padrão adultocêntrico de nossa cultura.

Discutir de forma mais ampla possível, com o conjunto de pessoas com as quais trabalhamos, a visão da criança e do adolescente como sujeito de direitos, como indivíduo em condição peculiar de desenvolvimento, concepções essas previstas no Estatuto da Criança e do Adolescente, acreditamos ser importante instrumento no enfrentamento das questões ligadas à violência intrafamiliar.

As oficinas com crianças e adolescentes

• Objetivos e metodologia

As oficinas com crianças e adolescentes têm como principal objetivo propiciar um espaço de interação em que a fala e a subjetividade sejam resgatadas nas discussões de temas, como relações de gênero, sexualidade, cuidados com a saúde, auto-estima, relacionamento grupal, direitos e deveres dentro de uma perspectiva do exercício da cidadania e em especial a violência nas relações familiares.

O trabalho segue etapas que são indicadoras e analisadoras da possibilidade de aprofundamento das discussões. A primeira etapa trata da vinculação entre os profissionais do CNRVV e as crianças e adolescentes, bem como da sensibilização dos profissionais da instituição para o trabalho em parceria. O passo seguinte é investir para que os agrupamentos de crianças e adolescentes possam relacionar-se como grupos integrados e coesos. É a etapa da integração grupal. Só com base nisso podemos, em conjunto, elaborar o plano das discussões temáticas.

Toda a metodologia utilizada considera o grupo como eixo principal. Atividades como teatro espontâneo, jogos dramáticos, dinâmicas para trabalhar a percepção de si e do outro, a cooperação, a competição, oficinas de arte, permitem o levantamento e a abordagem de temas ligados às vivências cotidianas, sempre numa perspectiva de entendimento e reflexão do Estatuto da Criança e do Adolescente.

Ao final de dez meses de trabalho, tempo adequado ao coletivo indicado como conclusivo da fase de implantação do projeto, a intervenção deve apontar lideranças que possam compor o grupo de multiplicadores que poderá, com a supervisão dos profissionais do CNRVV, continuar as discussões na instituição, quiçá em outros locais da região; para tanto é esperado que esse grupo seja composto por protagonistas não só das oficinas de crianças e adolescentes, mas também das de pais ou responsáveis e das de agentes educacionais.

Desafios e conquistas nesses anos de trabalho

Um percurso árduo: começo extenuante, meio ambíguo (ora empolgante, ora desolador) e final extremamente gratificante. Dessa forma acho que defino bem minhas sensações com o desenrolar do trabalho e cada um dos pólos, nas fases de implantação.

Vincular e trabalhar o grupo numa perspectiva de integração e coesão tem sido o maior desafio. As crianças oscilam entre o desejo de conhecer, de receber, de estar perto e sentimentos de hostilidade, total falta de motivação e interesse, desânimo e descrença da possibilidade de reformulação do que seja aversivo em suas vidas. Assim, os comportamentos também são instáveis. Ora cooperativos, participativos, com expressões riquíssimas de criatividade; ora depreciativos, agressivos e destrutivos.

Essa oscilação, é claro, vira tema de intervenção. O desafio torna-se instrumento aglutinador.

A formação de grupos feita por eles próprios, baseados em dinâmicas disparadoras, já aponta questões como o escolher, o ser escolhido, o não querer escolher, o não ser escolhido. A união em torno de objetivos torna as atividades possíveis.

Circular em diferentes configurações grupais quebra alguns estereótipos e possibilita maior conhecimento de uns com os outros.

Buscar o ganho de uma recompensa, previamente combinada, estimula a participação num momento em que ainda precisam do objeto concreto para vivenciar uma conquista.

A crítica pelo não-envolvimento nas atividades torna-se instrumento de questionamento do próprio grupo.

Quantos conflitos nessa fase de trabalho! Conversamos sobre todos ao final das atividades. Construímos assim alguns parâmetros para estarmos juntos de forma transformadora. Tais parâmetros passam a ser por eles próprios lembrados, reivindicados, quando um, aí sim, membro do grupo deixa de se mostrar comprometido.

Por isso o adjetivo extenuante que usei para definir as sensações desses momentos. É importante compartilhar muitos questionamentos: O que estou fazendo aqui? O desejo de desistir...

O que nos faz continuar? Remetermo-nos ao que viemos. Lembrarmos que essas crianças também têm construído e internalizado um modelo totalmente desrespeitoso de relações. Tratam-se por apelidos pejorativos, xingamentos; ameaçam-se continuamente e parecem só responder a um jeito coercitivo de imposições. Até mesmo em relação ao que recebem como tratamento discriminativo e violento parecem acostumar-se. Recordo-me de que numa das atividades dramatizávamos uma cena em que um adolescente "cabulava" aulas. Eles assumiam o papel de pais para colocarem que atitude tomariam diante de tal situação. Só se caracterizaram ações agressivas: safanões, puxões de cabelo, simulações de surras. Quando, ao final da atividade, paramos para conversar sobre como não conseguiam ver formas de solucionar o conflito a não ser com agressões, um dos meninos contestou, alegando que fora o único que, como pai, não batera no filho que cabulara aula. Só havia puxado sua orelha; e puxar orelha, segundo ele, não era bater, até porque esse era um método freqüentemente usado por sua professora para levar de volta ao lugar os alunos que gostavam de passear pela classe durante as aulas.

Procurar descontrair tais concepções baseado no oferecimento do modelo e do questionamento constantes sobre como essas formas de lidar com conflitos traz prejuízos à vida de cada um e aponta a necessidade de persistir.

Contudo, quando alguns desses valores como "fazer juntos", não chamar o colega de "ô neguinho!", não agredir nem aceitar agressões começam a reverberar entre eles em conjunto com o clima de maior receptividade à nossa chegada, todas as sensações de desânimo com as quais lutamos nos primeiros meses rapidamente dão lugar a uma rápida empolgação.

Com base nisso o trabalho é extremamente motivador e ao mesmo tempo cauteloso, pois eles estão vinculados e sentindo-se seguros para falar de suas dificuldades e realidades, muitas vezes tão sofridas.

A abordagem do tema da violência intrafamiliar é sempre bem cuidadosa. Sabemos que temos de tratar os depoimentos com continência e respeito. É bastante gratificante perceber que aquele grupo inicial, disperso e agressivo, passa a receber com incrível solidariedade as histórias de cada um e a discutir, com base nos conceitos anteriormente trabalhados (os direitos e deveres das crianças segundo o ECA, a existência do Conselho Tutelar, a responsabilidade da sociedade em tratá-los como sujeitos de direitos), a busca de soluções.

É importante sabermos que tais temas são discutidos com os pais e os agentes educacionais e sentirmos seu reflexo em contextos diferenciados.

A rede de apoio para encaminhamentos que se façam necessários também precisa estar garantida. O pedido de ajuda de uma criança não pode cair no vazio, pois isso ratifica a malha da omissão, uma das principais e mais poderosas edificadoras da perpetuação do fenômeno da violência contra a criança e o adolescente.

Nos dois últimos meses procuramos nos organizar na produção de trabalhos que sintetizem os temas discutidos – exposição de cartazes, redações, peças de teatro, letras de música, cartilhas, calendários etc. Essas são demonstrações mais concretas do resultado do trabalho. Outras, talvez só mais perceptíveis aos olhos da observadora que acompanhou o percurso de mudanças, falam de um circular mais livre de gentilezas entre eles, de uma linguagem mais elaborada sobre direitos, deveres, ser cidadão; de um comportamento mais atento ao tratar o outro e uma colocação mais segura sobre como é bom e necessário ser bem tratado.

Seria isso introjeção de novos valores? Possibilitaria a formação de adultos e pais mais continentes às vicissitudes e às necessidades da vida de seus filhos?

Todos os questionamentos que tenho feito acerca da eficácia ou dos resultados desse trabalho convergem para a assunção das idéias de Hannah Arendt, tão bem sintetizadas por Paulo Endo em seu texto "Reflexões arendtianas sobre a violência" (1998). Ele coloca o pensamento de Arendt como uma tentativa extenuante de compreender os momentos de fracasso da humanidade e, desse modo, *lutar contra os piores silêncios.*

Coloca ainda que Walter Benjamin já teria explanado sobre como a violência cala, emudece e leva as vítimas a testemunhar em seus próprios corpos de forma alienada e alheia à fala as repercussões dessa violência.

As crianças, os adolescentes e indivíduos com os quais temos trabalhado são exemplos precisos dessa análise. Introjetam baseados em exaustivas repetições, de formas desrespeitosas de relacionamento, o modelo identificado de seus agressores. Silenciam ou recolhem e empobrecem o modo de comunicar o que vêem e sentem sobre vivências violentas de seus cotidianos.

Por isso, acredito que a maior assertividade de proposta de intervenção profilática de nossa equipe tem sido o investimento contínuo para que esse silêncio e ciclo de repetições sejam quebrados. Para que a imposição de um sujeito sobre o outro dê lugar à interação, à comunicação e ao convívio alicerçados acima de tudo na aceitação das diferenças, na busca do exercício dos direitos, dos deveres e da liberdade.

Trazer o tema da violência intrafamiliar à discussão já tem sido por si só um imenso ganho nesse sentido, pois como cita Paul Ricouer (in Endo, 1998): "A violência que fala já é uma violência que pretende ter razão, é uma violência que se situa na órbita da razão e já começa a se negar enquanto violência". E ainda nesse mesmo texto encontramos a belíssima citação de Arendt da epígrafe de Isak Dimensen: "Todas as mágoas são suportáveis quando fazemos delas uma história ou contamos uma história a seu respeito".

Às histórias, aos testemunhos e às experiências de cada uma das pessoas com as quais tenho trabalhado nesses anos manifesto o meu mais profundo respeito e admiração, pois têm sido os elementos mais preciosos e objetivos em si almejados em toda a minha atuação profissional.

Sabemos que esse primeiro ano de implantação do projeto apenas lança a semente da possibilidade de transformação. Todavia, gostaria de terminar este texto com o depoimento emocionado de alguém que se preparou para *oferecer* um bolo de chocolate na festa de despedida da turma do ano 2000 e foi surpreendida com o *receber* muito afetivo de cartas, bilhetes, cartazes, flores de papel crepom com a seguinte mensagem: "Obrigado pelo que nos ensinou". Só consegui responder com aquilo que realmente acredito ser mais gratificante neste trabalho: "Também aprendi muito com vocês".

Referências bibliográficas

AZEVEDO, M. A. e GUERRA V. (orgs). *Infância e violência doméstica: fronteiras do conhecimento.* São Paulo, Cortez, 1993.

BETHELHEIM, Bruno. *Uma vida para seu filho: pais bons o bastante.* Rio de Janeiro, Campus, 1988.

COSTA, Jurandir Freire. "O medo social". In: *Revista Veja*: 25 anos. Reflexões para o futuro. São Paulo, Abril, 1993.

__________. *Violência e psicanálise.* Rio de Janeiro, Graal/Paz e Terra, 1988.

ENDO, Paulo. "Reflexões arendtianas sobre a violência". Trabalho apresentado no I Encontro de Fenomenologia e Análise do Existir. UMESP/SOBRAPHE. Junho de 1998.

GIRARD, Ree. *A violência e o sagrado.* São Paulo/Rio de Janeiro, UNESP/Paz e Terra, 1990.

LASCA, Cristhopher. *Cultura e narcisismo.* Rio de Janeiro, Imago, 1983.

MONTEIRO, Regina F. *Jogos dramáticos.* São Paulo, Ágora, 1994.

MORENO, J. L. *Psicodrama.* São Paulo, Cultrix, 1975.

ODÁLIA, Nilo. *O que é violência.* São Paulo, Nova Cultura/Brasiliense, 1985. Projeto Centro de Referência às Vítimas da Violência. In: mimeo.

VASCONCELOS, E. M. (org.). *Saúde mental e serviço social: o desafio da subjetividade e o desafio da subjetividade e da interdisciplinariedade.* São Paulo, Cortez, 2000.

CAPÍTULO 19

A pesquisa: uma experiência no Centro de Referência às Vítimas de Violência

Tereza Cristina Cruz Vecina

Mas as coisas e as pessoas são duras à mudança.
Embora, é a história que nos confirma, mudanças ocorram.
(*Gastão Wagner de Sousa Campos*)[1]

Iniciaremos com um esclarecimento acerca do significado das palavras pesquisa e pesquisar e, para isso, recorreremos a colocações de Ezequiel Ander-Egg[2], que conceitua pesquisa como um "procedimento reflexivo sistemático, controlado e crítico, que permite descobrir novos fatos ou dados, relações ou leis, em qualquer campo do conhecimento".

Com base nessa conceituação, vemos que a pesquisa é uma das formas (não a única) de produção de conhecimento, que parte do ato de pensar/refletir sobre fatos da realidade, de modo a construir, aprofundar e/ou corroborar na construção de saberes.

Porém, qual é a representação[3] sobre esses termos? A que ações nos conduzem?

---

1. In: Cecílio (org.), 1994, p. 29.
2. In: Lakatos e Marconi, 1996, p. 155.
3. Utilizamos aqui o termo "representação" conforme comentado por Moscovici (1978), abrangendo não só cognições como afetos mas indicando direcionamento de ações.

De modo geral, muitas inquietações surgem ao nos referirmos a pesquisas: confiança/desconfiança nos resultados e procedimentos; medos e fantasias a respeito do como proceder em uma pesquisa; por onde começar e aonde se quer chegar; supervalorização ou desvalorização desse tipo de trabalho.

Esses, e muitos outros questionamentos, podem ser citados e transpostos para a pesquisa ao lado do fenômeno da violência intrafamiliar. Neste caso, adicionam-se outras questões próprias ao fenômeno: é um tema de recente investigação que traz em si aspectos encobertos decorrentes do complô do silêncio.

Pesquisar o fenômeno da violência intrafamiliar implica desejar apreender a realidade dos fatos envolvidos nesse tipo de violência, assim como sua dinâmica, sistematizar conceitos, idéias e conhecimentos e, em especial, fornecer subsídios para a realização de mudanças e proposições de políticas públicas de combate à violência.

Buscando alcançar esses objetivos, o Centro de Referência às Vítimas da Violência (CNRVV), a partir de 1996, começou a delinear suas ações de pesquisa por meio da criação de um Setor de Pesquisa, com o objetivo de propiciar um espaço de aprofundamento e reflexão acerca da questão da violência, em especial da intrafamiliar, de modo que a produção de conhecimento e as práticas que cercam esse fenômeno pudessem ser questionadas, aperfeiçoadas e superadas.

Consideramos esse objetivo bastante amplo, de difícil consecução, exigindo esforço redobrado para manter sua própria sobrevivência, sobretudo pelo fato de o CNRVV se caracterizar, prioritariamente, como um centro de prestação de serviços (prevenção e tratamento), e não apenas de pesquisa.

Sabemos que, muitas vezes, instituições que têm como principal característica a prestação de serviços acabam absorvidas pelas ações e pelo próprio fascínio que estas exercem. Assim, atitudes fundamentais para a execução de pesquisas – como a disciplina e a perseverança, o rigor na coleta e na organização dos dados – são deixadas em segundo plano de prioridades. Para não falar de urgências próprias decorrentes da temática da violência, quando a interrupção de um ciclo que coloca seres humanos em risco – físico e/ou psicológico – demanda ações que não podem ser postergadas.

Para isso foram necessárias a criação de estratégias de autocontrole e disciplina, a conscientização acerca da importância dos dados como fontes de informação, além da construção de instrumentos padronizados para sua coleta.

Contudo, é justamente nesse espaço onde ocorre a prática que o pesquisar se mostra de imenso valor. Coloca os profissionais numa posição privilegiada, pois exige uma parada para a reflexão, um "tomar distância" de uma problemática tão preemente e, nesse "olhar de fora", tornar-se observador de sua própria prática. É nesse movimento de espelhamento, possível pela participação de toda a equipe, que cada profissional e a toda a equipe poderão questionar-se, debater suas condutas e o objeto de sua prática – construir conhecimento.

Muitas são as indagações que nos surgem, o que nos mantém em constante busca de respostas. Entre elas, a principal se refere à determinação das especificidades no atendimento a ser realizado em casos de violência doméstica.

Furniss, Gabel, Soría e Hernández, entre outros autores, têm postulado a necessidade de um trabalho transdisciplinar e interinstitucional, a urgência de um conhecimento teórico acerca das dinâmicas presentes em situações de violência, além de nos fornecerem pistas indicando focos de intervenção. No entanto, sempre nos restam inquietações relativas a questões práticas referentes a uma metodologia de atendimento em casos de violência intrafamiliar.

Ao mesmo tempo que sabemos da necessidade de um trabalho que tenha em vista o desenvolvimento de cada caso em sua singularidade, estamos em busca do que é comum à grande maioria dos casos, do que deve e pode ser seguido conforme nossa realidade.

Ao lado dessa questão mais ampla surgem outras a serem respondidas:

- Quem é a pessoa que atendemos e quem deveríamos atender?
- Quem assume o papel de vítima e de agressor? Quais os limites entre estar vítima e o estar agressor? É possível isolarmos ou atribuirmos tais papéis a uma única pessoa?
- Estamos diante de que tipo de violência? Quais conseqüências advêm da violência sofrida?
- É possível identificar, de forma clara, onde começa a vitimização?

- Não estaríamos, na ânsia de estabelecer um recorte populacional para atendimento, fazendo um recorte no indivíduo? Que outros papéis, além de vítima/agressor, os indivíduos envolvidos em situação de violência desempenham? De que outras angústias sofrem? Como especialistas, seria nossa a função de abordá-las?
- Qual a eficácia de nosso atendimento? O ciclo da violência, ao menos nos casos em atendimento, vem sendo interrompido?
- Como se dá a aderência ao tratamento oferecido (em especial o psicoterápico) das pessoas envolvidas no drama da violência?
- Quem são os nossos parceiros? Com quem contamos e como realizar ações articuladas e coordenadas, evitando a revitimização e propiciando a quebra do ciclo da violência?

Além disso, sabemos que o fenômeno da violência intrafamiliar, por suas próprias características, traz em si algumas dificuldades no tocante à pesquisa. Trata-se de um fenômeno de larga amplitude e grande variabilidade de manifestação. Muitas vezes torna-se impossível isolar um só tipo de violência, sendo freqüente encontrarmos diferentes tipos que ultrapassam o contexto intrafamiliar ou doméstico. Existe uma verdadeira "rede de violências" que compõe uma série de variáveis de difícil identificação e controle.

É importante ainda destacar que não é possível coletar muitos dados, conforme a necessidade do pesquisador. Ao realizar uma pesquisa-ação, aspectos éticos e de proteção aos sujeitos têm de ser prioritários à própria coleta de dados. Várias vezes, dados que a princípio nos pareciam de fácil coleta não o são, tendo em vista que em um contexto terapêutico faz-se necessário o respeito ao tempo, à dor e à capacidade de elaboração do paciente. Nessas ocasiões, dá-se preferência ao papel de paciente/cliente em detrimento ao de sujeito de pesquisa.

Algumas características do fenômeno da violência doméstica também dificultam a realização de pesquisas, mascarando dados. Entre elas poderíamos destacar a banalização/negação de fatos, seja pela presença de uma cultura que não reconhece os atos como violentos, seja pela existência de defesas conscientes e/ou inconscientes das pessoas envolvidas, a presença do segredo, da culpa e da omissão. Elas constituem variáveis de difícil mensuração.

Essas e inúmeras outras questões vêm sendo enfrentadas pela equipe na busca de respostas a perguntas já realizadas e na criação de novas perguntas. Sabemos que a construção do conhecimento é um processo contínuo e de constante aperfeiçoamento. Se queremos que mudanças ocorram, temos de manter o desejo de mudança e, ao mesmo tempo, de possuir o domínio da teoria e da prática. Somente com base nessas duas dimensões é possível a construção de projetos de intervenção eficazes.

Referências bibliográficas

CAMPOS, G. W. Sousa. Considerações sobre a arte e a ciência da mudança: Revolução das coisas e reforma das pessoas. O caso da saúde. In: CECÍLIO, Luiz C. de Oliveira (org.). *Inventando a mudança na saúde*. São Paulo, Hucitec, 1994.

FALEIROS E. T. S. e CAMPOS, J. O. *Repensando os conceitos de violência, abuso e exploração sexual de crianças e de adolescentes*. Brasília, Thesaurus, 2000.

FURNISS, Tilman. *Abuso sexual da criança: uma abordagem multidisciplinar*. Porto Alegre, Artes Médicas, 1993.

GABEL, Marceline (org.). *Crianças vítimas de abuso sexual*. São Paulo, Summus, 1997.

LAKATOS, E. M. e MARCONI, M. de A. *Fundamentos de metodologia científica*. 3ª ed. São Paulo, Atlas, 1996.

LEAL, M. de F. P. e CÉSAR, M. A. (orgs.). *Indicadores de violência intrafamiliar e exploração sexual comercial de crianças e adolescentes*. Brasília, CECRIA, Ministério da Justiça, CESE, 1998.

MOSCOVICI, Serge. *A representação social da psicanálise*. 2ª ed. Rio de Janeiro, Zahar Editores, 1978.

SERAPIONI, M. Métodos qualitativos e quantitativos na pesquisa social em saúde: algumas estratégias para a integração. In: *Rev. Ciência & Saúde Coletiva*. ABRASCO, vol. 5, nº 1, pp. 187-92.

SORÍA, M. Á. e HERNÁNDEZ, J. A. *El agresor sexual y la víctima*. Barcelona, Boixareu, 1994.

CAPÍTULO 20

Mapeando a violência contra crianças e adolescentes[1]

Maria Amélia de Sousa e Silva
Tereza Cristina Cruz Vecinas e Equipe do CNRVV[2]

Introdução

A agressividade do homem é um fenômeno conhecido de todos. No entanto, o desconhecido de muitos é que o seio familiar se torna um dos contextos em que se origina e manifesta essa agressividade. É dentro do lar que encontraremos, com freqüência, os maus-tratos, o abuso sexual, a humilhação e o menosprezo de crianças e adolescentes.

Esta é a violência intrafamiliar, ao mesmo tempo que pode ser considerada um propiciador da violência social sofre seus efeitos. Não se trata, como diz Sérgio Adorno (1993), de um fenômeno natural, e sim social, de múltiplas causas. Conforme definem Azevedo

1. Este texto é fruto de um trabalho do Setor de Pesquisa do CNRVV. Foi apresentado no XI Congresso Brasileiro de Psicodrama e aqui revisado.

2. Equipe do CNRVV – Relacionamos aqui os membros da equipe que participaram desta pesquisa, fornecendo, em seus relatos de prontuários, os dados aqui analisados: Adriana De Bona, Arlete Salgueiro Scodelário, Dalka Chaves de Almeida Ferrari, Débora Nunes de Oliveira, Gisela Maria Lima, Gisela Oliveira de Mattos, Heloísa Cunha Bueno, Lígia Fromer, Márcia Rosana Cavalhero Garcia, Maria de Lourdes Trassi Teixeira, Regina Guise de Almeida, Ronaldo Pereira Santana, Rosemary Peres Miyahara e Wilma Bento Rodrigues. Colaboradores: Ana Carolina F. S. Cais, Mônica Ackerman, funcionários da Clínica Psicológica e do Centro de Processamento de Dados do Instituto Sedes Sapientiae.

e Guerra (1993, p. 43): "Trata-se de um modelo multicausal, assentado no pressuposto de que o abuso/vitimização físico, sexual, psicológico e a negligência praticados contra crianças e adolescentes decorre da interação entre vários grupos de fatores psicológicos, socioeconômicos e culturais do pai, mãe e filho".

Definir violência intrafamiliar implica reflexões quanto às questões de relação assimétrica hierarquizada, de poder/dominação e impossibilidade de proteção, bem como inexistência de autonomia e submissão à vontade de outrem. A violência pode ser caracterizada pela ausência de proteção, aparecendo basicamente de duas formas: por ação – incluindo a violência física, psicológica ou abuso sexual; por omissão – incluindo a negligência e o abandono.

No nosso entender, na prática de atendimento de casos de violência intrafamiliar existe o imbricar de um ou mais tipos de violência, isto é, crianças e adolescentes são vítimas, de modo geral, de pelo menos dois diferentes tipos de violência. Dificilmente há a ocorrência de um único tipo isolado. O mais comum é, ante um caso de denúncia, poder identificar o tipo mais evidente naquele contexto e momento. Todavia, tal identificação não resiste a uma análise mais profunda.

O trabalho do CNRVV

O trabalho do Centro de Referência às Vítimas da Violência do Instituto Sedes Sapientiae[3] (CNRVV) vem sendo desenvolvido oficialmente desde 1994. Hoje conta com uma equipe multidisciplinar, composta por psicólogos, psiquiatras e assistentes sociais, com diferentes abordagens teóricas (sobretudo psicodrama e psicanálise) e especialização na área de violência intrafamiliar. Estabelece parceria com instituições da área médica, jurídica e social, e tem como princípios norteadores a interrupção do ciclo da violência e a defesa dos direitos da criança e do adolescente, particularmente no que se refere ao direito à vida e aos cuidados preferenciais.

---

3. O Instituto Sedes Sapientiae é uma instituição de caráter religioso, que tem como objetivo principal o trabalho voltado para educação e saúde mental, priorizando as populações menos favorecidas.

Para isso desenvolve atividades nas áreas de tratamento e prevenção com crianças, adolescentes, famílias e profissionais, formação de profissionais para atuação no fenômeno da violência, além de pesquisa, estudo e divulgação de conhecimentos necessários ao alcance de seu objetivo.

O presente trabalho visa delinear o perfil das pessoas que nos procuram na área de tratamento psicossocial, compreender as dinâmicas envolvidas e, concomitantemente, analisar as variadas formas de atendimento oferecidas.

Optou-se, em um primeiro momento, pela realização de uma pesquisa-piloto dos casos já encerrados (1994-98) e assim estabelecer uma crítica de nosso próprio trabalho, propondo modificações baseadas não só na bibliografia existente, como também na vivência prática diante desse fenômeno.

Antes de passarmos aos resultados desta pesquisa, faz-se necessário contar um pouco como tem ocorrido o processo de atendimento.

- No início do CNRVV (1994-96), as famílias passavam por processo de triagem, composto de duas entrevistas individuais de cunho social e psicológico, objetivando identificar a problemática apresentada. Depois disso, o caso era discutido em reunião clínica e as pessoas envolvidas encaminhadas a diferentes tipos de terapias possíveis. Quando surgia a necessidade, outros serviços eram acionados: médico, jurídico, sociais, entre outros. Tal procedimento permitiu estabelecer parcerias mais constantes.
- No final de 1996, optou-se pelo estabelecimento de uma triagem conjunta, social e psicológica, composta de três encontros grupais com os responsáveis e de outros dois com crianças e/ou adolescentes. Configurou-se, assim, um processo selecionador de casos e um espaço terapêutico, em que diagnóstico, compartilhamento, acionamento de medidas cautelares de proteção e autoquestionamento acerca da problemática são possíveis.

Esse novo procedimento possibilitou maior vinculação ao serviço e a realização do que Furniss nos traz como “intervenção primária"[4]. Consideramos tal intervenção imprescindível nos casos de violência, permitindo o reconhecimento dos fatos e o estabelecimento da violência enquanto tal. É uma primeira visualização (pela equipe e pelos próprios envolvidos) da disfuncionalidade em que esse núcleo familiar se encontra, inerente às características do fenômeno[5] e/ou decorrente da revelação[6]. Somente após esse procedimento inicial o caso é encaminhado às diferentes formas de atendimento no Centro.

Nossa proposta de tratamento dirige-se a(s) criança(s) e adolescente(s) e seu núcleo familiar[7], obedecendo às diversas modalidades de atendimento: psicoterápico, social, psiquiátrico. Atualmente temos cerca de 460 casos em atendimento e uma procura mensal equivalente a dez casos, decorrente de demanda espontânea ou por encaminhamento[8].

---

4. Conforme Tilman Furniss, "a intervenção terapêutica primária tem o objetivo de modificar os relacionamentos familiares e não o de punir as pessoas que cometeram abuso ou de remover as crianças, como medidas isoladas do direito nato [...] não exclui o envolvimento dos serviços de proteção à criança e das agências legais" (1993, p. 116). Os objetivos e as etapas que constituem a base desse tipo de intervenção são bloquear a continuação do abuso sexual, estabelecer os fatos do abuso e o abuso como uma realidade familiar compartilhada, a assunção de responsabilidades pelo abuso e trabalhar com as díades mãe-criança e pai-criança e os pais como parceiros.

5. O fenômeno da violência nos indica uma disfunção familiar, com a expressão de uma desigualdade de gênero e geração, em que a submissão da criança e o medo estão presentes, notando-se um desempenho inadequado dos papéis sociais, como comentado por Ferrari (1985).

6. O momento da revelação pode caracterizar-se como um novo trauma para a criança e para a família inteira, podendo constituir um trauma suplementar, quando aquele que ouve terá de enfrentar o desconforto da dúvida e se posicionar. Conforme diz Thouvenin (in Gabel, 1997, p. 91), "A criança que revela sevícias sexuais que sofreu no círculo familiar corre um risco: torna-se uma testemunha de acusação de alguma coisa terrível e, por isso, não será necessariamente ouvida".

7. Entende-se aqui por núcleo familiar o conjunto de todas as pessoas que, por consangüinidade ou afinidade, mantêm contato freqüente com a criança/adolescente vítima, possibilitando-lhe ou compartilhando, à sua maneira, cuidados, proteção e orientação.

8. Dados referentes a agosto de 2001.

Devemos lembrar que esses casos de violência intrafamiliar exigem o reconhecimento de uma especificidade que os diferenciam dos demais tipos de atendimento psicoterápico. Há necessidade de um olhar voltado para a *proteção concreta e interrupção da violência, além do enfoque multiprofissional ativo e abrangente.* Tais famílias já demonstraram suas dificuldades em exercer funções de cuidado e proteção de seus membros, bem como em transmitir normas, regras e valores voltados aos conceitos éticos, morais ou disciplinares. Ainda, os profissionais precisam manter um contato mais íntimo, constante e coordenado com profissionais de outras áreas (educação, social, justiça, entre outras), com a formação de uma rede eficaz de proteção à criança ao adolescente e à família.

Os dados coletados

Os dados aqui comentados foram coletados em relatos cursivos referentes a atendimentos realizados pela equipe do CNRVV, existentes em prontuários de casos já desligados, de novembro de 1994 a maio de 1998, totalizando 64 casos/famílias.

Conforme dados dos Quadros I e II, podemos verificar que esses casos são provenientes principalmente de encaminhamentos de instituições jurídicas. Esse tipo de encaminhamento indica que questões legais e de saúde mental (característica do trabalho do CNRVV) estão intimamente relacionadas e as ações voltadas para a proteção/cuidado da criança devem ser desenvolvidas de modo integral e coordenado com as demais instâncias da sociedade.

É interessante observar que o porcentual de encaminhamentos realizados pelas instituições de educação é bastante reduzido, principalmente sabendo que a freqüência dessas crianças a essas instituições é diária, o que possibilitaria melhor visualização e identificação do fenômeno por parte dos profissionais. Cabe aqui levantar a necessidade de sensibilização/capacitação desse setor para fornecer melhor proteção a suas crianças e adolescentes.

Fato curioso é o grande índice de casos que compareceram por procura espontânea. Podemos levantar a hipótese de que, à medida que serviços dessa natureza são divulgados e oferecidos, a população tende a buscá-los. Isso, porém, não garante, por si só, o desvelamento do segredo familiar.

Quadro I – Distribuição dos casos conforme fonte encaminhadora

Tipo	%
Instituição jurídica*	37,50
Instituição social**	14,06
Instituição de saúde***	12,50
Instituição de educação	4,69
Instituição de trabalho	1,56
Outros****	29,69
Total	100

* Varas da Infância e Juventude, Tribunal de Justiça e CERCA.
** Febem, SOS Criança, Conselhos Tutelares.
*** Instituições hospitalares.
**** Procura espontânea ou indicações de pessoas não ligadas a instituições.

Quadro II – Distribuição dos casos conforme caráter da fonte encaminhadora

Tipo	%
Pública	84,44
ONG	11,11
Privada	4,45
Total	100

Do total de casos, somente 24 (58%) passaram pelo Instituto Médico Legal para comprovação do ato violento, nem sempre com resultados positivos[9].

Para a coleta dos dados foram consideradas todas as pessoas envolvidas em cada caso/família, a saber, todas as personagens que participaram do drama da vitimização e, de alguma forma, foram citados no decorrer das entrevistas e sessões realizadas.

---

9. Grande parte dos atos violentos não é passível de observação e comprovação, tendo em vista que muitas vezes a revelação da violência se dá vários anos depois, ou mesmo o ato violento não deixa marcas.

Foi possível constatar, em nossa casuística, um total de 71 crianças/adolescentes vítimas (1,11 vítima por caso) participando de um núcleo familiar relativamente pequeno (cerca de 3,66 pessoas habitando a mesma residência). No entanto, o número de pessoas envolvidas que participaram do drama, em sua constituição ou no momento da revelação, é bem maior – média de 6,69 pessoas por caso.

A nosso ver, trata-se de um "imenso" contingente que, convivendo com a vitimização, parece apresentar poucas possibilidades ou recursos (internos ou externos) de intervir para a interrupção do ciclo da violência.

Estabelecendo um perfil dos envolvidos com o fenômeno da violência encontramos um grande número de pessoas maiores de dezoito anos (50,68%), hipoteticamente com possibilidades de exercer função de proteção dessas crianças/adolescentes, com concentração nas faixas etárias de 22 a 49 anos (ver Quadro III).

Quadro III – Distribuição das pessoas envolvidas na vitimização por faixa etária

Faixas Etárias	% Pessoas Envolvidas	% Pessoas que Foram Vitimizadas	% Pessoas que Não Foram Vitimizadas
0 a 3 anos	8,11	3,38	4,75
4 a 6 anos	9,80	5,74	4,05
7 a 14 anos	25,36	15,88	9,46
15 a 17 anos	6,08	2,70	3,38
18 a 21 anos	3,04	0,34	2,70
22 a 29 anos	9,12	2,70	6,42
30 a 39 anos	19,93	6,42	13,51
40 a 49 anos	8,11	2,03	6,08
50 a 59 anos	5,07	–	5,07
60 em diante	5,51	0,34	5,07
Total	100%	100%	100%

No Quadro IV percebemos tratar-se de uma população de baixa escolaridade, cuja grande maioria não completou o primeiro grau.

Quadro IV – Distribuição das pessoas envolvidas conforme a escolaridade

Escolaridade	% Pessoas Envolvidas	% Pessoas que Foram Vitimizadas	% Pessoas que Não Foram Vitimizadas
Nunca freqüentou escola	8,86	19,87	13,04
Pré-escola e creche	8,23	2,17	0,00
1º grau incompleto	52,53	58,24	45,45
1º grau completo	5,06	3,80	13,04
2º grau incompleto	9,49	10,49	6,54
2º grau completo	7,59	3,30	10,87
3º grau incompleto	1,27	0,00	4,35
3º grau completo	6,33	3,30	4,35
Outros	0,27	0,00	0,00
Total	100%	100%	100%

No tocante à procedência dessas pessoas, a grande maioria é natural da região da Grande São Paulo, seguidas pelas regiões Nordeste e Sudoeste (ver Quadro V). Isso nos permite supor que se trata de população participante de uma cultura cosmopolita, em que os cuidados à infância muitas vezes são delegados às instituições, e em que algumas famílias chegam a se descompromissar pela passagem de normas e valores a seus descendentes.

Ao compararmos a procedência daqueles que foram vitimizados e dos que vitimizam, podemos observar que existe uma inversão dos dados. Alto índice das pessoas que vitimizaram é proveniente da região Nordeste, onde supostamente tiveram sua formação, remetendo-nos à hipótese de que estejam submetidas à situação de mudança e adaptação cultural, possivelmente sem uma rede social de apoio, o que, por si só, constitui um fator de tensão e uma das causas da violência. Nessas situações é difícil a construção de uma identidade como cidadão participante de um grupo social, com direitos, deveres e responsabilidades por seus atos e suas relações com o outro. A isso se soma a discrepância entre a formação cultural de vitimizados e de pessoas que vitimizam.

Quadro V – Distribuição das pessoas envolvidas, pessoas que foram vitimizadas e aquelas que vitimizaram conforme a procedência

Local/Procedência	% Pessoas Envolvidas	% Pessoas que Foram Vitimizadas	% Pessoas que Não Foram Vitimizadas
Grande São Paulo	43,64	70,30	72,83
Interior do Estado de São Paulo	1,86	3,96	3,26
Nordeste	32,73	15,35	14,13
Sudeste	9,09	4,95	4,35
Sul	5,45	2,48	2,17
Centro-Oeste	3,64	1,48	3,26
Exterior	1,82	1,48	0,00
Total	100%	100%	100%

Compartilhamos a tese de que a violência doméstica é um fenômeno democraticamente distribuído nas diferentes classes sociais, mesmo tendo ciência de que os dados de escolaridade e procedência refletem aspectos socioculturais próprios de nossa casuística. Cabe lembrar que tanto as instituições encaminhadoras como nosso serviço dão preferência a populações sem acesso a serviços pagos. Ainda, dentro da própria filosofia do Instituto no qual o CNRVV está inserto, há a priorização de atendimento a "pessoas de classes sociais desfavorecidas".

Quanto à visibilidade desse fenômeno, são as classes menos favorecidas que, contando com menos recursos de autodefesa e proteção, recorrem com maior freqüência aos serviços públicos e gratuitos. No caso das classes sociais mais favorecidas, a característica do segredo é mantida com maior facilidade, sendo mais camufladas as situações de violência. Esse aspecto do fenômeno tem sido bastante explorado por diferentes autores, entre eles Azevedo e Guerra (1993) e Saffioti (1995).

Dado digno de nota é que as pessoas citadas que vitimizaram, em sua maioria, independentemente do tipo de violência cometida, são do sexo masculino (ver Quadro VI). Contudo, as mulheres aparecem, com freqüência, como vitimizadoras físicas.

Com intuito de melhor compreender esse dado, devemos lembrar que, na maioria das vezes, quem comparece ao nosso serviço é a mãe, apresentando-se como "cuidadora" e "protetora", e dificilmente a pessoa que vitimizou comparece espontaneamente. Isso direciona uma queixa voltada contra o sexo masculino, enquanto as mulheres ocupam papéis de vitimizadas.

Quadro VI – Agressões a crianças/adolescentes, conforme o sexo do que vitimizou.

Sexo Daquele que Vitimizou	Violência Física	Violência Sexual
Masculino	66,96	88,89
Feminino	32,15	9,26
Não informado	0,89	1,85

Sabemos que uma das dinâmicas próprias da questão da vitimação é o culpar o outro e o não assumir responsabilidades por seus atos ou omissões, seja por parte da pessoa que vitimizou, seja por parte de quem deveria proteger a criança ou o adolescente.

Conforme fala Furniss (1995, p. 119) acerca da relação mãe-criança:

> [...] muitas mães, no abuso sexual prolongado dentro da família, em algum momento, ouviram a criança contar sobre o abuso ou ficaram sabendo sobre ele de outras maneiras. As tentativas anteriores da criança de revelar geralmente emergem na terapia [...] As mães precisam aprender a identificar e avaliar as necessidades emocionais e de proteção da criança, em geral e em relação ao abuso.

Esse autor ainda cita a existência de fortes sentimentos de rivalidade em relação à vítima. Assumir o papel de mãe, cuidadora e protetora envolve assumir, também, que não foram protetoras o suficiente para com elas. Só assim poderão estabelecer projetos de mudança.

Quanto às ocupações dos que vitimizaram, observamos que, em sua maioria, são ocupações que independem da escolaridade, fato compatível com a baixa escolaridade relatada. Encontramos, porém, baixos índices de desemprego (apenas 7,04% daqueles que vitimizaram encontravam-se desempregados por ocasião da entrevista inicial).

Entre as ocupações citadas encontramos, com freqüência, ajudantes gerais, auxiliares de limpeza, trabalhadores da construção civil, auxiliares do comércio. Somente em um dos casos a pessoa que vitimizou exerce profissão que exige escolaridade equivalente ao terceiro grau. Novamente, lembramos aqui as características próprias de quem procura os serviços do Instituto.

Temos pouca informação sobre a história de vida de quem vitimizou. Sabemos serem pessoas que não estão motivadas a procurar ajuda por medo da acusação, tendo como conseqüência a punição legal e/ou a ruptura com o sistema familiar e social. Acreditamos que o relato das vitimizações sofridas causa vergonha e culpa, o que impede, muitas vezes, seu aparecimento. No entanto, entre aqueles de quem pudemos levantar a história encontram-se 22,41% que também foram vítimas de seus pais/mães.

Esses dados vêm ao encontro de pesquisas e escritos de outros autores (Azevedo e Guerra, 1993, e Cukier, 1998, entre outros), indicando que a maior parte das pessoas que vitimizam foi vitimizada em sua infância. Muitas não puderam introjetar modelos adequados de cuidados e proteção em sua Matriz de Identidade enquanto filhos, com dificuldades de vinculação. Decorrem daí a baixa tolerância à frustração e a impossibilidade de se colocar no lugar do outro, facilitando o estabelecimento de relações Eu-Isso com a vítima.

Fato importante a ressaltar é que, se considerarmos o número de vítimas representado por pais/mães e/ou responsáveis que relatam ter sofrido violência doméstica em sua infância e adolescência, acrescem-se 62 vítimas – elevando o número de pessoas vitimizadas para 133 (2,08 vítimas por caso/família).

Como vemos nos Quadros VI e VII, a maior incidência de violência se dá dentro do núcleo familiar, sendo perpetrada contra crianças/adolescentes, sobretudo por seus pais/mães e/ou adultos responsáveis, em geral do sexo masculino. Seguem-se, de forma pouco expressiva, as agressões realizadas por conhecidos (padrinhos, vizinhos e outros) e, com índice mais reduzido, por desconhecidos.

Além disso, no decorrer desse levantamento, várias mulheres (ver Quadro VII) responsáveis pelos cuidados dessas crianças/adolescentes relataram sofrer vitimização, principalmente física, por parte de seus companheiros. Isso nos remete a pensar em uma relação conjugal conflituosa como pano de fundo para a educação dessas crianças. Estabelece-se assim o paradigma da relação vitimizadora que se repete na relação adulto-criança e adulto-adulto. Resta a essas pessoas o exercício de papéis patológicos de vítimas ou de agressores.

Vemos, ainda no Quadro VII, crianças/adolescentes já exercendo o papel de vitimizadores (contra seus irmãos e até contra seus pais). Em nossa casuística encontramos sete crianças/adolescentes nessa situação (correspondente a 10,94% dos casos e 3,33% das agressões relatadas), ou seja, desempenhando concomitantemente papéis de agressores e de vítimas. Acreditamos ser este um índice ainda baixo diante da realidade e, se fosse possível predizer o futuro, muitas das vítimas, se não receberem intervenções adequadas, poderão vir a engrossar as estatísticas daqueles que vitimizam.

Quadro VII – Tipo de agressão conforme relação daquele que vitimiza com as vítimas (crianças, adolescentes e adultos).

Pessoa que Vitimizou	Violência Física	Violência Sexual	Violências*
Núcleo familiar	69,64	68,52	76,19
Conhecido	1,79	20,37	5,72
Desconhecido	1,79	9,26	3,33
Criança/Adolescente	6,25	–	3,33
Cônjuge	20,53	1,85	11,43
Total	100	100	100

* Incluem-se aqui os diferentes tipos de violência: física, sexual, psicológica, abandono e negligência.

Disso se depreende que o fenômeno da violência intrafamiliar, como já citado por Azevedo e Guerra (1993-95), Furniss (1995), Kempe e Kempe (1985) e Duarte e Arboleda (1997), constitui um "drama silencioso" que pode ocorrer na privacidade da relação abusiva agressor-vítima, porém cercado de muitos que, em seu entorno, encontram-se impossibilitados (voluntária ou involuntariamente, consciente ou inconscientemente) de interromper seu ciclo, até porque também vivenciam e/ou vivenciaram relações vitimizadoras enquanto vítimas.

Estabelece-se, assim, o chamado "complô do silêncio", transformando-se, como diz Furniss, em uma "síndrome de segredo e adição" que muitas vezes apresenta caráter intergeracional. Cukier (1998, p. 36) fala que "comportamentos abusivos, autoritários, desconfirmadores ocorrem em todos os contextos da nossa vida. Eles não são apenas multigeracionais, mas intergeracionais".

Ao estabelecermos o perfil de crianças/adolescentes por nós atendidos que sofrem vitimização, observamos que, em sua grande maioria, são do sexo feminino (62,88%).

No tocante à idade de tais crianças e adolescentes, as maiores freqüências encontram-se na faixa de dez a treze anos de idade, existindo uma significativa incidência de meninos vitimizados na faixa de quatro a seis anos (ver Quadro VIII)[10].

Quadro VIII - Distribuição de crianças/adolescentes que sofreram vitimação por faixa etária e sexo.

Faixa Etária	Meninas	Meninos
0 a 3 anos	15,56	8,33
4 a 6 anos	11,11	30,56
7 a 9 anos	22,22	11,11
10 a 13 anos	26,27	38,89
14 a 17 anos	24,44	11,11
Total	100	100

No que se refere à vitimização ocorrida entre quatro e seis anos, algumas hipóteses podem ser levantadas. Ocorre-nos ser este um

10. Infelizmente não foi possível levantarmos com clareza quando se deu o início da vitimização. O único dado de que dispomos, com segurança, refere-se ao momento em que o caso chega para atendimento.

período de busca de autonomia, em que os juízos gerais que caracterizam o mundo dos adultos não são completamente compreendidos pela criança e seu raciocínio está voltado para o imediato, impossibilitada de generalizações. Nesse momento, o adulto, "incapacitado" de compreender a criança, acaba por estabelecer exigências que desconsideram as próprias características da infância e, quando não se vê atendido, com base em sua história, utiliza-se da violência como forma de "educação disciplinadora".

Quanto à faixa etária de dez a treze anos, observamos tratar-se da pré-adolescência, quando o corpo sofre alterações fisiológicas significativas, a sexualidade se manifesta de modo acentuado, começando a aparecer o interesse por seu exercício na busca de um parceiro (alteridade). Ao mesmo tempo, trata-se de um período conturbado de redefinição de identidade e, por isso mesmo, de maior fragilidade para crianças/adolescentes, que se tornam presas fáceis da vitimização.

Também, dados constantes do Quadro VIII indicam um decréscimo por volta dos catorze aos dezessete anos, porém de modo acentuado apenas no sexo masculino. Nessa fase, os meninos/adolescentes estão transformando-se física e psicologicamente em homens. Já às meninas resta a "fragilidade feminina".

Como já dito, há grande dificuldade em isolar os diferentes tipos de violência, sendo uma única pessoa indicada como vítima em mais de uma modalidade. A leitura do Quadro IX mostra grande incidência de violência física associada a outras modalidades de violência.

Quadro IX – Estatística das vitimizações relatadas.

Tipo de Vitimização	%
Violência física	84,21
Violência sexual	40,60
Violência psicológica	12,03
Abandono	13,53
Negligência	15,04

No tocante às intervenções realizadas em parceria com o CNRVV, 18,75% dos casos têm acompanhamento em Conselhos Tutelares, 25% recebem assessoria jurídica do CERCA[11], vários dos que vitimizaram estavam respondendo processo na Vara Criminal (14,91% por violência física e 16,36% por violência sexual) e grande parte dos casos foi acompanhada pelas Varas de Infância e Juventude (31,25% dos casos de violência física e 21,88% dos casos de violência sexual).

Além das parcerias citadas, encontramos as realizadas com instituições de caráter social (Casas Abrigo, SOS Criança, entre outras) e instituições de saúde (Hospital das Clínicas da FMUSP, Santa Casa e outros hospitais).

Vemos aqui duas formas de intervenção jurídica que consideramos relevantes em casos de violência. De um lado a Vara Criminal, onde se dão a acusação e a responsabilização do adulto por seus atos; de outro a Vara da Infância e Juventude, na busca de amparo à criança. Tais intervenções nos indicam a existência de ressentimentos, sentimentos de indignação e vingança, associados a desejos de punição. Contudo, também refletem o surgimento de idéias de que é possível reclamar, defender-se, buscar auxílio e proteção, transformar conceitos acerca da impunidade do adulto e desproteção/culpabilização da criança/adolescente, constituindo um dos primeiros passos de recuperação da dignidade e uma proposta de mudança de um papel de vítima para um papel de "sobrevivente"[12].

É importante ressaltar que a presença de intervenções em parceria, envolvendo serviços e profissionais de diferentes áreas, é uma especificidade do tratamento a casos de violência. Porém, ao mesmo tempo que possibilita maior amplitude de ações, devemos estar atentos para o fato de que ações mal coordenadas podem gerar danos secundários, transformando o processo de intervenção em um processo "antiterapêutico", gerador de novos traumas à criança, ao adolescente e à família.

---

11. CERCA – órgão da OAB que oferece atendimento jurídico a casos que envolvem a vitimização de crianças e adolescentes.

12. Utilizamos o termo "sobrevivente" conforme concepção de Esler e Waldegrave (1993).

Quanto às intervenções realizadas dentro do CNRVV, constatamos que grande parte da população atendida constitui-se de crianças e adolescentes que sofreram vitimização, e seus responsáveis, em geral, são mães. O atendimento psicoterápico somente à criança/adolescente ocorreu em 45,31% dos casos; em 35,94% deles, tanto crianças/adolescentes como seus pais receberam tal forma de atendimento. Em apenas 18,75% dos casos o atendimento psicoterápico inclui quem foi vitimizado (criança/adolescente), aquele que vitimizou, além de outras pessoas envolvidas na vitimização (em geral, outros responsáveis).

Apesar de considerarmos fundamental o atendimento daquele que vitimizou, foram poucos os casos em que isso foi possível. Em nossa casuística, tais pessoas só compareceram mediante mandatos judiciais que deram suporte legal ao trabalho terapêutico. Esse dado nos mostra, de um lado, a importância do apoio jurídico para que o tratamento possa realizar-se a contento, e, de outro, a presença, entre os que vitimizam, de um comportamento de evitação/fuga/medo do enfrentamento dos fatos.

Também sabemos o quanto é difícil um processo de mudança (para todos os envolvidos no drama da vitimização). Assim, o comparecimento dos envolvidos no tratamento psicoterápico pode implicar assunção de responsabilidades, autoquestionamentos acerca do desempenho de papéis no contexto familiar e enfrentamento de mudanças muitas vezes temidas.

Ainda, receberam atendimento psiquiátrico somente 3,91% dessa população, envolvendo crianças/adolescentes e adultos. Esse dado nos leva a questionar em que medida essa forma de violência intrafamiliar pode estar associada à presença de um distúrbio psiquiátrico.

A violência intrafamiliar sob o enfoque da teoria moreniana

Ariès, em seu livro *História social da criança e da família*, relata que a família contemporânea diferencia-se da medieval, tendo em vista as importantes mudanças ocorridas com relação à atitude com a criança e o adolescente. Na Idade Média "[...] a família era uma realidade moral e social, mais do que sentimental" (1981, p. 231); somente a partir do século XVIII a família começa a se organizar em torno da criança e ergue, entre o núcleo familiar e a sociedade, uma vida privada. É nesse momento que "[...] os membros da família se unem pelo sentimento, o costume e o gênero de vida" (idem, p. 278).

A família passa a ter como função precípua transmitir a seus membros uma aprendizagem de cuidados, valores e sentimentos. É nela que é possível amadurecer, conforme diz Bruschini, "[...] internalizar normas, assimilar a manipulação das coisas e, portanto, das relações sociais" (1993, p. 60).

Moreno indica a família como o *locus nascendi* do desenvolvimento da Matriz de Identidade da criança, por meio da formação e da aprendizagem de papéis e, conseqüentemente, seu modelo mais remoto de estar no mundo e de se relacionar.

Cukier afirma que, ao nascer, a criança tem necessidades básicas das quais depende para sua sobrevivência, tanto física (cuidados de higiene, alimentação etc.) como psicológica (dependência do outro). Ensina-nos que "do ponto de vista fisiológico, os seres humanos se reproduzem de forma muito semelhante a todos os animais mamíferos e nascem quando saem do útero [...] Psicologicamente, o ser humano nasce aos poucos e nem sempre totalmente, dependendo de sua garra pessoal e da sorte de encontrar pais que saibam administrar suas necessidades básicas" (1998, p. 25). Confirma, mais uma vez, que o papel principal da família é poder proporcionar a seus membros um desenvolvimento espontâneo e criativo.

Quando nos deparamos com o conceito de "coisificação da infância" (Azevedo e Guerra, 1993 e 1995), apresentado em sua definição de violência doméstica, isso indica a cristalização de um *modus vivendi*, o emergir de um Eu e o desenvolvimento de um papel, tendo como modelo a relação pais-filhos deteriorada. Vemos a impossibilidade, em primeiro lugar, dos pais, de perceberem seus filhos como indivíduos em um estado peculiar de desenvolvimento – frágil e dependente – ou ainda de poderem ser seus egos-auxiliares e ajudá-los a alcançar a autonomia esperada. Implica dizer que tanto o papel de pai como seu complementar apresentam-se de alguma maneira prejudicados.

Ao nos referirmos a qualquer ato violento, estamos falando não somente de uma pessoa que agride e de uma que é agredida, mas de um sistema familiar violento, agressivo e/ou incestuoso. Assim, encontramos nessa família (disfuncional) a co-participação, consciente ou inconsciente, de seus membros no ato violento. Trata-se de um sistema familiar em que não existe força de contenção de atos violentos.

A teoria moreniana apresenta conceitos importantes para a compreensão da deterioração nas relações familiares, da produção e (re)produção da violência dentro dos lares. A primeira noção está contida na teoria dos papéis, uma vez que "[...] o conceito de papel pressupõe inter-relação e ação. (Gonçalves et al, 1988, p. 66)".

Conforme Moreno (1995), são três os tipos de papéis (psicossomático, social e psicodramático) que acompanham o desenvolvimento e a história do indivíduo, fundindo-se, em uma experiência sintética, elementos privados, sociais e culturais.

Essa fusão tem seu início com os papéis fisiológicos ou psicossomáticos, na fase pré-verbal. São os precursores do ego, que ajudam a criança a experimentar o próprio corpo, quando seu universo não está pronto e as interações com o ambiente indiferenciadas, "[...] representam padrões de conduta e funcionamento na satisfação das necessidades fisiológicas, incluindo aí o *modus operandi*, o clima afetivo-emocional com que os egos-auxiliares interatuam com a criança no atendimento de suas necessidades" (Rubini, 1994, p. 51). Com o desenvolvimento neuropsicomotor e o surgimento de papéis sociais é possível superar a fase de indiferenciação e instaurar a *brecha entre fantasia e realidade.*

O terceiro tipo de papel, psicodramático, corresponde à dimensão psicológica do Eu e está relacionado com a vida psíquica do indivíduo. Com o desenvolvimento desse papel há o surgimento do ego e, como cita Gonçalves, "[...] o ego inteiro, realmente integrado, de anos posteriores, ainda está longe de ter nascido" (1988, p. 72).

Crianças maltratadas dentro do lar gravam (e transmitem às gerações posteriores) padrões de condutas e formas de afetividade captadas de uma aprendizagem emocional em seu *átomo familiar* ocorrida nos primeiros anos de vida. Suas inter-relações familiares e sociais acabam acontecendo de maneira transferencial, com emprego diminuto dos fatores tele e espontaneidade.

A espontaneidade definida por Moreno é um fenômeno primário e positivo, mas, como nos ensina Bustos (1990, pp. 67-8), "[...] o básico e fundamental é a espontaneidade, que ao ser inibida dá lugar à angústia", "o surgimento da espontaneidade permitindo a cada um desenvolver junto ao outro todo o seu potencial. Para que isso ocorra, é necessário um equilíbrio entre o desenvolvimento do vínculo e o processo de individuação".

A criança nasce com o fator espontaneidade e entra em contato com um mundo de relações. Dentro do contexto matricial vai podendo passar da indiferenciação à diferenciação entre o Eu e o Tu, da fantasia à realidade, na busca de ações que venham a proporcionar melhores condições de inter-relação. Com o desenvolvimento do fator tele, a base das relações, surge a possibilidade de sentir e conhecer o outro.

Nas famílias produtoras ou geradoras de violência intrafamiliar vamos encontrar em seus membros inibição da espontaneidade e criatividade, vivência de padrões rígidos e cristalizados de pouco questionamento, estruturas de relacionamento disfuncionais, em que o respeito e os sentimentos para com as gerações seguintes dificilmente são transmitidos.

Conclusão

Diante do quadro de violência intrafamiliar, apenas a intervenção multiprofissional pode dar conta da interrupção de seu ciclo. As relações e o desempenho de papéis no interior do átomo familiar e social precisam ser questionados de modo que os adultos possam assumir suas funções de cuidado, orientação e proteção de crianças e adolescentes, e estes possam readquirir seu lugar como pessoas com direito ao crescimento e à autonomia, assim como conhecimento de sua cidadania.

Os dados colhidos nessa pesquisa refletem aspectos socioculturais e dinâmicas psicológicas das pessoas envolvidas neste fenômeno, permitindo direcionar, de forma mais satisfatória, as intervenções referentes ao tratamento e à prevenção.

O papel da psicoterapia constitui-se na rematrização desses indivíduos, de modo a liberar a espontaneidade/criatividade, o fator tele e, ainda, ajudá-los a desenvolver um Eu mais maduro e responsável, que possa providenciar proteção e cuidados para si e para outros que dele dependem. Trata-se de um longo processo que necessita, porém, de ações de urgência, tendo em vista as questões de risco e quebra do ciclo da violência.

Questões como limite, orientação e condução de atividades de cuidado e amparo, reestruturação de vínculos, tornam-se objeto do processo psicoterápico. Para isso, a ação psicodramática, na medida em que permite a revivência do drama do passado no presente e o desmonte das conservas culturais, possibilita aos elementos desse átomo familiar assumir os papéis e as responsabilidades a eles inerentes.

Reafirmando a importância das intervenções de cunho profilático, entendemos que somente uma ação integrada, com a participação de toda a comunidade, permite a alteração desse quadro. Dados dessa pesquisa indicam que o trabalho de prevenção deve ter como sujeitos crianças/adolescentes, pais, educadores e demais membros da comunidade, para que seja uma ação eficaz, sendo as instituições educacionais o espaço privilegiado para tal.

Referências bibliográficas

ADORNO, S. Violência. Mimeo. Secretaria da Criança, Família e Bem-Estar Social. São Paulo, 1993.

ARIÈS, P. *História social da criança e da família.* Rio de Janeiro, SA, 1981.

AZEVEDO, M. A. e GUERRA, V. N. A. *Infância e violência doméstica – Perguntelho – O que os profissionais querem saber.* São Paulo, IPUSP/LACRI, 1994.

______. (orgs.). *Infância e violência doméstica – Fronteira do conhecimento.* São Paulo, Cortez, 1993.

______. *Pele de asno não é só história – Um estudo sobre a vitimização sexual de crianças e adolescentes em família.* São Paulo, Roca, 1988.

______. *Violência doméstica na infância e na adolescência.* São Paulo, Robe, 1995.

BRUSCHINI, C. Teoria crítica da família. In: AZEVEDO, M. A & GUERRA, V. N. A. *Infância e violência doméstica – Fronteira do conhecimento.* São Paulo, Cortez, 1993.

BONTEMPO, D., BOSETTI, E., CÉSAR, M. A., LEAL, M. L. P. (orgs.) *Exploração sexual de meninas e adolescentes no Brasil.* Brasília, UNESCO/CECRIA, 1995.

BUSTOS, D. M. *Amor à vista – Drama e psicodrama de casais.* São Paulo, Aleph, 1990.

_________ . *O teste sociométrico – fundamentos, técnica e aplicações.* São Paulo, Brasiliense, 1979.

CUKIER, R. *Sobrevivência emocional – As dores da infância revividas no drama adulto.* São Paulo, Ágora, 1998.

DUARTE, J. C. e ARBOLEDA, M. R. C. *Malos tratos y abuso sexual infantil.* Madri, Siglo Veinteuno de España, 1997.

ESLER, I. e WALDEGRAVE, J. Abuso sexual: dos mujeres exploren dos maneras diferentes de encarar el mismo problema y en la misma perspectiva (Cap. 5) In DUARTE & WHITE (org.). *Terapia del abuso sexual.* Barcelona, Gedisa Editorial, 1993.

FERRARI, D. C. A. Vitimização física e sexual na família. In: *Cadernos de psicodrama – Psicodrama nas instituições.* São Paulo, 1990.

_________ . *Abuso sexual: tratamento.* Mimeo.

FURNISS, T. *Abuso sexual da criança.* Porto Alegre, Artes Médicas, 1993.

GABEL, M. (org.) *Crianças vítimas de abuso sexual.* São Paulo, Summus, 1997.

GONÇALVES, C. S.; WOLFF, J. R. e ALMEIDA, W. C. *Lição de psicodrama: introdução ao pensamento de J. L. Moreno.* São Paulo, Ágora, 1988.

GUERRA, V. N. A. *Violência de pais contra filhos, procuram-se vítimas.* São Paulo: Cortez, 1985.

KEMPE, R. S. e KEMPE, C. H. *Niños maltratados.* Madri, Ediciones Morata, 1985.

MALDONADO, M. T. *Os construtores da paz – Caminhos da prevenção da violência.* São Paulo, Moderna, 1997.

MILLER, A. *O drama da criança bem dotada – Como os pais podem formar (e deformar) a vida emocional dos filhos.* São Paulo, Summus, 1997

MORENO, J. L. *Psicodrama.* São Paulo, Cultrix, 1995.

_________ . *Psicoterapia de grupo e psicodrama.* São Paulo, Mestre Jou, 1959.

RUBINI, C. J. O Conceito de papel no psicodrama. In: *Revista Brasileira de Psicodrama.* Publicação Federação Brasileira de Psicodrama. vol. 2, fasc. II, 1994.

SAFFIOTI, H. A exploração sexual de meninas. In: BONTEMPO, D., BOSETTI, E., CÉSAR, M. A., LEAL, M. L. P. (orgs.). *Exploração sexual de meninas e adolescentes no Brasil.* Brasília, UNESCO/CECRIA, 1995.

SEIXAS, M. R. D. *Sociodrama familiar sistêmico.* São Paulo, Aleph, 1992.

THOUVENIN, C. A. A palavra da criança: do íntimo ao social. In: GABEL, M. (org.). *Crianças vítimas de abuso sexual.* São Paulo, Summus, 1997.

CAPÍTULO 21

Conceito de redes

Beatriz Dias Braga Lorencini
Dalka Chaves de Almeida Ferrari
Márcia Rosana Cavalhero Garcia

Parcerias

A estratégia utilizada nesta área tem a ver com o contato entre os recursos internos (instituição) e externos (comunidade) e com a circulação de informações mediante realizações de fóruns de debates; participação do CNRVV em fóruns e discussões em várias regiões do Brasil, estado e município de São Paulo; elaboração de material didático *para ser distribuído entre os parceiros* e de divulgação do CNRVV por *revista, "folder", fita cassete para programas em rádios oficiais e comunitárias etc.*; ações integradas em uma comunidade, como a criação de um projeto-piloto, a pedido do governo estadual, a fim de gerar políticas públicas; busca constante de financiamento para garantir a autonomia financeira do CNRVV.

Nas perspectivas das redes democráticas, estas redes se formaram nos anos 90, em espaços estratégicos para que governo e sociedade civil pudessem implementar a política de proteção e garantia de direitos de crianças e adolescentes, prevista no ECA e na Constituição.

Nessa conjuntura, a noção de redes foi compreendida como um espaço de *formação de parcerias, cooperações e articulações dos sujeitos institucionais, no âmbito público e privado.*

Articular a rede de denúncia (defesa) com a rede de proteção exige organização do sistema de atendimento, prevenção e responsabilização. Faz-se necessário ter um mapeamento de programas e projetos existentes na gestão local para o enfrentamento em níveis público (governo) e privado (ONG).

No Brasil, o sistema de notificação de denúncias ainda se encontra muito fragilizado, devido à ausência de processo de informatização adequado para sistematizar os dados, impossibilitando o rigor necessário à visibilidade do fenômeno. Além disso, "*ainda está em processo de construção uma cultura de participação da sociedade no enfrentamento da violência, que ocorre no espaço privado*". Dessa forma, o segredo, a culpa e a omissão ainda são comportamentos usuais no âmbito da família, do vizinho e da população local e traduzem, na prática, uma dificuldade em materializar a denúncia e dar prosseguimento à desmobilização da ação do agente da violência e proteção do sujeito, vítima da violência (Maria Lúcia Leal, 1998).

Na busca de aperfeiçoamento da prática de atendimento transdisciplinar, o trabalho em rede constitui o mecanismo mais eficaz para a interrupção da violência intrafamiliar contra crianças e adolescentes.

O trabalho integrado com as instituições envolvidas nos atendimentos favorece a visão ampliada de cada caso. Os profissionais podem obter informações e, com isso, sistematizar as ações de maneira integrada.

Cada caso representa a criação de uma rede específica, que resulta em um somatório de instituições.

Em qualquer intervenção, o profissional precisa estar atento a essa prática interinstitucional, para que haja o respeito às pessoas envolvidas nos casos de violência intrafamiliar.

O objetivo deve ser sempre a interrupção da violência contra a criança e o adolescente, mas a exposição desnecessária da família ou envolvidos pode trazer sérios danos à resolução do caso, assim como à vinculação da família ao tratamento.

Ações da rede

- Recepção e encaminhamento propriamente dito dos casos.
- Discussão do caso por todos os profissionais envolvidos no atendimento, de forma sistemática ou em situações de crise.
- Registros "abertos" – para que, sempre que necessário, os profissionais envolvidos no atendimento tenham acesso a prontuários e processos judiciais.

- Visitas interinstitucionais (abrigo/fórum/escola/clínica psicológica/domicílio etc.).
- Fóruns de debates tematizados.
- Participação em espaços de discussão política das questões referentes à violência intrafamiliar.
- Troca de saberes e experiências.

- **Trabalho em equipe**

Prática em que os vários profissionais envolvidos respondam por suas especificidades no mesmo local de atendimento.

Em geral, essa prática vem sendo realizada em vários setores e instituições, envolvendo inúmeros profissionais de diversas disciplinas que executam suas atribuições de acordo com a meta estabelecida pela entidade à qual trabalham.

Os modelos mais utilizados são citados em Amaro (1997) e Azevedo Guerra (1996).

- **Modelo multidisciplinar**

A principal característica está pautada na justaposição de conteúdos de disciplinas heterogêneas, objetivando a integração de métodos, teorias ou conhecimentos.

Neste momento, a comunicação baseia-se no diálogo paralelo entre as disciplinas.

- **Modelo interdisciplinar**

Caracteriza-se numa opção de co-propriedade, de intercâmbio, podendo-se atingir o grau de incorporação dos resultados de uma especialidade por outras, com empréstimos mútuos de instrumentos e técnicas metodológicas, com uma integração real das disciplinas.

- **Modelo transdisciplinar**

Nível mais alto das relações iniciadas nos níveis multi e interdisciplinar, ultrapassando efetivamente os limites que circundam a visão disciplinar, em que o trabalho é direcionado para finalidades que a todos pertencem.

Acentua que, no processo transdisciplinar, as diferentes intervenções são específicas a cada caso, não sendo preestabelecidas. Os agentes coordenam onde as articulações podem ocorrer quase simultaneamente.

- **No atendimento à violência intrafamiliar**

A atuação dos profissionais envolvidos deve estar imbuída de um referencial teórico específico e atualizado, mediante a busca de teorias e experiências práticas, concebidas pelas várias equipes institucionais dos diversos setores da sociedade (saúde, educação, entidades sociais e jurídicas, entre outros). Isso favorecerá a criação de metodologias próprias para que "o olhar do profissional se torne mais instrumentalizado e, com isso, o vínculo infância-violência doméstica no Brasil possa tornar-se cada vez mais frágil num futuro próximo..." (Azevedo e Guerra, 1996).

No combate ao abuso e exploração sexual de crianças e adolescentes

As organizações governamentais e não-governamentais sociais e/ou psicossociais, incluindo as de assistência social, devem atuar em rede segundo a mobilização defendida pelo Ministério de Assistência e Previdência Social, por meio da implantação do Projeto Sentinela, de âmbito nacional. Essas ações são decorrentes da implantação do Plano Nacional de Combate ao Abuso e Exploração Sexual, criado em Natal, em 2000, por um *pool* de entidades governamentais e não-governamentais, entre as quais o CNRVV está incluído, integrando o Pacto São Paulo e implantando hoje o Programa Sentinela. Em conseqüência, como as diferentes entidades funcionarão em rede?

1. Fomentando e participando de campanhas informativas, de sensibilização e mobilização da comunidade, de profissionais ligados à rede de atendimento (saúde, educação, trabalho, justiça e segurança, esporte, cultura e lazer) e de setores ligados à rede de exploração (donos de hotéis/mo-

téis, agências de turismo, taxistas, caminhoneiros etc.) com base na realidade local.

2. Incentivando e realizando seminários e *workshops*, em âmbito municipal, estadual ou regional para discussão do tema, troca de experiências e capacitação, bem como atividades de capacitação continuada, de caráter especializado e multidisciplinar, que possibilitem aos executores dos projetos maior qualificação em suas intervenções.
3. Estimulando a participação da mídia como ator fundamental na informação, sensibilização e mobilização da população.
4. Estabelecendo parcerias com universidades, associações e organizações de profissionais, como as de médicos, assistentes sociais, psicólogos, educadores, jornalistas etc., em âmbito municipal, estadual e nacional, para a realização de cursos, estudos e de pesquisas sobre a temática e para a divulgação de matérias em seus jornais, boletins e congressos.
5. Criando grupos permanentes de discussão com vistas à elaboração de estratégias de enfrentamento da violência sexual, em âmbito estadual e local.
6. Mobilizando os diferentes setores do poder público e da sociedade civil, que atuam ou potencialmente possam atuar no atendimento e/ou defesa dos direitos das crianças e dos adolescentes nos setores da saúde, educação, trabalho, justiça e segurança, turismo, esporte, cultura, lazer e outros, definindo, à luz do Plano Nacional de Enfrentamento à Violência Sexual Infanto-Juvenil, um Plano Local de Ações Integradas onde estejam evidenciados:

- as ações a serem desenvolvidas;
- os objetivos comuns;
- as prioridades de ações;
- o foco de atuações;
- as áreas de atuação;
- as metas quanti-qualitativas;
- a divisão de papéis e responsabilidades;

- os indicadores de impacto e resultados;
- os recursos orçamentários necessários e/ou disponíveis;
- os critérios de elegibilidade das ações para os casos de financiamento.

7. Viabilizando intermediações que facilitem às crianças e adolescentes vítimas de abuso sexual o acesso aos direitos sociais e a inclusão no circuito social ampliado (família, comunidade).
8. Desenvolvendo ações de atendimento, oferecendo atividades psicopedagógicas às crianças e adolescentes vítimas de abuso.
9. Provendo e articulando a implantação de ações de geração de emprego e renda, com vistas ao fortalecimento e à busca de autonomia das famílias, integrando-as aos programas como PRONAGER, PRONAF etc.
10. Provendo seus usuários ao atendimento de suas necessidades e direitos fundamentais, encaminhando, quando for o caso, aos serviços que compõem a rede de atenção integral às crianças e aos adolescentes.
11. Prestando apoio jurídico às famílias vitimizadas sexualmente;
12. Provendo ações voltadas ao protagonismo infanto-juvenil, como por exemplo:

- cursos de formação de crianças e adolescentes para atuarem como agentes de direitos em nível local;
- debates com crianças e adolescentes sobre o ECA e a violência sexual, promovidos pelo Conselho de Direitos;
- programas de arte-educação como instrumento de auto-expressão e criatividade;
- participação de representantes de jovens em todas as instâncias colegiadas de formulação, controle e gestão das políticas públicas para a infância e a adolescência, em todos os níveis.

Anexos:

Fóruns de Debate realizados pelo CNRVV – desde 1996 eles vêm acontecendo freqüentemente a cada dois/três meses. Cita-se o exemplo do ano 2000 até a presente data:

- **Data: 13/03/2000**

  Tema: "*Ações Integradas na Prevenção da Violência*".
  Palestrantes: Representantes das entidades que integram o Projeto Sapé de Ações Integradas.
  Coordenação: Dalka Chaves de Almeida Ferrari.

- **Data: 08/05/2000**

  Tema: "*As Interfaces no Tratamento da Criança Vitimizada*".
  Palestrantes: Lígia Fromer – psicanalista, psicóloga; Dra. Maria Lúcia de Moraes Bourroul – médica pediatra; Dr. Edson Miyahara – médico psiquiatra, psicodramatista; Dalka Chaves de Almeida Ferrari – psicóloga, psicodramatista.
  Coordenação: Gisela Oliveira de Mattos.

- **Data: 26/06/2000**

  Tema: "*Intervenção Social do Núcleo de Centros do Instituto Sedes Sapientiae*".
  Palestrantes: Irmã Laura de A. Sampaio – membro da diretoria do Instituto Sedes; Márcio da Silva – CEFIS; Maria Aparecida A. Horta – CECIR; Celeste Fon – CEPIS; Arlete Salgueiro Scodelario – CNRVV.
  Coordenação: Dalka Chaves de Almeida Ferrari.

- **Data: 25/09/2000**

  Tema: "*Recursos de Arte – Educação no Combate à Violência*".
  Palestrantes: Petrônio Pereira de Souza – sociólogo, mestrando em Ciências Sociais; Ana Alice Nabas Francisquetti – artista plástica, arteterapeuta, professora de arteterapia do Instituto Sedes; Zilda Rodrigues Ferré – coordenadora pedagógica do Projeto Quixote.
  Coordenação: Dalka Chaves de Almeida Ferrari.

- **Data: 20/11/2000**

  Tema: "*As Interfaces do Terceiro Setor e os Projetos Sociais*".
  Palestrantes: Dr. Gonçalo Vecina – presidente da Agência Nacional de Vigilância Sanitária, professor da Faculdade de Saúde Pública; Dr. Newton Regis Filomeno – psicólogo social, analista institucional no terceiro setor na área de Planejamento Estratégico e Desenvolvimento Organizacional.
  Coordenação: Dalka Chaves de Almeida Ferrari.

- **Data: 07/05/2001**

  Tema: "*A violência na Cidade de São Paulo e os Projetos Sociais*".
  Metildes Almeida de Camargo representando o dr. Nelson Proença.
  Palestrantes: Dr. Edson Ortega Marques – secretário estadual pela Secretaria Estadual de Assistência Social do Estado de São Paulo; padre Ângelo Ademir Mezzari – diretor do Instituto Rogacionista "Aníbal Di Francia", presidente do COMAS (Conselho Municipal de Assistência Social).
  Coordenação: Dalka Chaves de Almeida Ferrari.

- **Data: 20/08/2001**

  Tema: *"O Programa Bem-Me-Quer: A Realidade Multifacetada da Violência Sexual Contra Mulheres, Crianças e Adolescentes e uma Perspectiva de uma Intervenção Integrada e Integradora – os Desafios para o Estado e para a Sociedade Civil"*.
  Palestrantes: Sandra Regina Garrido – diretora do Serviço Social do Hospital Pérola Byington; Dra. Marisa Cambraia – coordenadora do Serviço de Psicologia do Hospital Pérola Byington; Dra. Mônica Esposito de Moraes Almeida Ribeiro – assessora da Secretaria de Segurança Pública do Estado de São Paulo; Dra. Yara S. Romeu – assistente da coordenadoria da Superintendência da Polícia Técnico-Científica – IML de Violência Sexual do Hospital Pérola Byington; Dra. Miriam K. Murakawa – procuradora do Estado, Assistente – Procuradoria Judiciária do Estado de São Paulo; Dra. Gisela Oliveira de Mattos – coordenadora da Área de Atendimento do CNRVV e do Setor de Acompanhantes do Programa Bem-Me-Quer.
  Coordenação: Dalka Chaves de Almeida Ferrari.

- **Data: 29/10/2001**

  Tema: "*Prevenção da Violência Doméstica. Conquistas e desafios*". Palestrantes: Centro Comunitário de Trabalho de Paraisópolis: Roseli Contino Neubauer, Margarete Marchi Negrão, Edivânia de Paula Silva, Centro Educacional Don Orione: Cristóvão Gonçalves Pereira; Centro Comunitário e Creche Sinhazinha Meirelles: Emília Aparecida Jorgino Blanco; Delzuíta Moreira Duarte e Carolina Barbosa Jardim; Centro de Referência às Vítimas da Violência Arlete Salgueiro Scodelario.
  Coordenação: Dalka Chaves de Almeida Ferrari.

Exemplo de *Fóruns regionalizados*, organizados pela Secretaria Estadual de Assistência e Desenvolvimento Social, através da Divisão Regional da Capital (DRADS) e um pool de entidades, visando a implantação dos pólos para a construção das redes de Assistência Social na cidade de São Paulo e implantação do COMAS (Conselho Municipal de Assistência Social), realizados em 2000, com a participação do CNRVV, por intermédio de Beatriz Dias Bragas Lorencini.

- **Local: Espaço da Cidadania**

  Data: 16/02/2000.

  Pauta: Eleição do COMAS (Conselho Municipal de Assistência Social).

- **Local: Sala dos Conselhos - Espaço da Cidadania**

  Data: 15/03/2000.

  Pauta: Definir encontros trimestrais por microrregiões com o tema "A Assistência Social".

- **Local: Espaço da Cidadania**

  Data: 19/04/2000.

  Pauta: Debate sobre a atuação em Rede com base no filme *A maçã*.

- **Local: MOPI - Movimento Pró-Idoso (Sé, Lapa)**

  Data: 17/05/2000.

  Pauta: Conhecer as entidade participantes, seus serviços prestados à comunidade e os recursos sociais utilizados; Palestra com Ademir (PUC-SP) e Anita (Assoc. Com. N. S. Aparecida).

- **Local: MAB – Movimento Assistencial do Butantã (Butantã, Pinheiros)**

  Data: 24/05/2000.

  Pauta: Conhecer as entidades participantes, seus serviços prestados à comunidade e os recursos sociais utilizados; Palestra com Anita (Assoc. Com. N. S. Aparecida).

- **Local: Espaço da Cidadania**

  Data: 21/06/2000.

  Pauta: Síntese e avaliação dos dois encontros nas microrregiões (Sé, Lapa, Butantã e Pinheiros).

- **Local:**

  Data: 16/08/2000.

  Pauta: Fundo de Assistência Social com a participação de representantes da FUNDAP (Fundação do Desenvolvimento Administrativo Público).

- **Local: Espaço da Cidadania (Sé)**

  Data: 16/08/2000.

  Pauta: Transcrição das creches da Secretaria de Assistência Municipal para a Secretaria Municipal de Educação.

- **Local: MOPI – Movimento Pró-Idoso (região Lapa)**

  Data: 23/08/2000.

  Pauta: Transcrição das creches da Secretaria de Assistência Municipal para a Secretaria Municipal de Educação.

- **Local: Câmara Municipal de São Paulo**

  Data: 26/09/2000.

  Pauta: Transcrição das creches da Secretaria de Assistência Municipal para a Secretaria Municipal de Educação.

- **Local: Espaço da Cidadania**

  Data: 18/10/2000.

  Pauta: Síntese dos encontros das microrregiões (Sé, Lapa, Butantã e Pinheiros).

- **Local: Espaço da Cidadania**

  Data: 22/11/2000.

  Pauta: Encerramento do ano 2000.

Comunicação:

Exemplos de divulgação do tema da violência doméstica por profissionais do CNRVV visando a prevenção do fenômeno:

- 26/04/2000 – Participação no Programa *Nani Mulher* da TV Rede Mulher. Tema: "Violência Contra a Mulher" – São Paulo. Profissional: Rosemary Peres Miyahara.
- 28/04/2000 – Participação no Programa *Silvia Popovic* da TV Bandeirantes. Tema: "Apanhei quando Criança". Profissional: Maria Amélia de Sousa e Silva.
- 09/06/2000 – Participação de Debate sobre a "Violência Doméstica contra a Mulher" no *Jornal Bom Dia São Paulo*/TV Bandeirantes. Profissional: Dalka Chaves de Almeida Ferrari.
- 15 a 18/06/2000 – Participação como entidade convidada, pela Secretaria de Direitos Humanos/Departamento da Criança e do Adolescente/Ministério da Justiça – III ECPAT (Movimento Internacional pelo Fim da Exploração Sexual e Comercial Infanto-Juvenil)/Brasil – Natal – RN. Profissional: Dalka Chaves de Almeida Ferrari.
- 12/10/2000 – Participação no Programa *Semana da criança,* TV Gazeta/TV SENAC. Profissional: Maria Amélia de Sousa e Silva.
- 30/10/2000 – Participação como entidade convidada, para integrar a campanha estadual PACTO SÃO PAULO, organizada pelo CRAMI/ABC e a ONG Visão Mundial. Profissional: Rosemary Peres Miyahara.
- 07/11/2000 – Participação no Programa *Diversidade*, do CRP/SP em parceria com a TV PUC/SP, canal universitário pelo debate sobre "Violência Doméstica". Profissionais: Arlete Salgueiro Scodelario e Dalka Chaves de Almeida Ferrari.
- 24/11/2000 – Participação no Programa *Nani Mulher* da TV Rede Mulher. Tema: Violência Doméstica. Profissional: Maria Amélia de Sousa e Silva.

Referência bibliográficas

AMARO, S. A. e outros. *Serviço social na escola.* Porto Alegre, Editora Sagra Luzzatto, 1997.

AZEVEDO, M. A. e GUERRA, V. N. A. *Telecurso de especialização.* Apostilas 3B e 4A. Lacri/USP, 1996.

MPAS/SECRETARIA DE ESTADO DE ASSISTÊNCIA SOCIAL – Programa Sentinela – Programa de Combate ao Abuso e à Exploração Sexual de Crianças e Adolescentes. Brasília. Mimeo MPAS/SEAS, 2001, pp. 23-5.

Rede de parcerias estebelecidas pelo CNRVV

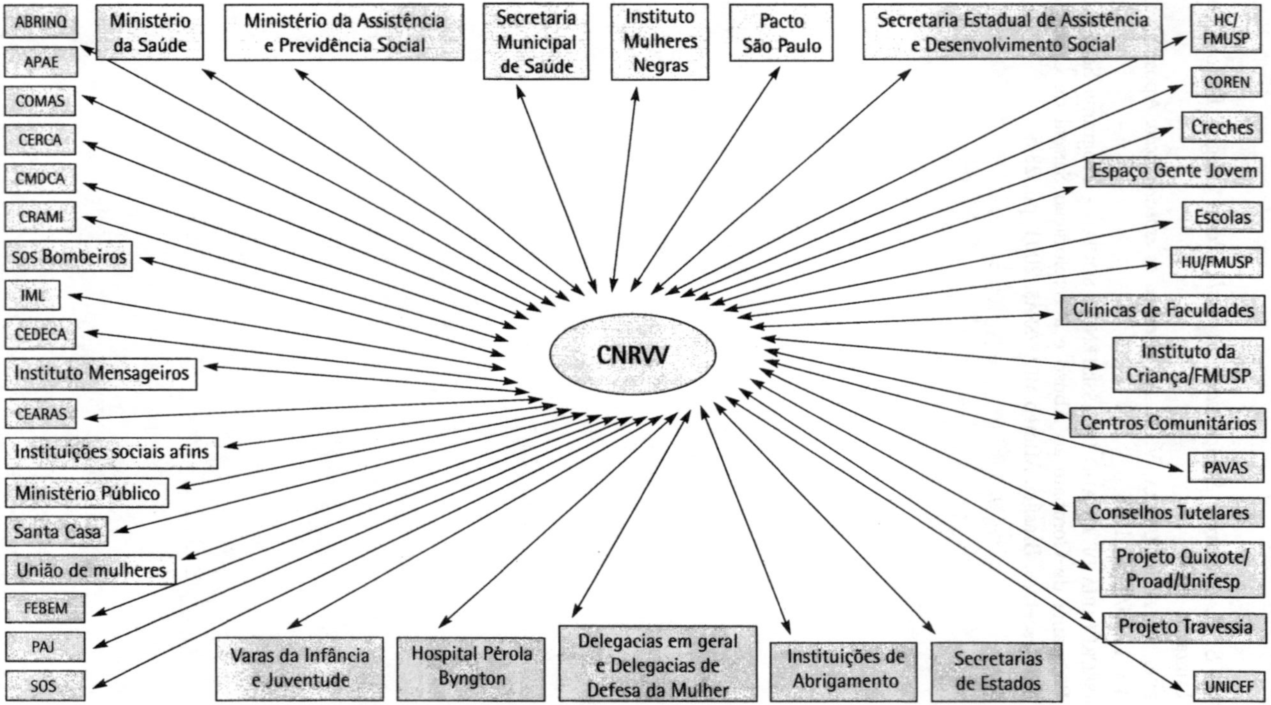

Onde cada caso representa a criação de uma rede específica – resultando em uma somatória de instituições

CAPÍTULO 22

O abrigo: uma interface no atendimento à criança e ao adolescente vítimas de violência intrafamiliar

Lígia Fromer

A condição de extrema vulnerabilidade das crianças e adolescentes que vivem a violência intrafamiliar coloca inúmeras questões para os trabalhadores que atuam no atendimento direto a eles, suas famílias e na mobilização da rede de acolhimento e serviços. Os desafios de compreensão e de desconstrução de mitos que se assentam em visões moralistas, ideologizadas estão presentes desde a escuta inicial, durante os procedimentos diagnósticos, jurídicos – cabíveis ou não – e nas circunstâncias de tomada de decisão sobre os encaminhamentos necessários em cada caso.

Este artigo pretende tratar deste último aspecto, ou seja, para superar a condição de vulnerabilidade evidente na radicalidade do intenso sofrimento físico e/ou psíquico que, em alguns casos, chega ao risco de vida – a morte ou o grave adoecimento psíquico – é necessário considerar, entre as várias possibilidades de encaminhamento, o ABRIGO como uma alternativa de salvaguardar a integridade física e psíquica da criança ou do adolescente.

O abrigamento de uma criança ou adolescente que concretiza sua retirada da família e, em muitos casos, também a retirada de outros grupos de convivência – a família extensa, a escola, a comunidade – é uma decisão que, embora em última instância seja do Poder Judiciário, implica muitas problematizações.

Um primeiro aspecto importante refere-se à resistência, dificuldades em considerar seriamente esta possibilidade – o abrigamento. Esta resistência funda-se, com freqüência, no mito de que "a família é sempre o melhor lugar para a criança ou o adolescente ficar". A gravidade dos prejuízos de muitas crianças e adolescentes vítimas de violência intrafamiliar acaba demonstrando que isto é, de fato, um mito.

E, é importante apontar, os dados de pesquisa e os serviços de atendimento sinalizam para a existência deste fenômeno como transversal em nossa sociedade e em muitos países do mundo; portanto, o abrigamento deve ser uma possibilidade, um direito para todas as crianças e adolescentes que dele necessitam, independentemente de sua origem socioeconômica.

Neste sentido, é necessário superar a idéia de que o abrigo, como alternativa de encaminhamento, é só para crianças e adolescentes pobres. A condição de pobreza exacerba as condições de vulnerabilidade pela associação de vários fatores de risco, e o abrigo pode surgir como uma primeira alternativa equivocada em razão do impacto da pobreza, e não da situação de violência. Nestas circunstâncias, ocorre que a definição pelo abrigamento contraria o instituído no Estatuto da Criança e do Adolescente, que estabelece que as condições socioeconômicas desfavoráveis não podem determinar a retirada da criança de sua família.

Ao mesmo tempo, a família de condição econômica favorável pode ser aparentemente beneficiada por inúmeros mecanismos encobridores deste fenômeno, e a alternativa do abrigamento é dificilmente considerada, em especial quando se trata da violência psicológica, porque seus indícios são menos objetivos e de difícil caracterização, ou seja, não têm a concretude da fratura exposta ou do hímen rompido. Expressa-se na melancolia, na drogadição do adolescente, na despersonificação, enfim, em indicadores do adoecimento psíquico. Fica então a tarefa de não banalizar ou naturalizar esta expressão da violência e não deixar a criança e o adolescente privados de seu direito à proteção, ao cuidado de adultos responsáveis.

No contexto da separação da família, um aspecto central e relevante é a SEPARAÇÃO DA MÃE – figura mais permanente no universo da criança. Isto é visto com dramaticidade, como "antinatural" e como um fenômeno da contemporaneidade. No livro de Badinter, *Um amor conquistado – o mito do amor materno* há o relato de que, em 1780, nasciam 21 mil crianças em Paris e apenas mil seriam amamentadas pela mãe, outras mil seriam amamentadas por amas-de-leite residentes (no próprio domicílio da mãe); e todas as outras deixariam o seio materno para serem criadas no domicílio de uma ama-de-leite paga. Muitas destas crianças não conheceram suas mães, e outras, quando voltaram para o convívio familiar, encontraram alguém estranho.

Além de demonstrar que a separação da mãe não é um fenômeno da patologia, não é um fenômeno atual, a contribuição mais importante da autora é afirmar que o amor materno é construído, que não é uma abstração, e, sim, uma relação de continuidade de contato, de olhar desejante, não é inata e não tem a obrigação de perfeição. Em suas palavras: "o amor materno é apenas um sentimento humano. E, como todo sentimento, é incerto, frágil, imperfeito".

Nesta perspectiva proposta por Badinter, é possível problematizar as concepções ideológicas e de senso comum que mistificam a relação entre o amor materno e a figura da mãe biológica, impedindo de considerar, por exemplo, o abrigo como uma boa alternativa de acolhimento, onde seja possível interromper uma trajetória de sofrimento, reconstruir a estabilidade da vida cotidiana e seguir o curso de seu desenvolvimento pessoal e social com outros adultos significativos que cumpram, como equivalentes, as funções parentais.

A resistência em considerar o abrigo como alternativa e a crença de que "por pior que seja, sempre é melhor na família" tem implicações no modo como os profissionais lidam com o tempo, podendo retirar o caráter de urgência e agilidade necessários aos procedimentos intensificando a situação de risco real vivida pela criança ou pelo adolescente. Lidar com o tempo de modo burocrático nega o saber e a experiência, que nos fornecem indicadores de previsibilidade, os quais devem ser usados para impedir situações de agudização do sofrimento.

A retirada da criança da família é, sem dúvida, uma intervenção radical; uma interdição que, como tal, pode se caracterizar como medida de tratamento da família (que inclui o agente da agressão) e como medida protetiva que pode se caracterizar para determinadas crianças ou adolescentes já como terapêuticas, ou seja, reparadoras.

Portanto, mesmo que a criança seja retirada da família, é necessário que esta continue como objeto de investimento e seja tratada, como possibilidade de romper o ciclo geracional de reprodução da violência, ou seja, impedir que aquele que foi vitimizado transforme-se em agente de agressão. Portanto, é fundamental que não se estabeleça uma dupla punição para o agente da agressão, ou seja, pagar pelo crime cometido e não receber nenhuma medida de tratamento. A punição – para além de uma medida jurídica – é um direito do agente da agressão, porque ele, em muitos casos, não tem controle de seus impulsos, e a punição, como medida de tratamento, permite que ele recupere seus direitos de cidadania em que está inscrito seu direito à convivência familiar.

A importância desta intervenção implica muitos cuidados. Um deles é evitar que a criança viva como punição sua transferência para o abrigo. Neste sentido, é importante considerar que a criança ou o adolescente, com freqüência, vive a situação de vitimização como se fosse responsável pela ação daquele que o agrediu ou abusou. Isto é particularmente relevante nas meninas maiores e adolescentes – que já têm noção das regras culturais e do tabu do incesto – abusadas sexualmente, porque o sentimento de culpa se constitui a partir da idéia de que possam ter provocado a situação.

Enfim, com todos estes e outros cuidados, a criança ou o adolescente chega ao abrigo. O grande desafio para a equipe de trabalhadores desta instituição é poder recebê-los "como eles estão", criando condições para que possam expressar seus conteúdos emocionais completivos, ambivalentes, sentindo-se acolhidos em um ambiente estável, seguro, com adultos responsáveis, que não se desorganizam diante de ataques hostis ou de movimentos manipulatórios e de sedução, o que significa que a criança ou o adolescente possam viver/compreender essa experiência – o abrigo – como proteção e cuidado, quer seja uma medida provisória ou de longa duração.

O papel do abrigo, portanto, não pode ser o de tentar encobrir, neutralizar as situações de violência vivida pela criança ou pelo adolescente. Segundo o psicanalista Jurandir Freire Costa, "o sujeito violentado é o sujeito que sabe ou virá a saber, sente ou virá a sentir, que foi submetido a uma coerção e a um desprazer absolutamente desnecessários ao seu crescimento, desenvolvimento e manutenção de seu bem-estar psíquico".

O abrigo pode ser um lugar privilegiado, com rotinas definidas, com cuidados essenciais garantidos – que vão além das necessidades básicas – onde a criança pode se sentir acolhida integralmente. Isto é, um lugar em que a hostilidade, a sexualidade e seus conflitos possam ser expressos ou simbolizados. É deste modo que se possibilita à criança/adolescente interromper a repetição dos sintomas a partir da elaboração das cenas traumáticas de suas vivências, medos e fragilidades, colocando sua energia (libido) em outros percursos.

Os prejuízos psicológicos da vitimização podem estar visíveis ou invisíveis quando a criança chega ao abrigo. Mas, sem dúvida, em algum momento, a experiência traumática aparecerá. É necessário considerar que, dependendo da etapa do desenvolvimento em que ocorreu o episódio de violência, a repercussão, o grau de prejuízo e os sintomas serão peculiares. Portanto, a escuta e a observação de trabalhadores qualificados é de suma importância porque nem toda criança vítima de violência necessita obrigatoriamente de atendimento psicoterápico. O abrigo pode funcionar com uma organização de rotinas que garanta um ambiente afetivo, estável e seguro com padrões de relação adulto-criança, vínculos significativos, com insumos ambientais que podem caracterizá-lo como espaço terapêutico.

Neste contexto, as crianças também podem vir a ocupar o papel de agente terapêutico por meio de trocas de experiências, de cuidado com o outro, particularmente com os bebês, quando poderão experienciar os aspectos positivos e negativos da situação de maternagem, podendo ter, então, de modo protegido "pela presença do adulto", a vivência e o controle de seus impulsos amorosos e destrutivos.

Além do abrigo existem, sem dúvida, inúmeras outras possibilidades de encaminhamento que podem e devem ser pensadas para atender a singularidade do caso de cada criança ou adolescente vítima de violência intrafamiliar: o lar hospedeiro, a família substituta, a adoção. Mas, isto é outra história...

CAPÍTULO 23

Creche: local singular para o desenvolvimento de trabalhos voltados ao combate à violência intrafamiliar contra crianças

Ronaldo Pereira de Santana

A creche educativa e assistencial

Com o objetivo de desenvolver ações complementares à família, o atendimento em creche constitui um direito da criança de zero a três anos, garantido pela Constituição Federal e pelo Estatuto da Criança e do Adolescente, o ECA, em seu art. 54, inciso IV.

Ao ser considerada a primeira etapa da educação básica baseada na Lei de Diretrizes e Bases da Educação Nacional (LDB-Lei nº 9.394/96), a creche passa atualmente por um momento de reformulação de sua finalidade social, vindo o Referencial Curricular Nacional para a Educação Infantil somar esforços ao estabelecer parâmetros de qualidade para a prestação desses serviços.

A definição proposta pela LDB demonstra uma sintonia com os avanços advindos de diversas áreas do conhecimento sobre as necessidades humanas na primeira infância e sobre as implicações de uma assistência precária nessa fase da vida.

A ênfase no caráter meramente assistencialista está sendo substituída, pouco a pouco, por outra concepção que, sem desconsiderar esse fator, amplia a forma tradicional de compreensão dos trabalhos para uma perspectiva educacional mais abrangente.

Portanto, além de garantias de cuidados básicos necessários à manutenção da vida e de uma sensibilidade para a problemática social, passam a ser incorporados novos conceitos que se tornam requisitos indispensáveis para a atuação na área e para a abordagem da questão.

As necessidades afetivas e peculiaridades cognitivas e de desenvolvimento da criança passam a ser igualmente valorizadas. Além disso, entende-se que o bom atendimento à criança e à sua família dependem, também, do preparo de quem ali trabalha. Para isso, a LDB define os tipos de habilitação necessários às diversas funções exercidas.

Com base na melhoria da qualidade dos serviços, de modo geral essa nova concepção de atendimento visa o desenvolvimento global da criança, levando-se em conta os aspectos biológico, emocional e sua inserção num meio social específico.

Nesse panorama, e baseada em sua própria estrutura de funcionamento, as creches estão se configurando como um local singular para o desenvolvimento de trabalhos voltados ao combate à violência intrafamiliar contra crianças.

Na medida em que as necessidades básicas para o desenvolvimento integral da criança são conhecidas e aceitas pelo educador e tornam-se parte de sua rotina de trabalho, este passa a ter maior possibilidade de beneficiar, de forma mais eficiente e eficaz, não só a criança, que pode conhecer e valorizar outro tipo de relação com o adulto, mas também seus familiares, ao compartilhar com eles tais informações.

As limitações e as dificuldades dos pais: o mito de pais ideais e a proteção da criança

O trabalho com as famílias, especialmente com relação às dificuldades para a maternagem e parentagem, muito tem a contribuir, constituindo-se como uma das vertentes de atuação no âmbito das creches.

Esse problema familiar parece ser um assunto tabu em nossa sociedade, já que, de forma explícita ou implícita, não é permitido à família, sobretudo à mãe, a assunção de tais dificuldades.

Ao contrário do pai, à mãe cabe corresponder à imagem idealizada e historicamente construída de mulher submissa, dedicada às questões do lar, bem como de protetora e guardiã incondicional dos filhos e dos valores da família. Tal premissa deve, nos valores vigentes, ser inconteste e cegamente seguida, cabendo àquelas que desses valores se distanciem, além de sua cota de auto-recriminação, sofrer represálias e discriminação social.

Não é incomum que algumas mulheres "optem" por ser mãe, mesmo que não tenham a menor vocação para tal. O alto preço dessa decisão acaba sendo pago, principalmente, pela criança, enquanto a mãe passa a ser chamada às suas responsabilidades, às quais não pode corresponder.

A expectativa depositada nessa mãe idealizada deve ser por ela de imediato correspondida, e seus deveres passam a ser socialmente cobrados e recobrados, repetidos como um mantra.

Dessa forma, a questão acaba reduzindo-se a um julgamento moral de sua conduta, sem que sejam oferecidos subsídios e alternativas para a superação das dificuldades.

Talvez, devido à própria natureza da problemática, a dificuldade de maternagem seja um assunto fora de pauta quando se priorizam vagas no momento da matrícula, o que deixa algumas crianças em completa situação de vulnerabilidade.

A abordagem do assunto é muito freqüente, porém depois de a criança já ter passado por toda sorte de abuso/vitimização.

Os procedimentos para a efetivação da matrícula possibilitam uma avaliação inicial do grau de risco a que está submetida uma criança. Naquele momento, os pais ou responsáveis, geralmente a mãe, passam por uma entrevista composta por diversas questões dirigidas e abertas.

Por meio de perguntas que versam sobre a saúde da criança e do levantamento de dados de cunho psicossociais, essa entrevista objetiva melhor compreensão da criança, da dinâmica familiar e do meio em que vive. Esses dados podem auxiliar os profissionais na melhoria do atendimento futuro e minimizar as dificuldades de adaptação normalmente encontradas pela criança no período de sua inserção.

Das perguntas referentes à saúde, entre outras, são colhidas informações sobre peso, altura e desenvolvimento da criança. Nos dados de cunho psicossociais são investigados tipo de moradia, existência de rede de saneamento básico e de luz elétrica, utilização de recursos existentes na própria comunidade pela família, composição familiar, origem da família, aspectos do relacionamento entre os seus membros e desses para com a criança, entre outros.

Perguntas específicas sobre o uso de drogas, episódios de crise e desestrutura familiar, além de possíveis traumas sofridos pela criança por abandono, violência, negligência etc. somam-se aos dados anteriores e oferecem subsídios para o início do estabelecimento de um vínculo entre os profissionais e essa família. Permitem também a realização de encaminhamentos e orientações diversas.

Em geral, o que se observa nessa entrevista é que, entre os motivos alegados pelas famílias para a inserção da criança na creche, a grande maioria relata estar passando por dificuldades para conseguir emprego ou mesmo para manter-se nele, por não ter com quem deixar a criança. Demonstram grande preocupação com a subsistência da família e enfatizam que, se pudessem, ficariam elas próprias cuidando dos filhos, o que remete, entre as possíveis causas, à demanda assistencial da creche.

Já outras, em número bem menor, comparecem espontaneamente, por indicação de conhecidos ou ainda por sugestão de profissionais do serviço de saúde. Preocupadas sobretudo com o desenvolvimento da criança, essas famílias relatam que estão buscando maior integração da criança com outras de mesma faixa etária, e parecem também interessadas em questões da aprendizagem. Esperam, então, que a criança possa superar algum tipo de dificuldade de relacionamento que julgam possuir, mediante o contato com outras crianças e adultos, além do desenvolvimento de seus potenciais, por meio de atividades dirigidas pelos educadores.

As dificuldades de *maternagem/parentagem* dificilmente surgem de forma espontânea entre os motivos alegados pelos pais para a inserção da criança na creche. Acredito que apenas com muita habilidade e sorte um entrevistador consegue que essa questão venha à tona de forma aberta numa primeira entrevista de matrícula, dada a complexidade que a envolve. O que em geral se verifica é que ela aparece subentendida no conjunto das respostas oferecidas.

É interessante observar que uma expressiva quantidade de pais comparece aos órgãos de proteção à infância (Conselhos Tutelares, Varas da Infância, CERCA etc.) alegando dificuldades no relacionamento com seus filhos, no intuito de "deixar a criança num colegio interno", como costumam dizer. No entanto, raramente se ouve essa alegação durante uma solicitação de vaga na creche.

O medo de uma avaliação social negativa, somado aos critérios habitualmente utilizados pelas creches para a inserção da criança, pode inviabilizar uma alegação dessa natureza de forma explícita. Em geral, as famílias sabem que a grande escassez de vagas leva a priorizar quem apresenta maiores dificuldades econômicas e as crianças cujos pais estejam trabalhando.

No entanto, as informações omitidas durante a entrevista de matrícula acabam surgindo na lida diária com a criança e com a família, mediante a observação dos profissionais e/ou quando a família adquire maior confiança nos trabalhadores. Portanto, um melhor diagnóstico é sempre feito posteriormente.

Dessa forma, não se deve excluir a possibilidade de, em algumas das famílias que buscam a inserção da criança na creche, as dificuldades de maternagem/parentagem serem equivalentes ou estarem sobrepostas às questões de ordem econômica, normalmente relatadas no momento da solicitação de vaga ou da realização da matrícula. Entretanto, em vista da realidade social encontrada, nesses possíveis casos, essas questões devem aparecer inter-relacionadas.

Contudo, esse deve ser considerado, com os demais, um legítimo motivo para a colocação da criança na creche, já que ela constitui um serviço de atendimento e proteção à infância.

Com base em um trabalho conjunto que envolve órgãos de proteção à infância e atendimentos de orientação e apoio às famílias, a colocação de filhos de pais com dificuldades de maternagem/parentagem numa creche em estágio não avançado de danos para a criança poderia evitar muitos casos de vitimização e que tantas outras fossem retiradas de casa e enviadas para abrigos ou até para adoção devido à intervenção tardia.

Isto aponta para a necessidade de ampla conscientização sobre a importância da creche na prevenção e interrupção da violência intrafamiliar contra crianças. A busca espontânea dos serviços por pais com dificuldades concernentes à questão não deve ser entendida apenas como uma tentativa de "se livrar da criança", mas pode indicar que existe um pedido de socorro por parte da família, pressupondo, nesses casos, uma aceitação das limitações e das dificuldades pessoais dos adultos na lida com a criança.

Sinais de negligência e vitimização física de crianças dentro da rotina da creche

Além do momento em que é realizada a matrícula, existem outros, dentro da rotina da creche, em que os profissionais, se atentos para a problemática, têm a possibilidade de identificar sinais e indícios de violência intrafamiliar contra a criança.

Desde a chegada da criança, quando se verifica sua interação com os responsáveis, a afetividade, a demonstração de preocupação ou indiferença, a intolerância, a irritação para com a conduta infantil, as ameaças de abandono, as agressões físicas propriamente ditas, somadas a outros dados observados, vão configurando um quadro.

As situações do banho e trocas de roupas possibilitam examinar marcas e ferimentos ocultos que podem estar associados à questão. Algumas crianças, após constatação de número "suficiente" de roupas, são enviadas à creche com qualidades inadequadas (roupas de frio e calor) e/ou quantidade insuficiente. Esse problema pode ser sanado com orientações simples, mas a freqüência dessas ocorrências parece sintomática.

Nas brincadeiras e atividades dirigidas, as crianças podem deixar evidente o que experimentam na relação com os adultos, por meio de sua agressividade, passividade, timidez excessiva, dificuldade no contato com adultos etc. No grupo de crianças maiores, a "roda da conversa" possibilita a exploração do tema pelo educador.

As tarefas realizadas pela equipe de saúde e também seu freqüente contato com os pais tornam-se valiosos para o somatório de dados. Verificados os procedimentos internos, e persistindo um quadro de baixo peso, doenças diversas, constatação de marcas e ferimentos, encaminhamentos feitos para o médico sem a devida resposta, a conduta dos responsáveis requer muita atenção por parte da equipe. A voracidade, o retraimento, a falta de apetite podem manifestar-se durante a alimentação. A enurese e as dificuldades apresentadas pela criança durante o "horário do sono" são informações adicionais.

Os pais que costumam "esquecer" a criança na creche podem estar, de forma inconsciente, colocando à mostra suas dificuldades em manter junto de si suas crianças.

A atenção ao problema na creche necessita da ajuda de todos os profissionais envolvidos no atendimento da criança e da família, para que possam, por meio de discussão, levantar os dados disponíveis e planejar, se for o caso, uma estratégia de intervenção.

A notificação de casos

Estar inserto em trabalhos na área da infância e adolescência implica estar ciente das responsabilidades e dos deveres inerentes ao próprio trabalho, como o de notificação de casos suspeitos ou confirmados de maus-tratos de crianças aos órgãos de proteção.

O Estatudo da Criança e do Adolescente é claro em seu art. 245, descrevendo como infração administrativa ao.

> Deixar o médico, professor ou responsável por estabelecimento de atenção à saúde e de ensino fundamental, pré-escola ou creche, de comunicar à autoridade competente os casos de que tenha conhecimento, envolvendo *suspeita* ou confirmação de maus-tratos contra crianças ou adolescentes - Pena - multa de 03 (três) a 20 (vinte) salários de referência, aplicando-se o dobro em caso de reincidência.

Para além da punição pura e simples, essa determinação legal nos obriga a refletir sobre as conseqüências e significados dessas experiências para a vítima e sobre a postura da sociedade diante do problema. Pode-se também inferir por esse e outros artigos do ECA que a complexidade do fenômeno não permite condutas isoladas. Um conjunto articulado de ações que envolve os órgãos de proteção à infância (Conselhos Tutelares, Varas da Infância e da Juventude etc.), os serviços de apoio à vítima e à família e a utilização de outros recursos da própria comunidade é fundamental para uma intervenção adequada.

No entanto, os altos índices de criminalidade e a falta de segurança, sobretudo em algumas áreas da periferia, são noticiados pela mídia e vivenciados, quase que diariamente, por usuários e pessoas que trabalham nesses locais. Por conseguinte, com base na suspeita ou na confirmação de maus-tratos e cientes do dever de notificação, muitos profissionais passam por um angustiante dilema.

Desejo/dever de proteção da criança *versus* Temor de retaliação por parte daquele(s) que agride(m)

Isso demonstra a necessidade de realizar uma *sólida parceria* com os órgãos protetores para a superação de tais dificuldades. Deve-se fazer, em conjunto com esses órgãos, um estudo e um planejamento de estratégias de ações para uma intervenção eficiente e eficaz, sem que isso venha a se traduzir necessariamente em um risco para a comunidade usuária e para a equipe, tampouco em omissão por parte dos profissionais ao fechar os olhos para o problema e entregar a criança à própria sorte.

Além daqueles detectados entre as crianças que freqüentam a creche, alguns casos chegam por encaminhamentos realizados pelos órgãos de proteção à infância.

São, normalmente, crianças que apresentam déficit de peso e crescimento, chamando a atenção a aparência pouco cuidada e, nas crianças maiores, o total desconhecimento de hábitos simples de higiene.

Em geral, o atendimento prestado na creche à criança vítima de negligência e/ou violência física encaminhada pelos órgãos de proteção possibilita uma série de benefícios, não só a ela, mas à família inteira.

O simples fato de a criança ter a possibilidade de experimentar horários regulares para alimentar-se e dormir, receber cuidados e instruções mínimas para a higiene pessoal, interagir com outros adultos protetores e com crianças que não passaram por experiências semelhantes são fatores que, por si sós, já podem colaborar no processo de sua reestruturação psíquica, minimizando as seqüelas das experiências vividas.

Quanto à família, a própria rotina de funcionamento da creche – com seus horários definidos para a entrada e a saída de crianças, as supervisões das roupas das crianças realizadas pelos educadores diariamente, a exigência de respostas por escrito nos encaminhamentos médicos feitos pela equipe de saúde, e com as consultas feitas aos pais sobre o estado de saúde da criança durante a entrada – é um dado que também, por si só, já exige dos pais maior organização pessoal e um olhar mais atento para as necessidades da criança. Soma-se a isso o contato com outros pais e com os educadores, que permite a troca de experiências, o recebimento de orientações e de encaminhamentos para diversos recursos sociais. A entrada da criança possibilita ainda que os pais, se desempregados, tenham maiores chances de conseguir trabalho, melhorando sua condição econômica e as conseqüentes dificuldades que surgem baseado nisso.

No entanto, cabe ressaltar que a permanência da criança vitimizada na creche não deve ocorrer em detrimento do atendimento realizado por outros serviços de apoio à vítima e à família, como a psicoterapia e, principalmente, do acompanhamento dos órgãos de proteção à infância, sob pena de a criança continuar a ser vitimizada. O trabalho com a família agressora exige prudência por parte dos profissionais envolvidos, já que estudos realizados sobre o assunto demonstram que é necessário o acompanhamento do caso por alguns anos antes de seu arquivamento.

As dificuldades encontradas pelos pais para a obtenção de uma vaga em creche têm levado os órgãos de proteção à infância ao atendimento de um tipo peculiar de denúncia: crianças mantidas em cárcere privado pelos responsáveis.

Passando por privações de natureza alimentar e afetiva, essas crianças permanecem trancadas sozinhas em casa todo o dia, ficando expostas às mais diversas situações de risco e sem os mínimos cuidados.

A falência dos mecanismos públicos no atendimento à demanda reprimida de creches tem deixado vários pais em uma situação perversa de "escolha": permanecerem ao lado dos filhos sem trabalhar e sem ter como alimentá-los, ou deixá-los ao acaso, negligenciando cuidados mínimos, para que eles (pais) consigam ingressar em atividades remuneradas. Dessa forma poderão garantir as condições para a subsistência da família.

Isso acaba gerando uma nova situação: a criança que aguardava o atendimento na lista de espera pode ser, de outra forma, absorvida posteriormente. No entanto, sua inserção no serviço não ocorre pelo surgimento espontâneo de vaga, mas por determinação judicial, por ela ter se tornado vítima de negligência.

Assim, cabe-nos sempre, junto com os procedimentos que devem ser adotados, uma cuidadosa reflexão sobre responsabilidades, antes do julgamento precipitado de conduta dos responsáveis.

As ações preventivas de violência intrafamiliar contra crianças nas creches

Insertos em uma sociedade em que o "psicotapa" e o "corretivo" são métodos disciplinadores amplamente propagados, o trabalho preventivo de violência contra crianças num contexto de creche é ímpar, devido à proximidade, inerente ao trabalho, existente entre os educadores e a família e à possibilidade de intervenção precoce, quando são detectados os casos.

Informações básicas sobre as necessidades da criança em cada etapa do desenvolvimento são fundamentais para o trabalho do educador e para a troca de experiências e de informações com os pais. Parece igualmente importante que haja algum embasamento para discussões sobre "busca de métodos alternativos para a solução de conflitos" que podem auxiliar os pais na superação das dificuldades encontradas no relacionamento com a criança. A abordagem desses temas em reuniões gerais pode favorecer a melhoria da qualidade do vínculo entre pais e filhos. Entretanto, o uso de receitas prontas, respostas absolutas, soluções mágicas e a adoção de atitudes hostis para com os pais (principalmente quando, a pedidos, tecem comentários sobre métodos e estratégias empregadas na educação de seus filhos) são procedimentos que podem comprometer uma boa parceria entre a família e a creche. De um jeito mais tranqüilo, o assunto pode ser explorado por meio de discussões abertas e orientadas, que envolvam relatos de experiências, palestras e atividades lúdicas realizadas com a participação de pais e filhos, entre outras.

Conhecendo os fatores envolvidos na constituição da violência intrafamiliar, o tema "convida" o educador a revisitar sua própria infância e a refletir sobre os métodos disciplinatórios aos quais ele próprio foi submetido, levando-o a checar seus conceitos atuais e convicções sobre o assunto.

Dessa forma, é necessário que essas questões estejam, na medida do possível, resolvidas em si mesmo, cuidando para que os espaços de trabalho com a criança e com a família não venham a servir como uma descarga para seus conflitos e dificuldades pessoais, interferindo negativamente nos objetivos e resultados dos trabalhos.

O trabalho articulado com outros recursos da comunidade pode auxiliar na abordagem de alguns temas voltados para maternagem e parentagem, com especial destaque para as palestras de Planejamento Familiar, oferecidas por profissionais da área de saúde, e de Cuidados Básicos com a Criança, entre outros.

No nível intra-institucional, a equipe deve estar atenta à sua própria forma de atuação. É primordial que estejam abertos canais de comunicação entre todos os seus membros para que possam falar francamente, e refletir em conjunto, sobre suas práticas individuais e coletivas, apontando as dificuldades pessoais e as soluções encontradas para lidar com aspectos específicos do trabalho ou com um grupo de crianças em especial.

O bem-estar da criança por meio da melhoria da qualidade do trabalho realizado deve ser o norteador de discussões que, mediante ponderações, possibilitem a uniformidade de condutas. O nível de alcance e de resolubilidade dessas discussões centradas na atividade estará, possivelmente, correlacionado à maturidade profissional dos integrantes que constituem esse grupo.

A coerência mínima de procedimentos faz-se necessária para que a criança se sinta segura e protegida, fatores decisivos no processo de formação de sua identidade.

A insistência de limites claros, o discurso ambíguo, a dupla mensagem, a desqualificação de instruções, enfim, a falta de sintonia entre os membros da equipe e desses para com as famílias podem gerar insegurança e ansiedade entre as crianças, traduzindo-se em comportamentos arredios, de esquiva, ou ainda gerando medos difusos, além de desconfiança nos adultos.

O contato com as famílias e a valorização de sua participação possibilita a troca de experiências e o fortalecimento de um vínculo de confiança entre as partes. Essa integração favorece ainda a diminuição de comportamentos defensivos por parte da família, viabilizando o diálogo em prol da criança e co-responsabilizando os envolvidos em sua educação.

A violência intrafamiliar contra crianças é um fenômeno alarmante que tem convocado toda a sociedade e, em particular, os trabalhadores da área da infância, a se posicionar diante do fenômeno e a pensar formas e estratégias para o enfrentamento do problema.

O avanço do conhecimento humano sobre a infância e suas necessidades tem provocado a criação de políticas públicas que viabilizam as discussões acadêmicas e diminuem a distância entre as concepções teóricas e a prática.

A mudança de finalidade social das creches proposta pela LDB, abandonando seu caráter meramente assistencial, demonstra que está sendo dado um passo adiante na busca do reconhecimento da cidadania da criança, valorizando-a enquanto sujeito de direitos ao vislumbrar a melhoria da qualidade dos serviços a ela prestados.

Todavia, apesar dos avanços que vêm ocorrendo na área da infância, como a criação do ECA, ainda é preciso fazer muito por esses pequenos cidadãos no que diz respeito à sua vitimização. Nesse sentido, a creche bem equipada tem bastante a contribuir.

A detecção de crianças em situação de risco pessoal enquanto ainda são pequenas, o auxílio à maternagem e à parentagem, o atendimento continente à criança vitimizada, as ações profiláticas e a parceria com a família e com os recursos da comunidade são trabalhos viáveis que têm o privilégio de poder ser incluídos em sua rotina de trabalho, sem que sejam necessárias grandes alterações.

O bom senso, normalmente preconizado em todas as situações, é importante, mas não dá conta da complexidade da questão. Portanto, há necessidade de capacitação de pessoal, já que não é incomum que crianças sejam vítimas inclusive entre os que galgaram altos patamares sociais. A violência contra crianças deve fazer parte da agenda de discussão no âmbito da creche.

Perante esse cenário, o trabalho com o tema em creches vem desafiar os profissionais que nela atuam a estabelecer um novo tipo de vínculo e compromisso com as crianças e com as famílias atendidas e uma readequação de sua atuação e postura profissionais.

Os autores

Ana Carolina Cais – Psicóloga, especialista em psicologia clínica pela Faculdade de Saúde Pública/USP. Membro do Curso de Psicanálise do Instituto Sedes Sapientiae. Colaboradora da Área de Pesquisa do CNRVV. Ex-responsável pela área de psicologia do pronto-socorro do Instituto do Coração – INCOR HCFMUSP.

Arlete Salgueiro Scodelario – Psicóloga, psicanalista. Especialista em violência doméstica pelo LACRI/IPUSP. Aperfeiçoamento em psicoterapia de casal e família de base psicanalítica pelo Instituto Sedes Sapientiae. Coordenadora da Área de Prevenção do CNRVV. Coordenadora do Centro Clínico da Clínica Psicológica do Instituto Sedes Sapientiae. Membro da diretoria do Instituto Sedes Sapientiae. Membro do Departamento de Formação em Psicanálise do Instituto Sedes Sapientiae. Docente do Instituto Sedes Sapientiae.

Beatriz Dias Braga Lorencini – Psicóloga, especialista em violência doméstica pelo Instituto Sedes Sapientiae. Psicoterapeuta do Projeto Semear. Membro do Curso de Psicodrama e do Curso da Sociedade de Rorschach de São Paulo. Membro do CNRVV.

Cecília Noemi Morelli Ferreira de Camargo – Psicóloga, psicanalista, mestre em Teoria da Comunicação pela ECA/USP. Especialista em violência doméstica pelo Instituto Sedes Sapientiae. Membro do CNRVV. Docente e supervisora do Instituto Sedes Sapientiae. Coordenadora da Comissão Clínica do Departamento de Formação em Psicanálise do Instituto Sedes Sapientiae.

Dalka Chaves de Almeida Ferrari – Psicóloga, psicodramatista, especialista em violência doméstica pelo LACRI/IPUSP. Terapeuta de aluno e professora-supervisora pela FEBRAP. Psicoterapeuta de criança/adolescente/adulto/família. Coordenadora geral e de parcerias do CNRVV. Coordenadora do Programa Sentinela-SP, Centro-Oeste. Membro da diretoria do Instituto Sedes Sapientiae. Membro do Departamento de Psicodrama do Instituto Sedes Sapientiae.

Gisela Oliveira de Mattos – Psiquiatra infantil e psicoterapeuta, especialista em violência doméstica pelo LACRI/IPUSP. Coordenadora do Projeto Bem-Me-Quer. Supervisora do Programa de Atenção à Mulher da Prefeitura Municipal de São Bernardo do Campo/SP. Coordenadora da Área de Atendimento do CNRVV. Docente do Instituto Sedes Sapientiae.

Irene Pires Antônio – Psicóloga, psicanalista, especialista em violência doméstica pelo Instituto Sedes Sapientiae. Membro e terapeuta do grupo de proteção do CNRVV. Psicóloga responsável pelo psicodiagnóstico e atendimento de crianças e adolescentes vítimas de abuso sexual do Centro de Referência da Criança e do Adolescente (CERCA). Docente do Instituto Sedes Sapientiae.

Lígia Fromer – Psicóloga, psicanalista, membro do CNRVV. Coordenadora da instituição Lar Emma Chiappini. Assessora técnica da Associação Beneficente Santa Fé.

Márcia Rosana Cavalhero Garcia – Assistente social, especialista em violência doméstica pelo LACRI/IPUSP. Membro do CNRVV. Docente do Instituto Sedes Sapientiae.

Maria Amélia de Sousa e Silva – Psicóloga, com especialização em psicodrama. Especialista em violência doméstica pelo LACRI/IPUSP. Supervisora do Projeto Bem-Me-Quer. Coordenadora da área administrativa do CNRVV. Docente do Instituto Sedes Sapientiae.

Ronaldo Pereira de Santana – Psicólogo, com especialização em psicodrama pelo Instituto Sedes Sapientiae. Especializado em violência doméstica contra crianças e adolescentes pelo LACRI/IPUSP. Membro do CNRVV. Atua em programas de atendimento à família, à criança e ao adolescente em situação de risco pessoal e social: Casa de Passagem, SOS Criança, Projeto Enturmando, Clube da Turma, Creche e IAFAM.

Rosemary Peres Miyahara – Psicóloga, com especialização em psicodrama e psicoterapia breve de base analítica. Supervisora do Projeto Semear e do Projeto Sentinela/Santos. Especialista em violência doméstica pelo LACRI/IPUSP. Coordenadora da área de formação do CNRVV. Docente do Instituto Sedes Sapientiae.

Tereza Cristina Cruz Vecina – Psicóloga, com especialização em psicodrama, mestre em Psicologia da Educação pela PUC-SP. Especialista em violência doméstica pelo LACRI/IPUSP. Coordenadora da área de pesquisa do CNRVV. Coordenadora do Nascente – Instituto de Psicologia e Psicodrama. Membro e docente do Programa de Atenção às Vítimas de Abuso Sexual (PAVAS) da Faculdade de Saúde Pública/USP. Docente do Instituto Sedes Sapientiae.

leia também

LAÇOS AMOROSOS
Terapia de casal e psicodrama
Maria Amalia Faller Vitale (org.)

Coletânea de artigos de profissionais de primeira linha que vem sendo pensada e elaborada há anos, com o intuito de dar visibilidade ao trabalho psicodramático com casais ou famílias. Dois planos interagem nos escritos: o impacto de mudanças sociais que interferem na vida familiar e a contribuição de Moreno para a terapia de casal.

REF. 20884 ISBN 978-85-7183-884-0

CODEPENDÊNCIA
O transtorno e a intervenção em rede
Maria Aparecida Junqueira Zampieri

Este é o resultado de um trabalho de sistematização. Ele aprofunda conceitos de psicopatologia, desenvolvimento humano e prática metodológica de trabalhos científicos. Estuda formas de intervenção que possam favorecer o sujeito para que atue efetivamente com seu grupo, priorizando o indivíduo em seu contexto familiar e social. É um profundo estudo sobre a questão da codependência.

REF. 20877 ISBN 978-85-7183-877-1

leia também

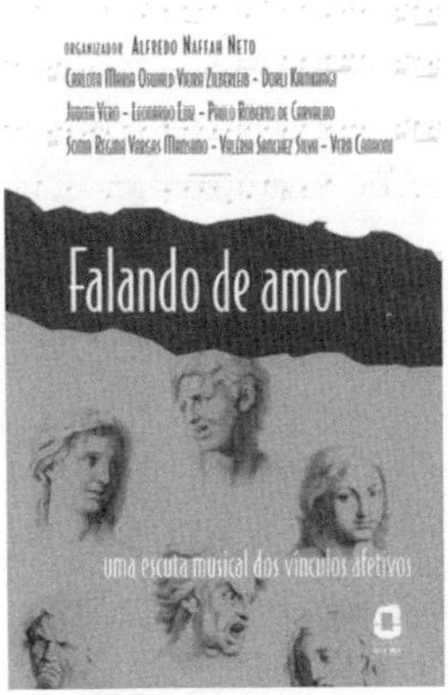

FALANDO DE AMOR
Uma escuta musical dos vínculos afetivos
Alfredo Naffah Neto (org.)

Trata-se de um rico mosaico que mostra várias facetas do amor contemporâneo nas relações familiares, nas terapias e nos casamentos. São artigos que resultaram de um grupo de estudos de pós-graduados orientados pelo autor. O tema central passou a ser o amor, embalado ao som de óperas românticas e outras melodias.

REF. 20013 ISBN 978-85-7183-013-4

PSICODRAMA COM CRIANÇAS
Uma psicoterapia possível
Camila Salles Gonçalves (org.)

O psicodrama ajuda as crianças na superação de obstáculos a seu desenvolvimento, por meio daquilo que ninguém lhes pode tirar – sua imaginação. É com jogos, brincadeiras e histórias, espontaneamente criados, que as crianças procuram lidar com o mundo que proporcionamos a elas. Um livro importante para os que querem se inteirar dos métodos e técnicas da terapia psicodramática com crianças.

REF. 20336 ISBN 978-85-7183-336-2

Grupo Summus
www.gruposummus.com.br
www.gruposummus.com.br
Acesse, conheça o nosso
catálogo e cadastre-se para
receber informações sobre
os lançamentos.

www.gruposummus.com.br

IMPRESSO NA GRÁFICA sumago

sumago gráfica editorial ltda
rua itauna, 789 vila maria
02111-031 são paulo sp
tel e fax 11 2955 5636
sumago@sumago.com.br